# 媒介融合环境下
# 幼儿图画书阅读理解研究

苏敏　王晓　尉迟学军　著

天津出版传媒集团

天津人民出版社

图书在版编目(CIP)数据

媒介融合环境下幼儿图画书阅读理解研究 / 苏敏,
王晓, 尉迟学军著. -- 天津：天津人民出版社,
2023.10
ISBN 978-7-201-19938-2

Ⅰ.①媒… Ⅱ.①苏… ②王… ③尉… Ⅲ.①阅读课
-教学研究-学前教育 Ⅳ.①G613.2

中国国家版本馆 CIP 数据核字(2023)第 198613 号

## 媒介融合环境下幼儿图画书阅读理解研究
MEIJIE RONGHE HUANJING XIA
YOUER TUHUASHU YUEDU LIJIE YANJIU

| | |
|---|---|
| 出　　　版 | 天津人民出版社 |
| 出 版 人 | 刘　庆 |
| 地　　　址 | 天津市和平区西康路 35 号康岳大厦 |
| 邮政编码 | 300051 |
| 邮购电话 | (022)23332469 |
| 电子信箱 | reader@tjrmcbs.com |

| | |
|---|---|
| 责任编辑 | 郭晓雪 |
| 装帧设计 | 凌点视觉 |

| | |
|---|---|
| 印　　　刷 | 武汉鑫佳捷印务有限公司 |
| 经　　　销 | 新华书店 |
| 开　　　本 | 787 毫米×1092 毫米　1/16 |
| 印　　　张 | 15.5 |
| 字　　　数 | 200 千字 |
| 版次印次 | 2023 年 10 月第 1 版　2023 年 10 月第 1 次印刷 |
| 定　　　价 | 88.00 元 |

# 前　言

　　幼儿是未成熟的生命主体。阅读是幼儿藉由各种媒介与文化符号交互作用从而达成个体生命成长的发展路径。图画书作为儿童读写之路的重要起点，犹如为他们最早打开世界的一扇窗。幼儿通过阅读媒介与符号世界充分互动以获得文本内容的理解并建构自身环境之外的丰富信息。其中，"阅读理解"是打开这扇门的钥匙，"媒介"则是幼儿获取信息与外界建立联系的重要介质。大量科学研究已证明，儿童期是一个人阅读兴趣、阅读习惯和阅读能力发展的关键期。当下，随着数字媒体与网络技术的迅猛发展，智慧教育、电子图书、AR/VR 技术等丰富着儿童的认知体验与阅读感受，信息技术和互联网技术不断推动着阅读媒介形态丰富更迭，也使媒介之间的壁垒逐渐模糊甚至消失，呈现出数字媒介与传统媒介互融共生的新媒介融合环境。聚焦幼儿早期阅读教育领域，当下幼儿图画书阅读的媒介不再限于纸质，iPad、电脑、手机等移动终端也已然成为重要的媒介，幼儿图画书阅读的形态呈现出传统纸质图画书和新兴数字化图画书融合阅读的形态；内容呈现方面也不再是单一的文字，而是融合了图片、声音、动画、互动操作等多种介质。据此，在数字化时代，幼儿是如何理解阅读文本的？不同媒介形式或者媒介融合形态对于幼儿图画书阅读的过程具有怎样不同的影响，其对于新时代幼儿阅读素养的形成具有怎样的价值？这些问题都是当下所迫切需要全面且深入探讨的。

　　本研究在幼儿园自然教育场域内，尝试立足于当下数字化时代新旧媒介融合的整体背景，了解幼儿园媒介融合环境的基本形式和主要特点，综合分析幼儿理解阅读文本的过程，系统考察幼儿在不同媒介形式或多种媒介形态融合背景下阅读反应的具体表现，挖掘幼儿阅读的反应对幼儿阅读理解过程的解释力，探讨幼儿阅读理解建构的内在过程，探索与构建媒介融合环境下幼儿图画书阅读理解过程的理论模型，并应用于教育实践之中，为教育者提供更有价值的学理分析与具体建议。研究过程主要采用质的研究方法，进行目的性抽样，选择研究现场为山东省WFPZ幼儿园，根据教育人类学研究的相关特点，分层选取了三个不同年龄班作为研究对象，并以其中一个作为关键研究场域，重点考察媒介融合环境下幼儿图画书阅读理解情况。在为期六个月的田野调查中，对幼儿在园的四种阅读活动情景（集体阅读、区域阅读、亲子阅读和阅读节）采用观察、访谈、文本收集、录音录像等方法和技术手段，收集了包括田野观察笔记、教研与访谈记录、幼儿图画书阅读活动实录（录音/录像）等不同类型的研究资料；利用三角互证等研究方式，保证了研究的信度与效度；依循自下而上的行动者逻辑分析线索，归纳原始数据，形成田野报告，发现本土概念，建构理论框架。

　　研究发现主要包括：

　　研究发现一：幼儿图画书阅读反应与幼儿园教育场域内的媒介环境具有紧密关联。幼儿阅读反应是幼儿个体发展需求内在差异在阅读过程中的个性化表现。这种反应表现是自然性的，与幼儿的年龄层次、性别差异、能力表现、兴趣需要和经验基础相关。教师对不同媒介文本的呈现方式、互动方法等阅读指导方式对于幼儿图画书阅读过程及其反应产生关键影响。这种影响体现出幼儿图画书阅读过程的社会性。幼儿园阅读媒

介的环境和空间、阅读文本的新旧媒介形式以及其对图文内容的不同呈
现方式，对幼儿图画书阅读过程及其反应具有潜在性影响。

　　研究发现二：媒介融合环境下图画书文本呈现的立体化视听效果会
自然促发幼儿更多元化的反应类型与个人风格。通过考察不同媒介文本
特质与幼儿图画书阅读反应的关联性，发现媒介融合环境下图画书文本
的相关视觉要素（颜色、造型、比例和媒材等），呈现出更加立体化的空
间效果与情境体验过程，包括视听结合、点读互动、3D虚拟情景等，数
字化阅读带给幼儿的沉浸式阅读体验能够有效丰富、拓展和强化单一纸
质阅读的信息通道、感受空间与理解方式。基于前期研究所提出的视觉
感知、行为互动、语言描述、情感表达、审美表现等幼儿阅读反应五种
基本表现，作为幼儿阅读理解过程的基本分析框架，进一步揭示媒介融
合环境下幼儿图画书阅读理解的内在结构与作用机制。首先，对媒介环境
的融合在幼儿图画书阅读理解过程的价值进行分析；其次，对媒介融合
环境下幼儿图画书阅读理解过程的结构进行分析；最后，对不同媒介文
本特质及其融合特性在幼儿图画书阅读理解过程中的功能进行分析。

　　田野研究关于媒介融合环境下幼儿图画书阅读理解过程形成的初步
结论，可以作为反观数字化时代幼儿早期阅读现实问题的参考镜鉴，以
获得关于媒介融合环境下不同媒介融合环境影响幼儿早期阅读过程的具
有更广泛意义的观点、认识和判断。反思现状，发现幼儿园媒介融合环境
下幼儿图画书阅读过程中存在的问题主要表现为：其一，媒介环境创设
不理想，表现为阅读的硬件设备低端、阅读的物理空间受限、阅读的资
源投放缺乏、阅读的精神环境不佳；其二，教师媒介指导素养缺乏，表现
为指导理念与指导行为错位、图画书的选择与使用不科学、阅读理解的
指导能力不足；其三，图画书阅读理解过程幼儿表现差异明显，表现为不
同媒介下幼儿图画书阅读理解的兴趣不一、单一媒介下幼儿信息理解存
在遗漏与偏差。基于幼儿图画书阅读理解过程中的多方参与主体，透析问

题存在的原因如下：幼儿园支持不到位，即教育者未全面认识和建构阅读环境、幼儿教师的图画书阅读培训和教研活动欠缺；幼儿个体差异性限制，即读图能力、兴趣爱好、媒介素养的差异性限制；图画书文本的差异特征，即所蕴含的图画元素、文字元素、独特的交互设计的差异特征。

通过对媒介融合环境下幼儿图画书阅读反应的研究与分析，本研究深刻反思了媒介融合环境下幼儿阅读与幼儿发展的内在关系。首先，幼儿阅读行为发生的根本动力是幼儿自我发展的内在需求；其次，媒介融合环境下沉浸式阅读方式与幼儿阅读的体验式理解过程具有内在一致性；最后，不同媒介文本的内容意义在媒介交融过程中展现出幼儿发展的多维价值。据此，基于媒介融合环境下促进幼儿图画书阅读理解发展的宗旨，研究者提出以下教育建议：第一，创设有准备的图画书阅读理解环境，包括建立图画书资源平台、丰富媒介呈现形式；创设图画书阅读空间，重视精神环境建设。第二，提升教师图画书阅读理解指导水平，包括重塑指导理念、提升专业指导素养；重视图画书选择，优化图画书使用。第三，发挥媒介优势，创新指导策略，包括利用新媒介设备进行集体共读；以理解性的问题介入阅读过程；科学合理地融合使用两种媒介；保持故事参与性与趣味性平衡。第四，多元解读文本，满足阅读期待，包括关注精心设计的图文元素、关注故事内涵的意义建构、关注图画书独特的互动设计。

# 目　录

# 绪 论

## 一、研究问题的缘起

### （一）研究背景

#### 1.社会背景：媒介融合的社会发展趋势

20世纪下半叶以来，以计算机、互联网、多媒体信息处理技术、信息传输技术等为特征的科学技术革命将人类社会带入数字化时代。数字化的典型表现是其重塑了信息的传播媒介，媒介由"纸与笔"走向了"光与电"。由于媒介是人类获取信息、与外界建立联系的重要介质，信息传播媒介的变化影响着人们获取信息的方式和路径；同时，信息传播媒介的变化也颠覆了信息的整体结构，如新兴的数字化媒介应运而生、纸质媒介在数字化的影响下走向媒介融合的道路，单一的符号文本逐渐向融合了多媒体元素的文本转型。信息结构的变化也革新着人们获取信息、理解信息的过程，如iPad、手机、电脑等移动终端进入了人们的日常生活中，人类社会整体的媒介生态环境由此产生着日新月异的变化。在此背景下，图、文、声、像等介质元素共同交织，传播着人类文明。数字化以及数字化媒介也使信息实现了跨时间、空间的传播和交流。社会媒介大环境的变化、革新与发展，同样影响着教育领域。

有研究者明确提出，社会的媒介化肇始自19世纪30年代大众媒介的出现。随着网络技术的出现，社会的媒介化进程也开始大大加速，逐渐形成媒介化社会。其典型特征就在于媒介的影响力对社会的全方位渗透，每个人都在媒介的深刻影响下改变了原有的思维方式、个体意识、行为习惯和交往模式等，而成为"媒介人"。①换句话说，人们通过各种新媒介方式实现对世界的认知、转变与他人社会交往的方式，甚至在真实世界之外，依据各种形式的媒介营造了一个虚拟的、无限扩展的新媒介场域，以获取更为广泛、丰富的信息和更立体、多元的空间来指导人们的现实生活。当然，仅仅通过媒介构建的虚拟空间来影响生活是不全面的。对于生活在媒介化社会的人来说，单一的传统媒介环境下的生活方式或者单一的新媒介环境下的生活，对于社会、生活与个人的影响力依然是有限的。信息与网络技术越来越促进了虚拟生存空间与现实生活空间的有机渗透与融合，逐渐走向"媒介融合"，更深层次地影响着社会与人的媒介化进程。

媒介融合影响着整个社会的发展进步，也影响着人类利用语言获取信息、了解世界、发展思维、获得审美经验和知识的活动。随着媒介融合的发展，网络与新媒体产业发展势头强劲，以计算机、互联网、人工智能、多媒体信息处理技术、云计算等为主体的数字信息技术拓展了人类的中枢神经系统，进而深刻影响着人类的学习、生活和思维。与此同时，国民阅读方式日趋多样化，阅读行为发生前所未有的嬗变。这种现象从本质上反映的不是阅读的危机，而是传统阅读和现代阅读方式的危机。②我们要正视国民阅读方式的嬗变趋势，同时也要由此客观分析这种嬗变给幼儿阅

---

① 孟建，赵元珂.媒介融合：粘聚并造就新兴的媒介化社会[J].国际新闻界，2006：7.

② 周蔚华.后现代阅读方式的兴起与出版转型[N].中国人民大学学报，2007（2）.

读行为和反应带来的重大冲击和影响，这也引发了当前很多专家学者、家长的困惑、思考与讨论。

2.教育背景：幼儿图画书阅读的数字化转型

在数字时代，学前教育领域也出现了数字化的发展特征，以幼儿阅读行为为核心，最突显的即阅读材料——图画书的变化，一种无纸化、多形态，以及虚拟与现实相结合的数字化图画书在媒介技术的支持下应运而生且繁荣发展，成为幼儿图画书阅读研究领域的热点。这种新的感知世界、认识世界的方式也相应的引发幼儿阅读模式的变化。正如媒介理论的观点：信息的载体、信息本身、信息的受众者之间都存在千丝万缕的联系。① 因此，图画书变化的不止有图画书的媒介属性，更为重要的是改变了图画书内容、幼儿与图画书的交互、幼儿和教师的交互，以及通过理解对主体意义的建构等方面。

目前，在幼儿阅读教育的研究与实践领域，纸质图画书仍是阅读的主流，但数字化图画书也因其更为沉浸式的阅读体验受到众多幼儿读者的喜爱和青睐，并在技术的不断发展、传承与创新中日益普及，影响广泛。新的阅读方式的诞生并不意味着幼儿图画书阅读存在危机，或未来会出现哪一种方式取代另一种阅读方式的问题。因为，放眼人类社会知识演化的过程，当下的变化是知识在时代背景中的传承与创新，知识的传递必须由知识的传承与形式上的革新来完成。② 因此，当下以及未来很长的一段时间是一个纸质图画书和数字化图画书共读的时期，幼儿与图画书中蕴含的图画、文字、动画、音效等多媒介元素产生互动，阅读并理解图画书所传递的人类文明，建构着媒介融合环境下文本对于幼儿的主体意义。

---

① [美]保罗·莱文森.思想无羁技术时代的认识论[M].何道宽，译.南京：南京大学出版社，2004：169.

② 吴刚.知识演化与社会控制——中国教育知识史的比较社会学分析[M].北京：教育科学出版社，2002：113.

　　因此可以说，媒介融合阅读是数字化时代对幼儿图画书阅读方式的重塑，不仅满足着数字化时代幼儿对图画书阅读的需求，而且也是一种促进幼儿阅读顺应数字化时代的方式。可以预见，现在或是未来的很长一段时间这将是媒介融合阅读和数字化阅读的主流方向。

　　当下，新媒介环境是媒介融合的环境，同一个文本可以有数字阅读形式，也可以有纸质阅读形式。我们不能固守于单纯比较优劣的阶段，更不是非此即彼的选择过程。两者应是相互融合、互为补充的关系。正如有研究所揭示的，数字化阅读与传统纸质阅读各有其存在的必要性，应互为补充。①当然，也有研究者提出，信息载体对不同年龄段的儿童有不同影响，年纪越小数字阅读效果越好。学前儿童阅读电子图画书效果远好于纸质阅读，尤其在特定条件下效果会更显著，如儿童使用点读笔或阅读电子图画书时数字阅读更有效，使用交互式电子书和电子图画书比普通电子书的阅读效果更好等。②纸质阅读也具有其独特价值，具体表现在纸质阅读会更加激发小读者的想象与参与，如情节推动上会借助幼儿手动翻页来完成，尤其是幼儿的视觉回视反应会更加凸显幼儿理解的过程；角色理解上，传统纸质阅读更需要亲子对话共读完成，尤其是年龄越小的孩子，很难从开始就自主阅读纸质图画书的。所以，纸质阅读提供给亲子共读更大的交流对话空间。这是数字阅读所不能取代的。

　　因此，我们要顺应数字时代的潮流，重视儿童数字阅读能力的培养，尤其是在儿童的早期阶段。已有研究证实，3—8岁是儿童自主阅读能力发展的关键期。在这个阶段，儿童的口头语言发展速度惊人，同时开始认识符号、声音与意义的相互关联性，学习如何看待一张纸、一本书，并尝试用自己所掌握的语言来与生活世界互动，并尝试描述和解释周围生活中的

---

　　①② 蒋红.数字阅读能取代纸质阅读吗？——基于36篇有关信息载体对阅读效果影响研究论文的元分析[J].上海教育科研，2017：9.

所见所闻。因此，必须要切实把握学龄前儿童阅读能力发展的黄金时机，引导幼儿成为自主阅读者，获得自主阅读能力，为幼儿的可持续发展奠基。然而，幼儿阅读因阅读主体受年龄的限制而具有其特殊性，主要凭借色彩、图像、文字并借助成人形象生动地讲读来理解读物，在成人的引导下逐步培养起自主阅读的意识、获得自主阅读的能力。这就需要在组织幼儿阅读活动时，注意阅读内容的年龄适宜性、阅读形式的丰富性和形象性。当前，幼儿阅读又面临着怎样的机遇与挑战呢？这是值得我们去深思与研究的。

**（二）选题缘由**

数字化时代，媒介技术、电子设备的运用为幼儿图画书阅读带来了巨大的变化，不仅重塑着幼儿阅读材料的形态，也促使幼儿阅读主体阅读行为的变化，使得幼儿图画书阅读的过程呈现出新的特点，具体包括幼儿阅读文本的多模态化（纯电子书、媒介融合性童书等）、幼儿阅读方式的多通道性（视听结合、虚拟情境等）、幼儿阅读表达的即时互动性（语音对话互动、审美性阅读的动态表达等）等。可以说，数字媒介环境的变化对幼儿阅读理解的过程产生重要影响——视听媒体结合带来的沉浸式阅读体验、技术功能赋予的互动对话式（与文本）阅读体验、丰富内容页面承载带来的信息快速抓取体验等，这些都是传统纸质阅读所难以实现的。尤其在沉浸体验阅读和自主互动阅读方面，数字媒介阅读具有独特的优势。我们可通过参与幼儿图画书阅读的过程和与幼儿互动直接观察了解不同媒介下幼儿图画书阅读的过程及其反应表现，从而探知幼儿对于不同媒介文本阅读的理解方式、理解过程和理解能力。但是，新媒介环境是媒介融合的环境，同一个文本可以有数字阅读，也可以有纸质阅读，媒介融合阅读的方式对于幼儿阅读理解的影响如何、有哪些变化等问题，还需要深入且系统地探讨。据此，本研究拟立足于媒介融合的图画书阅读环境，探究幼儿图画书阅读理解的过程及意义。

1.阅读理解是幼儿早期阅读能力发展中必备的一项核心经验

早期阅读作为幼儿认识世界的开端，良好的阅读能力不仅关乎学业，也影响着未来从事各项工作的能力基础。[①]能够正确理解人类符号的象征意义和内涵则是打开这个世界的钥匙。不仅如此，掌握阅读理解这一能力是幼儿获取信息和丰富认知经验的来源，也是早期阅读能力发展过程中必备的一项核心经验。[②]我国教育部颁布的《3—6岁儿童学习与发展指南》的"阅读与书写准备"部分提出：学前儿童要具备初步的阅读理解能力，引导他们以自己的经验为基础理解图书的内容。[③]图画书作为专门为幼儿设计的图书材料，近年来的阅读价值被教育者广泛挖掘和重视，一度掀起"图画书热"的浪潮。但是在图画书阅读过程中幼儿融入图画书与理解图画书的过程是怎样的？幼儿在阅读过程中手舞足蹈、天马行空的外在表现到底是与图画书内容发生了什么样的交互作用？针对幼儿的阅读理解及其反应表现，教育者应如何积极反馈和适宜引导？对上述有关幼儿图画书阅读理解问题的回答，无论是一线教师，还是理论研究者都少有系统的研究成果反馈这一问题。因此，在以幼儿为主体的教育理念指引下，摒弃成人视角对幼儿阅读理解的认知偏见，秉持适宜幼儿发展的研究理念和思路方法，系统了解幼儿发展阶段的图画书阅读理解状况，以期为幼儿的阅读过程提供更适宜的教育支持，丰富幼儿的感知方式、联结幼儿的认知经验、发展幼儿的阅读理解能力和形成幼儿的阅读兴趣，为终身阅读奠定良好基础。

2.媒介融合阅读顺应时代对幼儿多元阅读理解能力发展的要求

在媒介融合时代，阅读的媒介不仅是数字化的呈现方式，阅读的内容

---

[①] 周兢.早期阅读发展与教育研究[M].北京：教育科学出版社，2007：27.

[②] 李林慧.早期阅读理解能力发展：多元模式的意义建构[J].学前教育研究，2015（7）：28—34，51.

[③] 中华人民共和国教育部.3—6岁儿童学习与发展指南[M].北京：首都师范大学出版社，2012.

也是经过数字技术处理并在电子设备上呈现的读物。现如今，数字化媒介的力量已渗透于幼儿的成长环境。这种渗透表现在：一方面，一项关于0—6岁婴幼儿电子媒体使用现状的调查显示，儿童平均每天接触屏媒的时间在2小时左右，其中4—6岁这个年龄段的幼儿使用电脑比例在70%左右；[①]2018年，一项有关儿童数字阅读的调查表示：儿童数字阅读潜在用户规模达2.5亿，数字阅读量逐渐上升，人均阅读量达40本。[②]另一方面，幼儿阅读的图画书也出现了数字化形式，如各种有声图画书、电子图画书、AR/VR图画书等。经过数字技术处理的图画书兼具文字、图片、声音、动画、互动操作等多种介质元素，且多介质之间有机融合。可以说，媒介融合环境下的符号表征以视觉语言、听觉语言、体态语言等多种意义整合的形式呈现，幼儿在与文本互动的过程中，通过视觉、听觉、触觉、运动觉等多通道感官统合阅读和理解图画书。相比传统纸质阅读大多是要求读者对书面符号和口语信息进行理解和意义建构，当下媒介融合背景下更强调多元模式的阅读理解和意义建构，随之更要求幼儿具备多元阅读理解能力。而媒介融合的阅读环境则满足了这一发展要求。因为幼儿阅读的媒介包括纸质和数字化两种，阅读的图画书文本至少是通过图画和文字两种介质互动来表征故事，甚至是多种介质之间循环往复的互相表征。因此可以说，媒介融合环境为幼儿提供了多感官与多媒介图画书互动的机会，为幼儿发展多元阅读理解能力提供了更多可能。

3.教育者对媒介融合环境下幼儿图画书阅读理解缺乏系统认识

在当下纸质媒介魅力不减、数字化媒介魅惑十足的媒介融合时代，图画书作为幼儿喜爱的阅读材料之一，呈现着纸质和数字化两种形态。数字

---

① 张义宾，周兢.纸媒还是屏媒？——数字时代儿童阅读的选择[J].现代教育技术，2016，26（12）：24—30.

② 《2018中国儿童数字阅读报告》[EB/OL]. https：//cn.china daily.com.cn/a/201905/08/WS5cd2a0bea310e7f8b157b8bf.html

化媒介的力量不仅存在于幼儿日常成长环境中，也已逐渐渗透于幼儿园有目的、有计划的图画书阅读教育活动中，幼儿读者在其中亲历着各种各样的阅读过程体验。不过，通过梳理相关研究文献发现，幼儿园教育实践对媒介融合环境下幼儿图画书阅读过程及阅读理解的整体情况缺乏全面性把握。例如，一方面教育者发现电子图画书中的动态图画、音乐、音效等独特功能为幼儿带来全新的阅读体验、提升幼儿的阅读兴趣、促进幼儿的故事理解；[①]另一方面，数字化媒介中一些与故事内容不直接相关的媒介元素可能会分散幼儿的视觉注意、多样化互动功能的设计可能会弱化幼儿对故事内容的想象体验，从而不利于幼儿对故事内容的深层次理解。[②]此外，还有一些研究者提出，幼儿处于视觉发育的敏感期，长时间注视电子屏幕或使用设备时阅读姿势不规范等，会对其视力产生不可逆的危害性影响。[③]据此，实践中存在各种问题，最典型的表现即单一化选择的困境，即容易出现选择一种媒介形式图画书而忽视另一种媒介形式图画书的问题表现。整体来说，数字化时代媒介融合环境下幼儿图画书阅读教育存在诸多亟待解答的困惑，且普遍缺乏一个全面性和深刻性的回答，进而也使得幼儿教育者在实践指导中存在图画书媒介选择的盲目性、指导策略上的无所适从性、阅读环境创设的无计划性等问题。

事实上，无论是数字阅读还是传统纸质阅读，两者并行不悖，不宜偏执一端；而应使两者优势互补，融合并用，以达到相得益彰的效果。[④]研

---

① 韩映红，赵婧.电子图画书阅读对幼儿早期阅读发展的促进[J].教育导刊，2018（04）：51—53.

② Adriana G.The efficacy of electronic books in fostering kindergarten children's emergent story understanding[J].Reading Research Quarterly，2004，39（4）：378—393.

③ 孙丽丽，齐丽丽，季拓.电子产品对学龄前及学前初期儿童近视的相关性分析[J].国际眼科杂志，2016，16（12）：382—385.

④ 李维，王娟.阅读媒介对5—6岁儿童故事生成的影响——基于数字化绘本和绘本阅读的比较研究[J].电化教育研究，2017，38（06）：95—102.

究者认为，阅读方式的选择应以能够带给孩子沉浸式的、互动式的阅读体验为原则。问题的关键是孩子通过图画书阅读获得什么。实践中所存在的教育者依旧困惑于如何择其利而弃其弊的问题。究其原因是教育者缺乏对媒介融合环境下幼儿图画书阅读理解情况的全面性和深刻性认识。在幼儿园自然教育场域内的媒介融合环境下，探究幼儿图画书阅读理解发生的外在环境情况如何、阅读理解的内在过程是怎样的、内容的多样化呈现及文学意义的多形式表达对幼儿阅读过程的外显反应和内在理解具有怎样的影响、其中有何典型特征等问题的探讨迫切需要系统性与实证性研究。早期阅读指导的最重要目标是通过阅读帮助孩子建构书籍概念、体验阅读的过程、获得积极的阅读情感体验、激发阅读兴趣和形成阅读习惯。围绕目标，媒介融合环境下如何更好地发挥不同媒介形式的优势价值，值得深入探讨。因而对媒介融合环境下幼儿图画书阅读理解做全面和深入的调查就显得极为必要。

综上所述，本研究旨在探究媒介融合环境下幼儿图画书阅读理解现状，深入剖析幼儿图画书阅读理解中存在的问题及其原因，探索媒介融合环境下指导幼儿图画书阅读以及提升幼儿图画书阅读理解的方法，从而最大限度为幼儿理解图画书内容、提升幼儿早期阅读素养提供更适宜的支持。

**二、研究目的与意义**

**（一）研究目的**

本研究拟基于幼儿园自然教育场域内的媒介融合环境，对幼儿图画书阅读过程进行系统的田野考察，以幼儿图画书阅读理解发展为宗旨，以当下媒介融合阅读环境为视角，对幼儿图画书阅读理解过程的各方面互动因素进行关照，全面了解媒介融合环境下幼儿图画书阅读的过程及其反应表现，分析、总结幼儿阅读数字化图画书和纸质图画书的共同特征和差异性特征，以发现和解决幼儿图画书阅读理解中出现的问题为目标，最终寻求有助于优化幼儿图画书阅读理解的实践方法，为一线幼儿教育实践提供参考。

其中，分析媒介融合环境下幼儿图画书阅读反应的不同类型，研究不同阅读反应的现实表征及其背后的机理是重点。通过幼儿园教育场域整体的多层次全方位支持性体系，合理且有效发挥数字化媒介环境下图画书阅读对于幼儿发展的教育价值，为媒介融合环境下幼儿教育者的阅读指导提供有价值的学理分析与具体建议，形成对数字化时代背景下幼儿园图画书阅读启蒙培育机制的有益借鉴。

**（二）研究意义**

1.理论意义

第一，在我国学术界，现有关于幼儿图画书阅读研究的视角是多元化的，如涉及文学、美术、出版、心理、教育、阅读等领域，同时研究的内容也非常丰富。然而在我国目前的研究领域中，从文学、心理学、教育学等跨学科融合的角度出发探讨幼儿的图画书阅读及阅读理解仍比较欠缺。本研究在研究思路与研究范式上进行了新的探索。

第二，在我国乃至全世界范围内，数字化阅读的系统性研究起步不久，所以无论是学理探究层面、研究方法创新方面，还是在实践层面的阅读指导等，仍需要倾注较多的时间、精力和资源等。那么，本研究基于当下媒介融合的阅读环境下，在真实的教育场域内，通过捕捉幼儿图画书阅读时的外显反应，并对现实外显反应进行细致严谨的考察和分析，探讨幼儿图画书理解的内在过程。这具有一定的学术价值，进一步拓展了幼儿图画书阅读理解的研究范围，也使幼儿图画书阅读理解的相关研究更加丰富。

2.实践意义

在媒介融合环境下，当代幼儿园已不同程度地具备了数字化图画书阅读的物质条件和应用可能性。然而调查发现，在实践过程中一线幼儿教育者对幼儿数字化图画书阅读还存在诸多困惑与盲目选择的问题。例如，数字化图画书和纸质图画书在文本上和阅读方式上存在较大差异性，但是在实践中教师仍以传统纸质图画书的阅读方式引导幼儿阅读数字化图画书；教师虽知晓幼儿更偏爱阅读数字化图画书，但是在阅读过程中对于幼儿是否进入图画书世界、是否理解故事内容、哪些文本因素能够引起幼儿兴趣等缺乏了解。除此之外，在阅读数字化图画书过程中，身体的外显行为表达更加丰富，有声音和动作的模仿、有与同伴和教师的互动、有情绪情感的表达以及有创造性的新经验产出等。然而教师对幼儿阅读的反应却难以完整、准确地解读，同时无法给出相应的回应。那么，以上现实中存在的种种问题若得不到及时发现和解决，将直接或间接地影响幼儿对图画书故事的阅读理解，影响幼儿阅读理解能力的提升，甚至影响幼儿园图画书阅读教育活动的质量。

本研究以媒介融合环境为背景，以幼儿图画书阅读过程中与故事发生的真实反应为依据，梳理幼儿对图画书文本的内在阅读理解情况，包括其中存在问题，探究问题存在的原因，并有针对性地提出教育学建议。这对一线教师和幼儿读者来说具有重要的实践意义。

一是有利于满足媒介融合环境下幼儿读者对数字化图画书阅读的显性需求，并尝试通过外显的阅读反应来分析其内在的理解过程与特征，间接推断与发掘出其可能的阅读需求和兴趣；二是能够丰富幼儿的图画书阅读方式，既可以阅读传统的纸质图画书，也可以阅读新兴的数字化图画书，更可以两者共同阅读，提升幼儿图画书故事的阅读理解水平，形成良好的媒介融合图画书阅读体验。

探究阅读主体幼儿在图画书阅读理解中的反应，可以从侧面反映出教师使用不同媒介组织图画书阅读活动的教学现状，有利于帮助教师对自己的教学现状获得整体认识，从而克服教学中媒介选择的盲目性，增强图画书阅读活动设计和实施的主动性和针对性。这为一线教育实践者提供不同媒介图画书阅读指导的新思路和新方法，有效提升教师的图画书阅读指导水平、提升幼儿园整体的图画书阅读教育活动的质量。

### 三、文献回顾与反思

研究者依次从媒介融合阅读、幼儿图画书阅读、幼儿图画书阅读理解、媒介融合环境下幼儿图画书阅读理解逐步深入，对阅读环境、阅读主体、阅读客体、阅读过程和相应的能力发展、影响因素、提升策略，以及影响性和对比性研究等几个方面进行详细介绍。最后，在综述的基础上，提出本课题的研究空间和研究方向。

3—8岁是幼儿掌握基本阅读能力的关键期，[①]而培养幼儿良好的阅读理解能力是早期阅读活动的重要目标。家长和教师要切实把握这一发展幼儿阅读理解能力的关键期，为其终身学习和发展奠定基础。目前，数字技术、网络技术以及互联网的出现，打破了媒介与媒介之间互不来往的界限。千禧年之后出生的婴幼儿已然生活在数字产品和网络化时代，被称为"数字土著"的他们生活在呈现着传统媒介和数字化媒介融合，文字、图片、动画、互动等多介质元素融合的阅读环境中。这一媒介融合环境使幼儿图画书阅读场景被重塑、图画书阅读行为习惯被更改。因此，本部分的文献梳理旨在对媒介融合环境下幼儿图画书阅读理解做一个宏观认识：首先厘清幼儿图画书阅读的文本、过程、指导三个方面的研究成果，其次介绍关于幼儿图画书阅读理解的发展水平、影响因素、提升策略的相关研究，最后以媒介融合环境为背景梳理幼儿图画书阅读理解的相关研究现状。

### （一）媒介融合阅读的相关研究

1.阅读媒介的研究现状

阅读无法离开媒介，数千年来人类的阅读媒介经历了复杂而多元的变化。从历史发展来看，阅读媒介经历了远古时代的甲骨、草纸、青铜器、

---

① 周兢.早期阅读发展与教育研究[M].北京：教育科学出版社，2007.

竹简、羊皮直到后来的缣帛、纸张，以及如今的电子计算机等。阅读媒介形态的变迁就会引起相应的阅读文本、方式、体验、模式与阅读行为的变化。第一，关于阅读媒介变迁与发展的相关研究。何平华提出在数字技术的背景下，阅读媒介经历了"纸媒"到"屏媒"的转变，从文字符号向图像符号转变，从二维图像到三维视频转变，从单一符号向综合符号转变。[①]第二，关于阅读媒介变化引起的阅读对象、阅读方式和阅读行为变化的相关研究。张新宇认为数字化阅读推进阅读内容的全方位升级迭代，音频、视频和VR/AR的加入打造立体多感官、沉浸式、互动式、情景式阅读体验；并且阅读行为由原来的个性化信息知识获取，到现在具有功能化、场景化、社会化的社交行为。[②]姜边则论述了如今数字阅读媒介呈现出人性化进化的优点，如阅读信息的传播突破了时空的限制、阅读信息获取由繁琐化盲目化向便利化精准化方向发展、阅读信息交流由个性化小范围逐步转向群体化大范围的交流等。同时，姜边也论述了数字阅读媒介对人类社会存在的负面影响，如信息茧房、信息冗余、虚拟沉浸、群体孤独等现象。[③]总之，研究者对阅读媒介的研究不仅仅限于媒介本身，也包括媒介变化带来的阅读的相关变化。

2.阅读媒介融合的相关研究

当下阅读媒介主要呈现传统纸质阅读媒介和新兴数字化阅读媒介两种形态。研究者的研究顺应这种媒介进化趋势，进行跨媒介阅读的研究和阅读媒介融合研究等。

第一，跨媒介阅读的研究。陈长松等人提出融合媒介的使用导致阅读主体由单一分形为多个。这必然会打破深度阅读实践的专注性，打破深度

---

① 何平华.从"纸媒"到"屏媒"：现代编辑的视觉素养论[J].编辑之友.2013，（12）：42—45.

② 张新宇.5G时代数字阅读的媒介化进程与影响[J].编辑学刊，2021（04）：33—38.

③ 姜边.数字阅读媒介人性化进化趋势之分析[J].出版广角，2021（14）：89—91.

阅读实践建构的稳定性、固定的主体身份，主体阅读会表现出碎片化的特征。这种碎片化阅读既是一种"一心多意"的实践形态，也意味着多向度扩展主题阅读的广度和深度，是一种"交互式"阅读，有利于主体的判断能力提升。[①]张翼提出在媒介融合背景下阅读出现"泛娱乐化"趋势，"浏览式阅读"逐渐取代"深阅读"，个性化推荐方式逐步形成"阅读茧房"。[②]媒介融合发展的同时，知识的生产与传播方式也被重塑，读者的阅读体验和阅读习惯相应的发生了改变。王建华等人提出在媒介融合环境下读者进行着一种场景式阅读，即图书中的文字通过场景化体验进行立体表达，营造人文的、思辨的沉浸式氛围，让读者产生临场体验、互动感受和情感共鸣，实现阅读内容与视听体验的双重传递。[③]

第二，阅读媒介融合的研究。王长潇等人论述了在电子时代，除了印刷文本变成电子文本外，"看"书的动作逐渐延伸到了"听"书，并且对这两种阅读媒介产生的认知效果差异进行实践检验，得出结论：在两种媒介交互的过程中，由于所处时空环境不同，身体姿态体验也不同，会对阅读效果产生影响；应该根据情况变化将两者最优选择，减少各自负面影响。[④]

王娟等人以图画书阅读为载体，探索其数字化形式和纸质形式对5—6岁幼儿故事阅读理解的影响，得出结论：首次测试中图画书阅读组幼儿故事理解得分显著高于数字阅读组，但随着测试次数增加，其故事理解的

---

① 陈长松，蔡月亮.多中心与去中心：融合媒介使用主体存在特征及影响[J].中国出版，2015，（04），40—43.

② 张翼.媒介融合背景下移动阅读APP营销策略分析——以微信读书为例[J].新闻研究导刊，2021，12（01），247—248.

③ 王建华，苏日古嘎.场景式阅读与表达：媒体融合视域下的出版路径探索[J].现代出版，2021，（03）：82—86.

④ 王长潇，卢秋竹.听书抑或看书？——具身认知理论视角下媒介对阅读效果的影响[J].编辑之友，2021（04）：61—66.

得分逐渐领先于图画书阅读组。建议教师抱以开放的态度为幼儿选择多样化的阅读媒介，发挥不同媒介的优势。①

纵观国内外学者对媒介融合的研究，可以看出学者研究的深度随着媒介融合发展的状态而逐步改变，且随着研究不断深入，所涉及的层面也更加广泛，涵盖了概念、成因、影响等。其中媒介融合在传媒行业、传播发展研究最多，在教育领域的相关研究有一部分，但都集在学龄期儿童主体，对学龄前儿童有所涉及但相对较少。

**（二）幼儿图画书阅读的相关研究**

一方面，图画书富有的趣味性图画、恰当的色彩、合理的节奏展开和细节描写等特点与幼儿的具体形象思维特点相契合；另一方面，图画书阅读能够扩展幼儿想象和创造的内容和范围，对语言、想象、思维、情感、社会化及审美能力发展都具有重要的价值。因此，图画书阅读一直被认为是发展幼儿早期阅读能力的途径之一。关于幼儿图画书阅读的研究历来是学前教育研究者们所积极关注的领域，尤其在当下媒介融合环境下也依旧是多领域、多学科研究的问题。

那么统观学术界关于幼儿图画书阅读的研究主要从谁在读、读什么、怎么读这三个维度展开（即分别对应阅读的主体、阅读的对象、阅读的指导），并且在这些不同的维度中分别对应着不同的学科领域。纵观国内外学者的研究主要集中在以下几个方面。

1.对图画书阅读主体幼儿的心理过程探讨

关于图画书阅读主体——幼儿的探讨，研究者主要从认知心理学和审美认知心理学视域对幼儿阅读的内在机制进行了深入的研究（即探索幼儿是如何阅读的）。关于幼儿阅读的内在心理机制，康长运提出幼儿图画

---

① 王娟，李维，张攀，沈秋苹.阅读媒介对5—6岁幼儿故事理解的影响——基于图画书阅读与数字阅读的比较研究[J].幼儿教育，2019（Z3）：41—43+70.

书阅读是一个复杂的心理过程，是幼儿调动已有的知识、经验、策略，在阅读中重新建构新形象的过程。[①]除此之外，韩映红等人从图画书的图文元素以及图画书的结构设计等出发来探索幼儿阅读的偏好，通过研究得出结论，相比分享式阅读，幼儿更喜欢自主阅读；相比有字图画书，幼儿更喜欢无字图画书。[②]贺红等人在一项关于幼儿图画书阅读喜好的调查中发现，小班幼儿喜爱生活类；中班侧重于认知类和社会类；大班侧重于生成类和社会类。[③]总之，基于心理学视角的研究为教育学的研究提供了深入探索的基础。

2.对幼儿阅读客体图画书的文学理论探讨

从幼儿阅读的客体——图画书出发，研究的角度主要包括儿童文学和接受美学两个方面。前者是创作者和儿童文学评论家对幼儿阅读的理解和探讨，后者是从读者角度。关于儿童文学角度的研究，松居直先生指出：图画书是一种综合艺术，具有丰富的审美价值，结合了美术中的色彩、线条、构图及文学中的词汇、语句、结构等巧妙构思形成外在形式美，同时又具有作品内容所呈现的内在意蕴美，文学艺术和美术完美结合而形成的图画书能够激发幼儿的"美感"，使他们体会作品中的崇高、优美、悲伤，欣赏作品中的幽默和滑稽。[④]关于接受美学角度的研究，康长运提出：故事是图画书的灵魂，图画是故事的重要表达媒介，通过图画呈现人物形象、突出故事情节、营造故事环境、烘托特定情感氛围等，给幼儿最初的文学体验，丰富并延伸幼儿的心灵空间。[⑤]总之，关于阅读文本图画书的

① 康长运.图画故事书与学前儿童的发展[J].北京师范大学学报，2002（04）：20—27.

② 韩映虹，王静.不同阅读方式下5~6岁幼儿无字图画书阅读的眼动研究[J].学前教育研究，2013（09）：21—27.

③ 贺红，蒋蕙.多元化早期阅读材料的研究[J].学前教育研究，2005（02）：33—35.

④ [日]松居直著.季颖译.我的图画书论[M].长沙：湖南少年儿童出版社，1997：47.

⑤ 康长运，唐子煜.图画书本质特点研析[J].大学出版，2002（02）：29—32.

探讨为本研究认识幼儿图画书阅读理解的复杂性提供了必要的视角。

3.关于幼儿图画书阅读指导的教育学探讨

从幼儿图画书阅读的指导出发，教育学研究的立场是探索如何更好地指导幼儿图画书阅读，包括环境创设、材料选择与文本处理方式等。陈晓艳探索无字图画书阅读材料和教师指导这两个因素对幼儿阅读理解能力的影响，发现无字图画书同样可以提升幼儿阅读理解能力，教师面向集体以及引导幼儿观察画面，提出开放性的问题能有效提升中班幼儿的阅读理解能力，因此建议幼儿园可以增加无字图画书的使用。[①]徐慧艳等人探索具身认知策略、视觉线索策略和口语理解策略对4—5岁幼儿阅读理解的不同影响，研究发现视觉线索策略在阅读记忆中表现出显著优势，具身认知次之，但是口语理解策略较差。因此其研究结论是成人应该根据幼儿年龄与阅读目标选择适宜的阅读策略，阅读策略各有优缺，适合不同年龄段幼儿，年龄越小越适合采用实际操作物的方式进行早期阅读，同时也要考虑幼儿的阅读目标。[②]有研究者关注到教育信息化时代的早期阅读教育以及信息技术背后的深层认知问题，如韩映红等人非常重视电子图画书对幼儿词汇、故事理解、阅读兴趣的促进，[③]不同阅读媒介会给孩子带来不同的阅读感受方式和理解过程。

综上所述，关于幼儿图画书阅读的研究，从研究领域来看有基于文学角度的文本探讨、基于心理学的阅读过程探讨和基于教育学角度的阅读指导和策略研究，涵括心理学、教育学、儿童文学、儿童美学等学科领域，探索了幼儿图画书阅读是怎样的、幼儿为什么进行图画书阅读，以及如何

---

① 陈晓艳.无字图画书提升中班幼儿阅读理解能力的研究[J].陕西学前师范学院学报，2020，36（11）：50—55.

② 徐慧艳，陈巍，高奇扬.具身认知策略对幼儿阅读理解能力的影响：索引假说的检验[J].学前教育研究，2018（05）：28—36.

③ 韩映虹，赵婧.电子图画书阅读对幼儿早期阅读发展的促进[J].教育导刊（下半月），2018（04）：51—53.

指导幼儿图画书阅读等问题。前人的研究为我们全面了解幼儿图画书阅读奠定了坚实基础。

**（三）幼儿图画书阅读理解的相关研究**

1.幼儿图画书阅读理解能力发展的研究

图画书的图画具有与文字一样的叙事功能，是儿童理解故事的主要信息来源。[①]回顾已有研究发现，有研究者从图画的角度关注幼儿的阅读理解能力，也有研究者从故事的角度考察幼儿对故事情节、结构、内涵等方面的理解能力。

其一，从图画的角度研究幼儿的阅读理解能力。高晓妹认为：由于学前阶段的幼儿不具备书面文字经验，他们对图画书的理解遵循由图画形象到事件行动再到角色状态的发展顺序，而有利于幼儿阅读理解的是那些容易引起幼儿关注的图画形象。[②]李麦浪指出：幼儿阅读图画书时，最先注意的是比较明显的部分和画面中直观的信息，阅读后能初步形成自己的见解；而且在年龄上，大班幼儿的理解能力和观察能力比较突出。[③]

其二，从图画书故事理解的角度出发，有研究者从故事述评角度出发来评估儿童阅读图画后对故事语法结构的理解。Paris A H 和 Paris S G 对15名5—8岁儿童故事理解的考察表明，随年龄增长儿童能说出故事结构要素的数量逐渐增多，不同年龄段儿童对故事结构要素的理解具有相似的特点，能说出角色、问题、解决方法和结局等四个要素的人数比例较低，能说出背景和引发事件的人数比例较多。[④]罗珑月以幼儿园5—6岁幼儿作

---

① Doonan J. Looking at Pictures in Picture Books.Stroud：Thimble Press，1993. 11—21.

② 李林慧，周兢，刘宝根，高晓妹.学前儿童图画故事书阅读理解研究[J].中国特殊教育，2011（02）：90—96.

③ 李麦浪.幼儿看图书特点的研究[J].学前教育研究，1999（01）：29—31.

④ Paris，A H，Paris，S G.Assessing narrative comprehension in young children[J]. Reading Research Quarterly，2003（38）：36—76.

为研究对象，发现幼儿对图画书中人物角色、问题事件、故事结局、人物情绪、因果推论、人物对话、故事主旨等七个方面有较好理解，对人物行为、故事场景、故事预测等三个方面理解较弱，总体上幼儿对显性信息的理解好于隐形信息的理解。[①]

2.幼儿图画书阅读理解的影响因素研究

幼儿图画书阅读理解过程是一个动态复杂的意义建构过程。综合国内外学者的研究，大多认为：与图画书内容有关的背景知识、阅读过程中的阅读理解策略、阅读使用的材料介质、图画书阅读的方式等因素都会对幼儿阅读理解产生潜移默化的影响。综合以上因素，主要涉及阅读主体、阅读文本、阅读策略和阅读媒介这四个方面。

其一，关于阅读主体。李星通过PPTV测试考察儿童的口语能力和视觉认知能力与图画书故事阅读理解的关系，得出结论：3—6岁儿童的理解性词汇、表达性词汇、语法能力的提高有利于儿童图画书故事的阅读理解，儿童的图画视觉认知水平提高也有助于图画书故事的阅读理解。[②]陈红通过实验测查发现：同一年龄段的儿童阅读理解水平存在明显的个别差异；这与儿童的认知能力、智力水平、主观学习态度有关。[③]

其二，关于阅读文本。陈晓艳通过实验法对中班两组幼儿进行前后测对比，发现无字图画书适合中班幼儿阅读，而且能有效提升中班幼儿的阅读理解能力。[④]安靖考察了电子故事书自身包含的设计因素，如交互性、

---

① 罗珑月.集体教学活动后大班幼儿阅读理解情况的研究——以《朱家故事》为例[D].四川师范大学，2018.

② 李星.学前儿童故事类图画书阅读理解水平发展及阅读教育实践研究[D].上海师范大学，2017.

③ 陈红.影响3—6岁幼儿图书阅读理解的因素研究[J].学前教育研究，2000（04）：28—30.

④ 陈晓艳.无字图画书提升中班幼儿阅读理解能力的研究[J].陕西学前师范学院学报，2020（11）：51—55.

多媒体因素等对幼儿阅读理解和阅读效果的影响，得出结论：电子故事书同时含有的多种设计因素（动画、音乐、交互性），虽会增加阅读兴趣，但阅读效果不如纸质故事书；相比纸质故事书，电子故事书中加入交互性设计会阻碍幼儿的阅读理解。[①]刘河聚焦立体图画书和平面图画书对幼儿阅读理解产生的影响，发现：在同一故事中，立体图画书所具有的构图方式奇特、艺术性多元化等特点能使幼儿的阅读理解水平高于平面图画书，并且有助于幼儿阅读理解能力的发展。[②]

其三，关于阅读策略。常露凡以图画书故事的隐性信息和显性信息为维度，考察听读阅读和自主阅读下的阅读理解效果，发现：在自主阅读中，大班幼儿对故事隐性信息优于显性信息；在听读阅读中，对故事显性信息理解优于隐性信息。[③]刘友棚考察4—5岁幼儿重复阅读与阅读理解水平的关系，发现：不论是高水平阅读组还是低水平阅读组，重复阅读都可以促进幼儿故事理解；在故事明显性内容方面，重复阅读可以提高幼儿对故事角色、背景、引发事件、故事问题、故事结局的理解水平；在故事隐含性内容方面，重复阅读能显著提高幼儿对角色感受、因果关系、情节预测的理解水平，但对故事因果关系、主题的促进作用并不明显。[④]

其四，关于阅读媒介。刘佩杏测查了在相同的阅读方式下，纸质图画书和电子图画书由于在材料介质属性、介质呈现的形式、介质包含的内

---

① 安靖.电子书还是纸质书：幼儿电子故事书阅读效果的影响因素[D].华中师范大学，2018.

② 刘河.图画书形态对中班幼儿阅读理解能力影响的实验研究[D].贵州师范大学，2018.

③ 常露凡.大班幼儿图画书阅读理解与听读理解的比较研究[D].沈阳师范大学，2020.

④ 刘友棚.重复阅读对4—5岁幼儿阅读理解影响因素的眼动研究[D].深圳大学，2019.

容及其使用成本方面存在的差异，导致幼儿故事理解效果整体差异显著。[①]
毛颖梅和卢雪纯对比纸质图画书和电子图画书阅读对中班和大班幼儿阅读理解水平的影响，发现：不同阅读介质使幼儿在理解情节信息和主题信息方面存在差异，电子图画书组好于纸质图画书组。[②]

　　总之，关于幼儿阅读理解过程受哪些因素的影响，前人学者做了大量的探讨，为探索幼儿阅读理解特点、规律以及提出指导策略奠定了深厚的研究基础。

　　3. 幼儿图画书阅读理解的提升策略研究

　　综合研究者关于图画书阅读理解策略的研究发现，策略的提出分别基于主体、图画书、教学、理解策略本身这几个维度，共性特征是都具有强烈的针对性，适合适龄或特定幼儿。何淑娟等人利用思维导图的优势，如具有可视化的思维方式、能够改善学习者的认知加工水平、提升学习能力等对智力障碍儿童进行图画书故事教学，结果表明三名被试的阅读理解测验得分均有提升，验证了思维导图对儿童的阅读理解能力的提升作用。[③]
廖俐引入"具身阅读策略"的理念（即关注幼儿身体跟外在世界的互动，注重幼儿身体参与的情景化学习方式），探究其对幼儿阅读理解能力的影响，研究发现：对4—5岁幼儿采取具身阅读策略能引导其关注画面之间的主要联系和隐含信息来整体理解故事。[④]吕妮娜指出文字符号对幼儿阅读理解也有特殊意义，因此根据幼儿年龄段的思维特点，科学地为幼儿展

　　① 刘佩杏.不同材料介质图画书的使用对中班儿童故事理解的测查研究[D].广西师范大学，2015.
　　② 毛颖梅，卢雪纯.不同阅读介质对幼儿阅读理解水平的影响[J].现代中小学教育，2016，32（01）：107—111.
　　③ 何淑娟，谌小猛.思维导图教学对智力障碍儿童阅读理解能力的干预研究[J].中国特殊教育，2020（07）：44—50+56.
　　④ 廖俐.具身认知策略下幼儿故事阅读理解能力提升及其影响因素[J].陕西学前师范学院学报，2020，36（07）：8—16.

示文字内容，用生动形象的语言来帮助幼儿阅读理解故事内容。而且将故事内容进行表演也能进一步促进和巩固理解。[①]任萍在其硕士论文中整理出国内外图画书阅读理解的教学策略包括故事结构分析、心智绘图、图画书教学、概念构图教学、电脑辅助教学、交互教学策略。[②]

**（四）媒介融合环境下幼儿图画书阅读理解的相关研究**

1.图画书媒介对幼儿阅读理解的影响性研究

研究者已达成共识：不同的媒介在幼儿图画书阅读理解过程中存在着积极和消极两个方面的影响。并且研究者都进行了相关的实证研究，分析不同的图画书媒介给幼儿带来的积极影响多，还是负面影响多。结果显示，数字化图画书具有交互性强、多种介质元素、提升语言水平、促进故事理解等优点，同时给幼儿生理上、环境上带来负面影响间接影响故事的理解。可以说，图画书媒介对幼儿的图画书阅读理解既是机遇也是挑战。

刘佩杏通过纸质图画书和电子图画书测查不同图画书媒介对幼儿故事理解所产生的影响，结果显示：两种不同的图画书材料由于介质的属性、介质的呈现方式、介质所包含的内容及其使用成本等方面存在的差异而导致儿童故事理解效果整体差异显著。具体来说，电子图画书利用现代多媒体技术将故事内容制作成生动、形象、完整、具有操作性的视频，同时具备图画、文字、声音、音乐等介质为幼儿提供可听、可看、可触、可感受的故事体验。这使得幼儿图画书故事理解的效果呈现出纸质图画书与电子图画书综合阅读，大于单一电子图画书，大于单一纸质图画书。[③]

---

① 吕妮娜.早期阅读活动中幼儿阅读理解策略的研究[D].陕西师范大学，2011.

② 任萍.故事结构教学对大班幼儿阅读理解能力影响的实验研究[D].沈阳师范大学，2017.

③ 刘佩杏.不同材料介质图画书的使用对中班儿童故事理解的测查研究[D].广西师范大学，2015.

郭书艺通过行动研究对比电子图画书阅读和传统纸质图画书阅读下幼儿的阅读过程及阅读效果，发现电子图画书中特有的背景音乐、角色配音、动画效果、超链接、交互模式等设计有助于提升幼儿的阅读兴趣，激发幼儿的表达意愿，从而促进幼儿阅读理解能力。①

此外，针对媒介图画书的设计因素，也有研究者发出不同的声音。安靖指出电子图画书的动画、背景音乐、交互性特征能够促进幼儿图画书阅读理解效果，但不如纸质效果好，是因为电子图画书在提升幼儿阅读兴趣和学习动机的同时也造成幼儿外部认知负荷增加，以及对故事内容的注意力转移，从而导致电子故事书的阅读理解成绩低于纸质书。②程文婷和王军论证了尽管电子图画书中的交互功能使电子图画书阅读更具有吸引力，但也导致在亲子阅读中父母与孩子的交流减少，并且并非所有的交互功能都对孩子是有益的，相比在纸质图画书阅读中幼儿会通过提问和强化故事内容的方式表达对故事理解的需求，父母也会更加关注幼儿这一需求。③针对其消极影响，研究者基于数字化阅读的角度提出相应的建议，如王佑镁认为需要从内容提供、阅读服务、技术体验、教育引导、素质提升和阅读推广等多个方面进行有效的数字化阅读。

从以往的研究发现，图画书媒介的不同属性可以为幼儿带来不同的阅读体验，也可以显著影响着幼儿的图画书阅读理解成效。

2. 不同媒介下幼儿图画书阅读理解的差异性研究

随着研究的深入，研究者从图画书故事的组成元素，如主题、情节、

---

① 郭书艺.幼儿阅读教学中电子图画书设计与运用的行动研究[D].上海师范大学，2021.

② 安婧.电子书还是纸质书：幼儿电子故事书阅读效果的影响因素[D].华东师范大学，2018.

③ 程文婷，王军.亲子阅读视角下电子图画书与纸质图画书的阅读差异研究[J].图书情报工作，2015，59（22）：64—71.

人物角色等方面详细探索不同媒介下幼儿对其理解的差异。邓祎雪、高宏钰等人以5—6岁幼儿为研究对象，以同一本图画书为阅读材料，探究其在电子图画书和纸质图画书中的阅读理解差异，结果显示：在图画书基本信息和情节认知方面，电子图画书组的幼儿得分高于纸质图画书组，但在图画书主题理解上两者没有显著差异，总体来说电子图画书更有助于提升幼儿阅读理解效果。[①]张雪通过实验研究探索不同媒介下5—6幼儿阅读同一图画书的故事阅读理解差异，结果显示：电子图画书和纸质图画书在故事理解上各具优势，具体来说，在故事背景与要素、故事主题、情节、语言方面纸质图画书组的幼儿得分高于电子图画书组幼儿，在故事角色理解方面电子图画书组幼儿高于纸质图画书组。[②]毛颖梅和卢雪纯以中大班幼儿为研究对象，发现电子图画书组的幼儿在理解情节信息和阅读主题方面效果优于纸质图画书，在故事情节、角色认知及出现顺序的记忆方面，不同图画书媒介的小组取得的阅读理解成绩不存在显著性差异。[③]

从以上研究可以发现，为幼儿提供同样的故事文本，但使用不一样的媒介，幼儿对图画书故事中的不同元素理解存在着一定差异。

**（五）已有研究简评**

综观国内外的已有研究，可以整体概括为三方面主要特点：

其一，从研究视角来看，已有相关研究涉及文学、美学、心理学和教育学等多个学科领域，多研究视角探索了幼儿如何阅读图画书、阅读图画书的意义以及怎样阅读图画书等核心问题，理论基础深厚。然而，不同研

---

① 邓祎雪，高宏钰，曲方炳，蒋云霄.5—6岁幼儿阅读纸质图画书与电子图画书的差异研究[J].福建教育，2020（42）：17—19.

② 张雪.亲子共读视角下不同阅读介质对5—6岁儿童阅读理解能力的影响[J].早期教育（教育科研），2019（12）：49—53.

③ 毛颖梅，卢雪纯.不同阅读介质对幼儿阅读理解水平的影响[J].现代中小学教育，2016，32（01）：107—111.

究视域具有一定的局限性：一是从文学视角对幼儿阅读内容与形式的研究较多，但缺少关于图画书载体与幼儿阅读过程深层互动的研究，也欠缺对于当下数字化时代新媒介载体环境下幼儿阅读方式的研究；二是从心理学视角对幼儿主体的阅读心理过程进行研究，侧重对研究现象的实证性量化研究，追求研究结果的科学化，但缺乏对幼儿自身特点与周围环境独特意义的深入考察；三是从教育视角对幼儿阅读过程进行的研究，目前注重采用质性研究方法探讨幼儿阅读过程中的影响因素及其作用机制问题，但大多是在某一段或某几段时间里到特定教育情境中专门获取特定事实用作研究素材的方式，而欠缺对幼儿阅读过程及其反应表现进行深入细致、连续且长期的研究范式。

其二，从研究方法来看，多数研究者都是借助实验法，研究过程具有一定的科学性，能够在较大程度上保证研究结果的可靠性，但却缺少在真实、自然的教育情景中对幼儿图画书阅读理解过程及意义建构的深入描述和分析。因此，本研究拟采用量化研究与质性研究相结合的方法，基于量化研究确立研究问题的普遍性及现实表现性，再根植于幼儿园班级内日常真实的图画书阅读教育活动情境中，对不同媒介形式及媒介融合环境下幼儿图画书阅读的过程及其反应表现进行观察、深描与分析，收获一手资料，从而全面、深入地了解和把握幼儿图画书阅读的理解方式与意义建构的过程。

其三，从研究内容来看，阅读理解是阅读的核心，也是阅读要达成的目的。阅读理解能力是阅读的一项重要技能。因此，探索幼儿的阅读理解具有十分重要的意义。已有关于幼儿图画书阅读理解的研究，主要涉及了理解水平、影响因素、提升策略等，而对于幼儿图画书阅读理解分析的维度比较模糊、不够明确，尤其是从图画书故事信息结构的角度来分析幼儿的理解特点较少。因此，本研究从图画书故事的基本信息和隐含信息两个维度来探究媒介融合下幼儿图画书阅读理解的整体情况。

整体来说，研究者对于幼儿传统纸质阅读的探讨已经较为深入，近年来关于幼儿数字化阅读的研究也逐步开展，但已有研究主要聚焦的是对传统纸质阅读与数字化阅读两种不同阅读媒介的单一性探究或两种不同阅读媒介间的差异性比较，尚缺乏从当下数字化时代新旧媒介融合的整体背景来综合分析幼儿早期阅读的过程，更缺少对数字化时代幼儿阅读过程及其反应表现的现实考察。基于以上分析，在已有研究成果的基础上，本研究尝试立足于当下数字化时代新旧媒介融合的整体背景来综合分析幼儿理解阅读文本的过程，通过深入班级日常图画书阅读活动，系统考察幼儿图画书阅读理解过程的具体情况，深入分析幼儿在应对不同媒介形式或多种媒介形态融合背景下阅读反应的具体表现，探索与构建数字化时代幼儿图画书阅读理解过程的理论模型，并应用于教育实践之中。本研究主要从三个方面进行：一是充分考察数字化时代幼儿阅读反应与特征；二是探索与构建数字化时代幼儿图画书阅读理解过程的理论模型；三是具体分析数字化时代幼儿图画书阅读的启蒙培育机制，重点研究新媒体环境下幼儿图画书阅读的内容、基本机制和实践策略。

当然，研究视角的融合性对研究思路和研究方法提出了新的考量。关于媒介融合环境下幼儿图画书阅读理解的研究，涉及信息技术学、儿童文学、儿童心理学、儿童美学和教育学等多个学科，在学科视域上具有高度的融合性，既需要对数字化阅读场域的环境特点与空间影响有所把握、对文本内容蕴含的文学意义与审美价值有所理解，也需要对阅读心理过程及其文学接受能力有所认识，属于跨学科的融合研究。问题的性质决定了研究思路和方法的革新，具体来说，则是深入幼儿图画书阅读理解的真实场景开展实地考察，以幼儿图画书阅读理解过程的行为表现为切入点，结合实践中的现实问题，从多学科融合的角度全面且深层探讨幼儿图画书阅读的内在理解情况。这超越一般意义上的表层研究，用"质"的研究方法诠释与分析媒介融合环境下幼儿图画书阅读理解具有特殊意义。而如何理解、把握不同理论视域及其相互作用机制，我们拟采用教育田野研究的方式开展问题研究过程，超越一般表象层次的行为研究，试图深层次阐释幼儿图画书阅读过程的理论蕴涵，以研究者个人化的方式投入大量的时间与精力浸融于某一个特定的组织与情境中，对新媒介环境下幼儿阅读的反应进行细致、严谨的田野考察与理性分析。这一研究过程对于教育信息化时代背景下幼儿阅读过程的理论构建乃至幼儿早期阅读素养培育机制的持续改进，都具有一定的开拓意义。

### 三、核心概念的界定

#### （一）媒介融合

媒介的演进主要分为口语传播、书写传播、印刷传播、电子传播、数字传播五个阶段，而且媒介本身以一定的"物"为载体、以一定的符号形式进行记录和传播。[①]随着数字化技术的发展，媒介发展到集语音、文字、图片、视频等多种呈现方式为一体，且借助互联网技术进行点对点的交互式传播。

在网络技术尚未普及的时代，尼葛洛庞帝便以预言的方式描绘了"媒介融合"的图景。[②]他认为媒介融合首先是信息技术和网络技术二者的融合，在此基础上通过网络和电子终端来传输数字信息，最终实现不同媒介之间的相互联系和相互转换。

20世纪80年代，媒介融合作为一个完整概念最早由美国马萨诸塞州理工大学教授浦尔提出，意指报纸、电视、报刊等各种媒介的融合，泛指各种媒介呈现出多功能一体化的发展趋势。[③]浦尔教授观点的本质是两种或两种以上技术的相互结合、相互取代，以此形成的新媒介的功能大于各

---

① 齐永光.媒介融合视域下的文学数字化传播[D].吉林大学，2020.
② 曹漪那，付玉杰.从尼葛洛庞帝"三圆交叠"说看媒介分化[J].西南民族大学学报（人文社科版），2009，30（12）：223—226.
③ 安婧瑜.媒介融合背景下报纸数字化转型困难与对策研究[D].长安大学，2016.

部分功能总和。例如，20世纪90年代看电视节目用电视机，看电影去电影院，听音乐用收音机，当电视机和VCD结合可以看电视剧，可以看电影，也可以听音乐，在此之前两种媒介之间是相互独立的且有明确的界限。21世纪，媒介融合的内涵又随技术的发展有了新的补充。美国新闻学会媒介研究中心主任安德鲁·纳齐森将媒介融合定义为"印刷的、音频的、视频的、互动性数字媒体组织之间的联盟"[①]。道尔（Doyle）认为媒介融合是电子技术、计算机技术和媒体的融合。[②]例如，在媒介融合影响下20世纪的收音机、DVD、MP3不再存在，新的媒介智能手机不断涌现。

现如今，借助于媒介的内部核心技术不断更新和互联网技术的不断发展，新兴媒介推陈出新，越来越呈现多样化的发展态势；而媒介的外部生态环境，如国家支持政策、社会发展需求、个人的个性化需要等也在或直接或间接地推动和支持着媒介的创新性发展与融合性并存。在此背景下，信息的传播者既借助互联网的驱力，又坚守传统媒介的理念，信息传播的媒介载体呈现出传统纸质媒介方兴未艾、新兴数字化媒介异军突起的融合态势。传统纸质媒介与新形态数字化媒介的融合不仅体现在媒介形式之间，在单个媒介形式内部要素中也出现了融合倾向，如文本内容的信息同时包括并融合了集文字、语音、动画、视频等多种介质。随着当前媒介内外环境和结构的不断发展变化，国内外研究者对媒介融合的概念也提出了很多新的认识与看法。周灵认为：媒介融合应有广义与狭义之分，广义上是指所有媒介及其相关要素的融合，不仅包括媒介形态，还包括媒介的功能、传播手段、组织结构等要素的融合；而狭义上则专门指向不同媒介形

---

① Andrew Nachison. Good business or good journalism？ Lessons from the bleeding edge，A presentation ti the World Editors Forum，Hong Kong，june5，2001.

② Doyle，G. Media Ownership：The economics and Politics of Convergence and Concentration in the UK and European Media[M]. London；SAGE Publications，2002.

态的融合，如数字报刊、网络电台、阅读APP等。[①]

整体来说，研究者对媒介融合的观点并不统一，但具有一定的共识，即媒介融合是当下媒介生态环境的一种状态和发展趋势，是一种思维上的融合和指导行动上的融合，现阶段的媒介融合呈现的是一种外部环境和内部机制两方面的融合。在此共识基础上，本研究认为：媒介融合既指传统媒介和数字化媒介的跨媒介之间的合作、交融与革新，也可以指向某种单一媒介自身所含内容要素包括文字、声音、图片、动画、互动操作等多种传播介质的有机融合；不同媒介和不同技术之间相互使用、相互合作，共同传播出个性化、立体性、互动性的内容文本。

**（二）幼儿阅读**

界定幼儿阅读的概念，首先须对其上位概念"阅读"进行必要的界定，以形成清晰明确的认识。按照词源学的要求，从汉代许慎的《说文解字》进行追根溯源，阅读最原始的形式是"阅"和"读"。"阅"即随意的看、浏览；"读"即"诵书也"，本意为用嘴出声念诵。那么，阅读的引申意就是用眼睛看和用嘴读。随着后世将阅读加以结合作为一个复合词广泛的联系于、渗透于人们生活各个层面和各个方面，其内涵也相应广泛和深化，而且在不同的领域阅读也有多种多样的含义。学界对于阅读的定义分为接受论、互动论、建构论等观点。接受论的观点在《汉语大辞典》中阅读的解释为"看（书、报、文件等），并领会其内容"。其认为阅读是读者从文本中获取信息的过程。互动论的代表观点在《教育大辞典》中认为：阅读是"从印的或写的语言符号中获取意义的心理过程"[②]。其认为阅读的本质是一个生理、心理的过程。建构论的代表观点在《心理学大辞典》中表示：阅读是从图画、图解、图表、印刷文字等书面材料中获取信息或

---

①　周灵.传媒类本科生融合式媒介素养教育研究[D].南京师范大学，2016.

②　顾明远主编.教育大辞典[M].上海：上海教育出版社，1998：1963.

意义的过程，这个过程需要读者将视觉获得的信息和大脑中已有的信息进行比较、预测、判断、推理、整合，建构起文字所表达的意义，<sup>①</sup>其主张阅读是基于文本对话而实现自我建构的活动。综合以上学界对阅读的定义，可以归纳出研究者关于阅读的含义具有以下共识：其一，阅读过程具有基本的前提结构，具体包括作者、文本、读者三个基本要素，以文本为中介物，读者和作者相互交流、相互作用。其二，阅读是一种包含了感知、理解、记忆等一系列认知环节在内的复杂心理过程和行为过程。其三，阅读是读者从书面文本中获取新经验、补充和更新旧经验的过程，是一种主动学习并建构主体意义的行为表现与求知方式。

现如今，阅读概念的外延则更加广泛。数字技术的发展推动了阅读符号的多样化，阅读不再是纸质印刷媒介的专属品，人们阅读的对象由原来的传统纸质媒介阅读，愈来愈倾向于通过互联网和电子媒介阅读，逐渐催生了各种形式、形态的数字化文本。因而，我们现在可以将阅读视为一种从印刷的、数字化的符号中获得意义的心理过程。阅读的过程是读者凭借自身已有的知识和经验，从文本内容的各种图文符号中主动吸收和理解信息、建构主体意义、实现自我完善和发展的过程。这不仅包括纸质阅读，还包括数字化阅读。其中，数字化阅读在学界被普遍认为其指向了阅读方式的数字化、阅读内容的数字化，同时利用数字化媒介进行阅读，即阅读过程的数字化。

基于阅读概念的内涵与外延，及其发展变化，我们要重新认识幼儿阅读的概念，可以从阅读的主体、对象、行为等几个方面进行界定：其一，阅读的主体是3—6岁幼儿，即在心理阶段划分上指向3—6岁这一年龄时期的学前儿童。本研究所关注的幼儿阅读对象就是指向3—6岁学前儿童

---

① 林崇德，杨志良，黄希亭.心理学大辞典[M].上海：上海教育出版社，2003：16—17.

的阅读。这一发展阶段的幼儿既表现出0—6岁儿童阅读的共性特征，也具有3—6岁幼儿阅读的个性特点。《教育大辞典》中对于0—6岁这一时期的阅读定义为："儿童自1岁半开始，成人把早期阅读材料中的内容读给孩子听，等到孩子有一定的阅读基础后，就可以让孩子进行自主阅读。"①其二，阅读的对象和行为，0—6岁学前儿童阅读主要是依靠图画书中的图像变化和文字表述，来理解以图为主的低幼儿童读物的。这是将观察、记忆、思维、表达等多种认知进行整合的活动过程。②

综合以上关于阅读概念的理解和已有研究对幼儿阅读概念的观点，研究者认为媒介融合环境下幼儿阅读是指：3—6岁幼儿在成人的引导和帮助下，调动视觉、听觉、触觉等多种感知觉通道，阅读纸质媒介和数字媒介中少量的文字、图片、声音、动画、视频等信息。在这个过程中，幼儿联结已有经验和情感体验主动理解文本内容，从而建构起主体意义并获得自主阅读能力的活动。

### （三）图画书

关于图画书的定义，培利·诺德曼在其著作《儿童文学的乐趣》中指出："图画书是通过一系列连续的图画与少量的文字互相结合或完全没有文字，来讲述故事的儿童书。"③著名的图画书之父松居直在《我的图画书论》中对图画书的解释是："一种特定的少儿读物形式，是用文字和图画共同表现同一个主题。"④关于图画书中图和文的关系，彭懿在其编著中表示：图画书应该是图与文的完美契合，图画书中图画是灵动的且是具有

---

① 顾明远主编.教育大辞典[M].上海：上海教育出版社，1998：63
② 张明红.关于早期阅读的几点思索[J].学前教育研究，2000（04）：17—18.
③ [加]佩里·诺德曼，梅维丝·雷默著.陈中美译.儿童文学的乐趣[M].上海：少年儿童出版社，2008：213.
④ [日]松居直著.季颖译.我的图画书论[M].长沙：湖南少年儿童出版社，1997：47.

生命的，并不是文字的附庸。①可以说，图画书作为幼儿最早接触的文学形式之一，是幼儿感受世界、认识世界的媒介之一。随着媒介自身的发展演变，相应的图画书形态也会依托媒介的演变，经历多个发展阶段：第一个阶段的传统纸质印刷图画书；第二阶段的借助多媒体、电脑、电视等电子设备呈现的电子图画书，此时进入了数字化阅读图画书的初级阶段；第三阶段的经过数字化处理并在电子设备上呈现的数字化/电子图画书，该阶段属于媒介融合时代，媒介之间几乎打破了限制，实现文字、图画、声音、动画、即时信息、操作互动等设计于一体，并通过互联网延伸至其他平台。

综合已有研究文献的观点，研究者认为图画书从外在载体形态上主要包括两种：传统纸质图画书和数字化图画书。传统纸质图画书指的是以图为主、文字为辅，并且图画和文字契合、互动，是图文生动叙述故事的艺术；数字化图画书则是通过电脑、Pad、多媒体等电子设备呈现图画书内容，具有文字、图画、声音、动画、视频、操作互动等介质，并且彼此之间有机融合来共同叙述文学性故事的数字化儿童文学读物，可以是有声图画书、AR/VR图画书、网络在线图画书、纸质图画书的电子印刷版本等。

纸质图画书的电子印刷版，指的是通过电子扫描或手机拍照的形式，将纸质图画书的页面以图片的形式保存或在PPT文档保存。电子印刷图画书的内容和形式与纸质图画书相同或相近，在内容组织上保持纸质图画书线性叙事的连续性、独立性与完整性，页面呈现也是静态形式。其与纸质图画书的不同仅限于在移动设备上进行简单的翻页和暂停。

有声图画书是纸质图画书电子印刷版的升级，简单来说就是基于图画书内容添加有声技术，让图画书"开口说话"。其一般运用最新的光学图像识别、数码语音技术的点读功能，加印与特定声音文件相关联的隐形底

---

① 彭懿.世界图画书阅读与经典[M].南宁：接力出版社，2011.

码。市面上有专门为幼儿设计的，也有以纸质图画书为基础，通过互联网或利用信息技术，将文本的内容以声音、动画、操作互动等形式呈现出来的数字化儿童文学读物。

本研究所指的数字化图画书在含义上更多指向的是经过数字化处理在电子设备上呈现的一种儿童文学读物，通过移动平台发布，依托视频、音乐、动画、互动操作等多动态元素的呈现形式，通过对读者的感觉、视觉、触觉进行综合影响，让幼儿在多感官通道的综合利用中获取信息，产生身临其境的效果。其形式上可以具体包括：纸质图画书的电子印刷版；电子界面上具有静态的图片和文字，以及动态的视频、动画、语音、背景音乐、即时信息和操作互动等介质，如有声图画书；AR/VR阅读显示设备、移动端设备、纸质载体、对应的图画书阅读程序等组成的AR/VR图画书等。相较于纸质图画书来说，在线性叙事结构上，数字化图画书会在基本故事框架和情节不变的基础上利用声音、动画、互动操作等增加一些节点延伸故事情节，使线性故事转变为轨道切换结构、反射状结构和树状结构；在内容呈现上，有手动、自动播放模式；在形式上，有依据纸质图画书内容制作的数字化图画书，也有通过信息技术为幼儿专门设计并在互联网构建的阅读社交平台上呈现的图画书。

### （四）阅读理解

从阅读理解的字面意思来看，其包括阅读和理解两个部分，同时蕴含两个层次内容，即阅读表面图文信息和理解文本内容意义。顾明远在《中国教育大系》中指出：理解有广义和狭义之分，广义的理解指领会事物本质的过程；狭义的理解指是用读者已有的知识经验去认识新事物的过程。[①]王爱娣在《美国语文教育》中指出，阅读理解是一个相互作用的过程，在读者这个过程中能够融入自己现实世界里的认知经验来与文本线索进行

---

① 顾明远.中国教育大系[M].湖北教育出版社，1994.

互动，建构文本意义。这个文本意义的建构即是阅读理解的表现。①

结合阅读理解的字面意思和学者的观点，总结出阅读理解的两个特征，一个是全面性，既包括对阅读对象表层内容的理解，也包括对其深层内容的理解；另一个是建构性，指读者用自己已有经验对作品意义再建构。因此，本文的阅读理解指的是幼儿能够调动已有的认知经验，利用多感官对多种媒介形态图画书中的图画、文字、动画、声音、互动操作等介质所传输的信息进行积极互动，在此基础上形成对图画书故事基本信息和隐含信息的整体性理解和意义建构。

**五、理论基础的概述**

任何研究的开展都有其理论基础与相关研究支撑。它为梳理和厘清各种研究视域及其界限提供了重要的研究基础和理论前提，旨在对幼儿早期阅读教育研究问题进行田野考察的思想立场和态度取向、研究方法与实施过程等有更为清晰的理解和把握。

**（一）读者反应理论**

接受美学研究者认为，在幼儿阅读前，文本仅是一种客观存在，当然它具有文学本身的意义和价值，然只有当幼儿读者开始阅读时，文本才会成为作品，实现其应然的存在意义。读者反应理论作为接受美学的一个研究视角，即重在思考阅读内容本身对于幼儿读者所具有的审美与教育意蕴。它使得研究者开始探索儿童的审美体验与审美反应并以此来说明审美过程。例如，广泛的"读者反应"理论、本顿二次世界理论、兰格的"设想"模式和博格丹的文学反应理论等。其关注的是幼儿在阅读作品时如何建构意义，关注文学作品理解与幼儿自我经验的相互交融，关注幼儿作为读者与作品之间发生的互动过程等。这种互动本质上就是对话。有研究者认为，基于读者反应理论，对儿童阅读反应进行连续观察记录是困难的，

---

① 王爱娣.美国语文教育[M].桂林：广西师范大学出版社，2007：75.

因为儿童的注意范围广、灵活性大，几乎难以在较长时间段里与学龄前儿童进行互动交流。但是，观察幼儿阅读反应是幼儿园教师日常性、持续性的工作重任。研究者和教师通过对幼儿阅读反应的持续观察与多元交流，更全面、深入地了解幼儿对文本意义的理解过程。

**（二）审美心理学理论**

沃尔夫冈·伊瑟尔（1991）指出：审美的对象（文本）只能在读者的审美活动中构成，文学的作品既非完全在于文本，也非完全在于读者的主观性，而在于二者的双向交互作用的动态建构。也就是说，文本是文学的唯一实体，作品的价值蕴藏在文本之中，但意义的生成尚待于完成之中，有待于读者在阅读活动中予以现实化和具体化。

幼儿所能接受的童书形式，以图画书为主。图画书是幼儿踏入阅读世界的第一步，藉一个个图文并茂的故事，引领幼儿认识新奇美好的世界；成人也可藉一本本精彩美妙的图画书，与幼儿分享丰富而独特的人生体验。然而，当作为审美媒介的童书，呈现于幼儿读者面前，幼儿读者是如何获得这种审美经验的？作为主动建构者，幼儿的阅读过程应该是一个融合童书文本与主体心灵对话的过程，这一过程是否可探？伊瑟尔在《阅读活动——审美反应理论》中将文本看作一个召唤结构，指出：文本在什么条件下对读者而言具有意义？文本怎样才能产生意义？幼儿童书阅读的过程更宜视为一个存在于幼儿与文本之间完整的、统合性的互动过程，包括幼儿所读内容的文本特质、幼儿主体的审美感受、幼儿与文本之间的对话方式等，文本—读者不应相对独立的去分析，而应互动融合地来理解。它们的共存性"关系"构成了阅读过程。离开了这种共存"关系"，其各自都无法独立承载阅读所应然的主体性意义。

很多研究者基于幼儿审美需求的视角探讨了文本中图文语言符号、语义等内容对幼儿发展的美学意义和教育意蕴。尤其结合了符号学研究的视域，为认识幼儿阅读过程的复杂性提供给了新的视角。据此，可以将幼儿阅读理解为是一种以幼儿感官机能为基础，寓于幼儿生活经验中的内在体验与外在表达过程，包括以听赏为主的接受方式，以读图为主的理解路径，以体验为主的审美特性等。尤其对于年龄较小、语言理解和表达能力未发展完善的幼儿来说，其阅读图画书的过程是多感官统合的过程。他们从画面上得到视觉上的审美感受，借助于成人的讲述从听觉途径接受关于图画故事书的大量信息。Jeanne M. Machado认为每个儿童都从文学阅读经历中获取各自的意义。[①]大多数童书都是由"图画语言"与"文字语言"共同构成了完整的故事内容，图画带给幼儿以审美的体验和自由的想象。这种"美感"与"自由"又赋予了幼儿在阅读过程中极大的主动性和创造性。幼儿会藉涂鸦、绘画、游戏、表演等创意活动方式回应文学作品。可以说，童书文本对幼儿阅读过程的影响是直感而具体的，童书文本对幼儿阅读过程的影响机制是现实存在的，包括完整的审美对象对幼儿形成心理形象及其意义的影响；不同图文呈现方式与其载体形式对幼儿和童书互动过程的影响，不同类别文学体裁与叙事风格对幼儿感知图文内容或回应故事方式的影响等。这些都需基于审美心理视角进一步探讨。

### （三）社会建构理论

从社会建构主义范式的角度来看，语言不是描述现实，而是描写或构成现实（Beilin，1986）。维果茨基（Vygotsky）（1978）同意皮亚杰（Piaget）的观点，即孩子们是积极的知识建构者来应对问题，但不像皮亚杰认为这种学习是由内部认知不平衡所驱动的。语言是我们与别人进行沟通交流的主要方式；它是"心灵超越皮肤"的主要方式，与其他心灵进行互动。事实上，儿童言论从一开始就是社会性的。

认知心理学研究表明，人们对于事物的理解往往取决于头脑中已有的

---

① [美]Jeanne M.Machado 著，王懿颖等译.幼儿语言教育[M].北京：北京师范大学出版社，2012：229.

相关知识经验及其所建构的心理结构模式，对于事物的认识必然依赖于先前经验，每个幼儿都是在其已有的心理发展水平或知识经验的基础上走进图画书世界的。[①]同时，幼儿阅读理解建构的内在过程与幼儿所身处的生活环境及其所获得的空间经验有关，而那些能够对文本内容有多重解释力和丰富价值性的环境空间往往隐含某种文化背景的潜在因素。这一线索值得我们进一步探讨。幼儿是稚嫩的，是"未成熟"的，行为方式大都以"快乐"为基本原则，但正是这种"未成熟"特性与"快乐性"原则，赋予了每一个孩子丰满的生命灵性与强烈的探索精神。图画书作为幼儿阅读内容的主要载体，具有独特的美学特质，如纯真、稚拙、变幻、欢愉和质朴等；理想的幼儿阅读过程，即是幼儿在现实生活经验基础上对这种"美"的感受、理解与表达过程，以单纯的心灵自由抒发想象，与文本成熟的思考展开对话的过程，建构自己对于生活的、世界的或者生命的个体意义理解的过程。

据此，研究者认为：幼儿阅读过程是一个复杂的建构过程，其依赖于阅读的内容，也依赖于互动的情境，是幼儿知识经验、认知、情感和态度等多方面共同参与的相互作用的统合过程。社会建构理论视域下，我们应该看到这一过程中"人—社会"之间的交往性和相互性，注意到研究者在理解和解释中的能动作用，使我们的研究成为一种不断在主体交互中动态生成的过程。幼儿在阅读图画书时，常常是凭借自己还不丰富的经验，进入到想象的世界中去。他们会与书中的角色一起去体味幻想世界的快乐。幼儿阅读图画书的过程实际是幼儿联结生活经验与感受情感体验、建构主体意义的过程。

---

① 庞丽娟.文化传承与幼儿教育[M].杭州：浙江教育出版社，2005：256.

# 第一章 媒介融合环境下幼儿园绘本阅读教育问题的田野研究设计

## 一、教育民族志研究的应用

教育民族志研究旨在基于对幼儿园媒介融合环境下幼儿图画书阅读过程的反应表现进行质性研究的"深描",以详尽的、定性的、描述性的自然主义研究方式,探讨媒介融合环境及其互动方式对于幼儿图画书阅读反应的影响,并探索其对于幼儿图画书阅读理解过程的解释意义。

### (一)研究思路

数字化时代幼儿图画书阅读是一个具有广阔理论探讨空间的研究选题,同时也是一个具有现实意义的研究问题。数字化时代媒介融合环境下幼儿图画书阅读教育存在诸多问题,如儿童数字化阅读的低龄化趋势与普遍化特征、幼儿数字化阅读教育的盲目推进与素养匮乏、幼儿自我发展能力的被忽略与图画书本体意义的式微等。其问题存在的关键在于人们对幼儿阅读过程本身的研究不够。因而,本研究紧紧围绕问题——"数字化时代,幼儿是如何理解阅读文本的?"进行设计,依循"发现并证实问题—揭示问题的多重影响—分析问题的形成机制—提出与论证问题的解决路径"的研究过程,拟对这一问题进行充分的探讨。

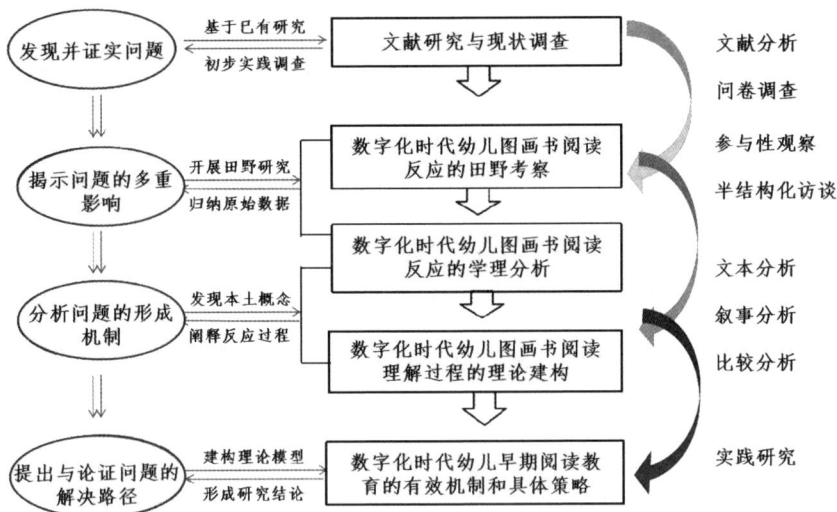

图 1　问题研究的基本思路

　　该项研究在一个致力于发展幼儿文学阅读的幼儿园小、中、大班教室里进行了六个月（每周三到四天）。研究过程分为正式调研前、正式调研、正式调研后三个阶段。围绕研究方案对已有相关文献全面、深入地检索与研读贯穿研究始终。在正式调研前，为保证研究的效度与信度，研究所用的问卷与访谈方案皆是在经过一线幼儿教师与幼儿教育专家试测、修改的基础上而定。在实证研究阶段，以山东省济南市一所高校附属幼儿园为研究个案，深入调研场地进行为期三个月的实地调研。在调研后的数据分析阶段，结合多学科理论客观系统地分析研究现象，提炼现象中的特征、存在的问题，以保证论证尽可能准确和有说服力。

　　首先，基于已有研究，初步实践调查，发现并证实问题。全面述评已有研究文献，从理论层面深入分析数字化时代阅读之于幼儿发展的现实性与可能性，探讨数字化时代幼儿图画书阅读反应研究的理论基础；初步开展实践调查，明确数字化时代幼儿早期阅读研究的现实困境。整合理论研究与实践探索的初期成果，发现一系列常规研究方法所不能发现的问题；以这些问题为导向，深入实地研究，通过观察、访谈、座谈、问卷等方法予以证实和聚焦。

其次，开展田野研究，归纳原始数据，揭示问题的多重影响。深入幼儿园教育田野进行实地研究，致力于在真实而自然的教育情境中，亲身体验数字化时代媒介融合环境下幼儿参与图画书阅读的互动过程，收集第一手资料，对不同情境下幼儿图画书阅读过程中的阅读反应进行参与观察、情景深描与叙事分析，思考与分析现实教育情境的现象和问题，揭示研究问题的多重影响，系统分析影响幼儿阅读反应的各种因素，以及各影响因素交互作用的过程机制。

再次，发现本土概念，阐释反应过程，分析问题的形成机制。重视媒介融合环境下幼儿阅读图画书过程中的自然反应，发现能够解释这些行为表现的本土概念，阐释幼儿图画书阅读的心理过程、审美经验与意义建构的外在表现与特征，并挖掘其深层意义，多层次、多角度地揭示问题存在的表现、形成原因及其过程机制，揭示幼儿对图画书阅读内容的感受、理解与意义建构的过程。

最后，建构理论模型，形成研究结论。挖掘行为反应对幼儿阅读过程所具有的解释力，系统讨论幼儿阅读理解过程的内在结构与作用机制，深化对于数字化时代幼儿图画书阅读及其本真意义与价值追求的认识；提出本研究的结论与理论反思，为幼儿教育者提供学理参照，寻求在媒介融合环境下优化幼儿早期阅读教育活动实施的路径。

具体研究包括：

第一部分：研究背景与问题提出、文献综述及研究方案的设计。

首先，梳理本研究的背景；其次，梳理和述评媒介融合环境下有关幼儿图画书阅读理解的相关文献，一方面在学术上明晰媒介融合环境下幼儿图画书阅读理解探究的理论价值，另一方面分析已有研究中的不足；最后，厘清研究幼儿图画书阅读理解的内容维度和方法，设计出研究的实施方案。

第二部分：对媒介融合环境下幼儿图画书阅读理解的现状进行调查研究。

进入真实的研究场地，立足实践考察，通过问卷调查、非正式访谈、研究者的日常观察以及案例分析法，分析媒介融合环境下幼儿图画书阅读的现状。

首先，利用问卷和访谈对媒介融合环境下幼儿图画书阅读理解的环境创设、教师实践指导、幼儿行为表现进行了解。其次，深入具体的图画书阅读活动内部，采取个案描述的方法，以阅读过程中幼儿的语言反应为切入点，并依循自下而上的行动者逻辑分析线索，总结幼儿对新媒介呈现的数字化图画书和传统媒介呈现的纸质图画书的阅读理解情况，横向上分析共同性表现和理解特征，纵向上分析差异性表现和理解特征。

第三部分：分析媒介融合环境下幼儿图画书阅读理解存在的问题及原因。

从环境、图画书、教师、幼儿等方面审视存在的问题及原因。

第四部分：在对现状问题进行反思的基础上提出针对性教育建议。

基于前述实地考察与讨论分析，从环境、图画书、教师、幼儿四个方面对媒介融合环境下幼儿图画书阅读理解的现实问题进行系统反思，以存在的不足为问题解决对象，针对性地提出媒介融合环境下有效促进幼儿图画书阅读理解的建议，在满足幼儿园图画书阅读理解目标与阅读个体兴趣需要的基础上，提升其阅读理解水平。

**（二）研究方法**

在田野研究过程中，教育民族志方法与其说是一种研究方法，毋宁说是一种思维方式和一段研究历程。在这段研究历程中，多种具体研究方法的使用皆旨在收集和分析更有价值的数据信息，包括：

1.文献分析法

基于研究问题，通过CNKI资源、GOOGLE引擎、PROGUEST等途径查阅中外期刊、书籍、数据库等相关资料，检索有关媒介融合（Media Convergence）、早期阅读（Early Reading）、图画书阅读（Picture Story Book Reading）、读写萌发（Emergent Literacy）、幼儿阅读反应（Young children's responses to literature）等关键词，系统梳理近二十年来国内外相关研究领域的理论成果和方法经验，初步形成本研究的理论基础与基本假设。可以说，对基础理论和文献研究的查阅、研读、分析和论证，贯穿了本研究的始终，力求系统地阐释已有研究的共识性观点和争议性较大的评论，以期为全面、深入地阐释幼儿图画书阅读理解的内在机制问题提供理论参照和研究支撑。

2.调查研究法

田野调查工作是一个收集资料的过程，研究者能够使用大量只要是合适的研究方法，包括观察法、交谈法、问卷法、生活史法、文件档案法、事件分析法等,"①获取尽可能全面、真实的资料，力图了解现实情况。

（1）问卷调查

研究者在已有研究基础上，自编问卷《媒介融合环境下幼儿图画书阅读的现状调查》，经预调查多次测试和修改后将正式问卷录入"问卷网"。问卷设置25个题目，包括四个方面维度，具体内容如下：

一是调查对象的背景材料。对幼儿园以及教师的基本信息了解，此部分计5题，包括幼儿园的性质、教师所在年龄班、职务、学历、职称、教龄。

二是主体问卷部分。从阅读指导者教师、阅读主体幼儿、图画书阅读环境三个维度设计问卷。教师对幼儿数字化图画书阅读的认知和态度做调查，包括数字化图画书是什么、如何看待数字化图画书阅读、教师的选择

---

① [美]奥格布（J.U.Ogbu）.教育人类学的研究目的和研究方法[J].现代外国哲学社会科学文摘，1988（1）：44.

理由等；对教师使用数字化图画书和纸质图画书的实践指导情况做调查，包括使用的类型、频率、材料的选择来源、指导的现实困境等；对幼儿在不同媒介下图画书阅读理解表现做调查，包括喜欢程度、参与积极性、理解程度等。（详见附录一）

本问卷的发放借助微信平台，发放的对象为本研究所要深入实地考查的幼儿园，填写的对象为该幼儿园大、中、小班的带班教师。问卷数据的统计和回收均通过"问卷网"后台完成，设置回收期限为7天，给予教师充分的时间有目的地观察，然后填写，最终获得353份原始问卷。在对问卷回收的数据进行初步检验时，在教师身份信息一题中发现有10位教师的身份为保育老师。由于调查面向的对象是带班幼儿教师，因此剔除10份无效问卷，得到符合要求的343份有效问卷，问卷回收率为97.17%。最后，通过对问卷网得出的统计结果进行分类整理，依据调查目的对统计结果进行数据呈现和结果描述，得出幼儿图画书阅读理解的现状。

（2）访谈法

本研究在参与观察中根据具体情况运用随机访谈或半结构性访谈方法，收集有关幼儿园的背景性资料，如幼儿园发展历程和培养理念、园所新媒介环境与硬件条件、幼儿园教师整体素养情况、幼儿园不同媒介形式图画书资源情况及家庭社区新旧媒介资源概况等，旨在深入理解媒介融合环境下幼儿图画书阅读过程参与者的想法。

一方面，本研究的访谈法作为问卷调查的辅助工具，是针对问卷未全面涉及的问题进行补充和深入了解，同时某些开放性问题无法通过定量的方法准确反映，如教师为幼儿创设图画书阅读环境的态度和立场是什么、教师觉得幼儿图画书阅读的精神环境是什么、有什么作用、在幼儿图画书阅读理解过程中教师为营造良好的师幼关系采取过哪些具体的措施等。使用访谈法可以使幼儿图画书阅读及阅读理解的调查更加具体、生动和全面。

另一方面，研究者采取半结构式访谈对教师进行非正式访谈，旨在将对幼儿图画书阅读理解的相关情况了解放在日常相对开放的交流中获取。

本研究的访谈一共为8个具体访谈问题，涉及媒介融合环境下幼儿图画书阅读理解的物质环境、心理环境以及过程中的审美表现等方面。访谈对象都是参加过问卷调查的样本，也是研究者每次深入班级观察每次集体图画书阅读活动时的教师和幼儿。访谈时间包括每次集体图画书阅读后、区角阅读过程中、亲子阅读活动时。研究者与带班教师、幼儿、家长分别就不同阅读活动的媒介环境及其互动方式进行交流，在交流中搜集整理相关信息。

不同阶段的、多种形式的、多个层次的访谈强调在自然情境中"浸入"情境，更适用于不善于"表达内心"的早期儿童，能够为研究多种文化情境中的早期儿童提供众多可能性。

（3）观察法

在研究过程中，研究者根据具体情境决定对幼儿图画书阅读的参与程度。具体而言，在集体阅读活动中主要站在"参与式观察者"的立场，观察幼儿园新媒介环境使用情况、教师对图画书的不同媒介的呈现方式、幼儿在不同媒介环境与不同媒介文本的阅读活动中的具体反应表现；在阅读角幼儿阅读过程中，以"观察式参与者"的身份对班级阅读角阅读环境进行观察，在幼儿有交流意愿或者需要时，及时积极反馈，并适时交流了解幼儿对不通文本媒介形式的认识和感受；亲子阅读活动是幼儿园持续性开展的阅读活动形式，既对幼儿园开展的进园亲子阅读活动进行观察，也对日常家庭环境下开展的亲子阅读活动进行追踪观察，观察的形式可以更加多样化，如征询家长意见，引入数字化叙事方式，即家长在家庭环境下开展的亲子阅读，可以由父母拍录下视频或者音频形式，对分析幼儿图画书阅读过程辅以补充。

选取观察的幼儿对象为三个不同年龄班的幼儿，集中于大班幼儿。因为相较中小班幼儿来说，大班幼儿的阅读常规较好，有一定的图画书阅读经验。大班幼儿已阅读过的图画书较多，对于不同媒介形式的文本及整体的阅读环境具有更明确、敏锐的感知和表达能力，且具有更为丰富的阅读反应表现。因此，在年龄班上优先选择大班幼儿作为研究对象。研究者具体采用非参与式观察，以旁观者的身份融入班级幼儿图画书阅读理解的全过程，按计划在师幼集体阅读中观察记录所在班级幼儿与教师的对话交流和语言反应。

3. 案例分析法

为分析与解释幼儿园媒介融合环境下幼儿图画书阅读理解情况，本研究采用案例分析方法，目的是呈现真实且具体的幼儿图画书阅读理解过程。在不同媒介环境下幼儿阅读不同媒介形式的图画书过程反应，以及不同呈现方式对幼儿图画书阅读反应的影响问题等，是我们尤为关注的。研究者在集体阅读活动中作为观察者，分析数字化图画书和纸质图画书中幼儿阅读的外显语言反应、阅读文本的特点、教师的阅读引导等。

**（四）研究工具**

1. 问卷

为了了解当下媒介融合环境下幼儿园图画书阅读活动中幼儿阅读理解过程的基本情况以及教师的观念、行为设计问卷《媒介融合环境下幼儿图画书阅读的现状调查》。问卷属于自编非量表式问卷（见附录一）。为了保证问卷一定的信效度，在问题和答案的编制上，依据前人已有研究成果（康长运，2007；呼美琳，2014；张丽，2011；Sternberg，1994）进行编制，并请学前教育专家进行评定。此外，对102人、114人预发放2次问卷，进行问题及答案的修改，以保证内容效度，同时设计测谎题以提高问卷信效度。在收集问卷时对150份问卷进行填写时间及测谎题的筛选，最终得到120份有效问卷。

2.观察记录表

为了更加方便对观察记录进行数据的分析梳理，在已有相关研究（付园园，2020；张丽，2011）的观察记录表的基础上搭建框架。在幼儿阅读反应类型的设计上参考相关研究的分类（苏敏，2021）；在教师回应水平的设置上，参考斯滕伯格的水平划分。[①]一方面，理论的建构依赖于对大量文献的检索、分析与归纳，从前人的研究成果中获得启发；另一方面，现实生活与实践同样是理论建构的重要基础和来源。该观察记录表的设计同时基于了研究者对大量观察记录的分析、论证与完善。（见附录二）

3.访谈提纲

为了对不同媒介环境下幼儿在图画书阅读过程中的感受与表现有尽可能全面的了解，对8位幼儿园教师就问卷内容进行结构式访谈。访谈的提纲在设计上参考了部分研究者设计的提纲结构，[②]并结合自己的问卷内容进行编制。（见附录三）

4.幼儿阅读反应表现评估体系

本研究在对比前人研究与本研究研究目的相关程度的基础上，决定参考前人（李海燕，2010；陈丽君等，2006；蒋海珠等，2012；Danis，A.，Bernard，J.M.，& Leproux，C，2000）已有的评估标准。以幼儿阅读反应的最典型表现——幼儿发问反应为例，从问题的五方面来考察进行：一是问题的流畅性，指幼儿问题的个数，提问几个问题就记为几分。二是问题的灵活性，指问题的类型，有几种类型就记为几分。三是问题的深刻性，指问题的概括性、间接性和抽象程度，其中1分为第一级问题，仅仅指向书中描绘的一个物体（涉及识记的、回忆的、事物表面属性，如外观、

---

① [美]Sternberg，R.J.等著，赵海燕译.思维教学[M].北京：中国轻工业出版社.2001.71—77.

② 张丽.集体教学活动中大班幼儿提问行为研究[D].河北大学，2011.

大小、形状、颜色等），如：这个红色的是什么？3分为第二水平，幼儿
的问题将画面中存在的两种事物联系在一起，可能涉及同一属性、空间位
置、共同行动，如：他们两个怎么都去山上了呢？他们两个谁是好的呢？
5分为第三水平，将图画书中的事物与其他图画书或日常生活中的事物联
系起来，如：这个天鹅和我在公园里看见的天鹅有什么不一样呢？四是问
题的精确性，指问题的描述是否准确、到位，其中问题表述不清楚，过于
简单，信息模糊，计为1分；能够清晰地表述问题，计为3分；表述问题细
致准确、有修饰语或专有名词，计为5分。在数据收集整理后，由三名评
分者就问题的灵活性、深刻性、精确性进行评分，取其平均数，以保证评
分的信效度。

**二、田野研究地点的选择**

围绕研究问题，如何选择研究地点是田野研究面临的首要问题。正如
教育人类学研究者所明确提出的，选择什么样的学校或者幼儿园作为研究
"田野"，不是取决于学校或者幼儿园所处的地域或者发展水平，也不取
决于其文化背景，而是取决于我们所关注的具体研究问题。

**（一）本研究幼儿园田野地点的选择**

幼儿园是幼儿生活、成长与发展的场所，是幼儿教育的专门场所，因
而也是幼儿教育现象与教育问题集中发生的场域，具有开展幼儿教育的空
间条件和精神氛围。数字化时代，新媒介环境的影响无处不在。幼儿园连
接着家庭和社会，连接着教师、幼儿和家长在不同环境、媒介中的互动关
系。为选择切合本研究的田野地点，研究者主要采取了如下策略：

其一，划定研究者所处的市辖区 WF 为进行研究的主要区域。该市辖
区学前教育发展迅速，根据最新教育事业统计公报，截至2022年市辖区
共建有幼儿园2045所，在园幼儿37.4万人，居全省前列。为了解媒介融合
环境下幼儿图画书阅读的物质环境，研究者在山东走访了多家重视幼儿图
画书阅读的幼儿园，了解幼儿园图画书阅读的物质条件和组织情况，并与

园长针对幼儿园图画书阅读进行了深入的交流，最终确定以JNFS幼儿园、QZCQ幼儿园、LWSY幼儿园、WFPZ幼儿园为研究样本（幼儿园名称用笔者自定的代码表示），继续深入班级内观摩日常图画书阅读活动的具体情形，进一步明确了当前幼儿园图画书阅读的物质环境创设。

其二，在确定四所幼儿园的过程中考虑了以下因素：幼儿园组织类型，兼顾公办园与民办园；幼儿园的定级类别，兼顾省级示范园、市级示范园和普通幼儿园。以上考虑遵循了教育人类学选择教育田野的标准，即对田野地点的选择取决于具体的教育问题，以有助于对媒介融合环境下幼儿图画书阅读过程有全面、深入的了解为参照。

其三，为深入幼儿图画书阅读的现实情景观察幼儿在图画书阅读中的每一次真实反应，研究者最终选择JNFS幼儿园作为长期深入的教育研究田野，深入幼儿园、深入班级、深入阅读活动。之所以选择这所幼儿园，主要考虑了样本选择的典型性问题和进入现场的便利性原则。JNFS幼儿园是"省十佳幼儿园"和省级示范幼儿园，具有一定的代表性和典型性；同时，这所幼儿园是笔者现工作单位的合作办学单位，所以相对来说进入现场比较方便。可以说，研究者是以半行政化的身份进入幼儿园的。这为本研究的开展打开了两个局面：其一，顺利进入现场，行政力量支持；其二，部分幼儿园教师是被动的接受者与执行者，对话与合作的开展进程前期比较滞缓。当然，正如哈贝马斯所认为的，真正的交往是主体间相互理解的交往。随着时间的推移，研究的深入，尤其是涉及细节问题的处理过程中，研究者与幼儿园园长、老师们的交流越来越频繁，从陌生到熟悉，再到无话不谈，直到后来我们不再避讳内心的困惑和存在的问题，彼此真诚开放。笔者真诚地向他们开放想法、思路与困境，老师们也会真诚地开放他们的生活世界、情感态度、职业感受、专业发展和教育观念等。我们的共同话题就是班里的孩子，我们共同的关注就是希望幼儿在园生活是快乐而充实的。而我们走到一起的基本共识，即认为图画书阅读是能够为幼儿在园一日生活带来更为丰富的经验和体验的，让孩子的童年更富有想象、更开阔视野、更快乐而充实。

（二）研究现场的说明

教育田野研究的特性即在于强调"连续的过程"与"整体的背景"，了解研究对象的基本情况，有助于以整体的、发展的视域看待其中开展的各类阅读活动。

JNFS幼儿园有六十余年的办学历史，同时紧跟时代步伐，是一所具有现代化教育理念和思想的幼儿园。选取该幼儿园首先是基于高校附属幼儿园教育资源比较优质，有一定的经济基础，具备置办多媒体、电脑等先进信息教学用具设备的能力；其次，公办园的办学质量符合我国目前学前教育平均水平，具有一定的代表性；最后，该园实施早期阅读活动已有一定的时间，在思想上和实践上对幼儿图画书阅读比较重视。因此，旨在通过幼儿园的实地调查，呈现媒介融合环境下幼儿图画书阅读理解的环境创设、教师指导、幼儿行为表征三方面现状，审视其中问题并深入分析产生问题的原因，进而寻找优化媒介融合环境下幼儿图画书阅读理解路径，提升幼儿对文本内容的理解和主体意义的建构。

（三）典型研究对象的抽取

每一个独立的场域，都有其不同的组织结构、价值精神与气候文化，而每一个幼儿园都是一个独特的文化领域与生命场域的存在。

在确定好实施调查的幼儿园后，选取自愿参与本研究课题的三个年龄班（大、中、小各1个班。共有幼儿112人，其中3—4周岁28人，4—5周岁38人，5—6周岁46人，6周岁以上13人。）为具体研究对象，观察幼儿集体共读活动、区角阅读活动、亲子阅读活动和幼儿园阅读日/阅读节活动四种类型。四种阅读活动一般都是以班级为单位展开，可供选择的研究样本数量较多，研究者需要进行选择性分析。选择主要考虑如下因素：

第一，田野研究要求尽可能长时间在固定的田野地点进行观察，除了要留意不寻常的状况之外，就是观察发生在自然状态下的日常事件与每天的活动。所以，要选择具有可以直接与研究对象长期接触的机会，亲身经历不同媒介环境下每日阅读生活的过程；能够获得整体性地、非片段式地观察事件的过程，重视个别差异、社会互动方式、环境媒介变换等可以不断深入的具体情境。

第二，一般情况下，班级内阅读活动的组织方式、指导方法在短时间内不会发生很大变化，所以尽量选择不同年龄班的阅读活动进行观察，以检测幼儿园图画书阅读过程会因幼儿主体的年龄增长而发生显著变化，并探究其内在原因。同时，需要考虑各种情况下的复杂因素。例如，因小班幼儿入园后适应程度不同，使幼儿园阅读活动面临的突发因素较多等等。自愿参与课题的年龄班分别为大、中、小班各1个。因大班、小班更具有行为表现的对照意义，所以研究者首先选择大班和小班作为深入观察班级，以便呈现幼儿园图画书阅读活动的普遍性特征。

经过一段时间的参与性观察，与教师、幼儿的多方互动，研究者最终以大班为主。大班幼儿一般为5—6周岁，语言表达能力相对比较完善，能够较好地表达自己的想法，并自愿积极主动地与研究者沟通；具有一定的阅读经验和倾向、阅读能力和习惯等；尤其对于阅读媒介的环境、文本形式等有更明确、敏锐的感受能力、理解能力和表达能力。在六个月的教育观察中，研究者对所有幼儿的名字、基本的性格特征、语言表达的能力，尤其是个别幼儿阅读的情况，都有了较为深入的了解。可以说，经过三年幼儿园生活的大班幼儿较之小班、中班幼儿，具有更多获得丰富资料与感受的可能。

**三、研究资料的收集与处理**

田野研究的资料收集过程，即是研究者努力让"事实说话"的过程，所以对事实的呈现必定基于研究者的理解。研究者在进入研究现场收集资料之前，自己的个人因素，包括文化身份、对研究问题的预设、与研究对象的关系等都会成为研究问题的一套价值确定系统。因此，在资料收集的过程中，研究者要尽量"悬置"自己所习得的理论，这样收集的资料可能更加全面。

**（一）田野调查的阶段**

本研究对资料整理采取的步骤是：首先，在对新媒介环境下幼儿图画故事书阅读活动进行参与、观察、速记或录音、录像之后，从田野回到书桌，将资料拷贝、浏览并把相关遗漏信息进行补充。其次，将回忆、速记、录音、录像转化为现场和事件的详细书面记录（尽可能记录自己注意到并感觉重要的信息），在此基础上撰写田野笔记初稿。田野笔记实际上是对资料进行初步分析，对经历过的事件和书面记录进行最原初的筛选。完成一天的田野笔记初稿后，重读自己撰写的笔记，将某段经历写得更充实或者对某段经历的意义和重要性进行反思、评论。经过数月的田野笔记撰写之后，再对田野笔记进行处理。阅读已有的田野笔记，并选择有价值的主题进行内容编码。最后，对田野笔记中的观点、议题和主题的编码，进行归纳和聚类分析，并初步建构理论框架。具体来说，该研究分三个阶段进行。数据资料来自2019年9月1日至2020年7月30日的实地调查。

第一阶段，从2019年9月到2019年12月初，旨在熟悉幼儿园和所在教室的环境因素、活动常规，描述幼儿与图画故事书互动的机会、情景、媒介和方式。在这一阶段，非常关注幼儿教师的集体故事课、区角阅读活动和家庭亲子阅读活动。观察了十个集体阅读活动和十个区角阅读活动，并在幼儿园开展了亲子阅读坊，收集家庭亲子共读的相关素材；与幼儿教师进行了两次教研座谈与两次个别访谈。这一过程是极其缓慢的。因为熟悉与了解是研究开展的前提。

第二阶段，从2019年12月到2020年4月，由四个子阶段组成。笔者与参与本课题研究的六位老师进行针对性的观察和记录，制定观察记录表（观察记录表见附录3），合作选择了十名幼儿进行追踪观察（对十名幼儿的选择考虑了性别、阅读能力、前阅读经验和阅读兴趣等因素）。经过一段时间的观察、记录和实验的过程，对幼儿进行了初步选择，并基本保持固定和持续性的个案研究。

次阶段Ⅰ（2019年12月）：非参与性的观察，旨在了解幼儿在自然环境中自发阅读行为的阅读反应。

次阶段Ⅱ（2020年1月至2020年2月）：是数据收集最密集的阶段。在这一阶段，每周至少观察和录制一次集体阅读活动；通过区域阅读活动中的参与性观察和访谈，与幼儿交流以了解他们在阅读内容选择（重点关注不同媒介文本的内容）与反应过程中的更深入一点的资料；与教师进行了两次教研和一次访谈。

次阶段Ⅲ（2020年2月至2020年5月）：与幼儿教师沟通并对其班级的阅读材料、文本材料的媒介形式进行调整和变化，旨在了解幼儿在这种间接支持性引导过程中阅读前、中、后的反应。首先观察其自发阅读行为的反应，并通过与幼儿交流以了解他们在内容选择、文本媒介与反应过程中对于不同内容体验的进一步资料。

这一过程是逐步积累与反复经验的过程。因为一方面幼儿在材料变化后的阅读反应也许并不明显，或者反应滞后，需要逐步积累；另一方面，不同类型内容需要分别进行投放与提供，是一个反复经验的过程。

次阶段Ⅳ（2020年5月至2020年7月）：通过对阅读内容不同媒介形式和呈现方式的设计，包括内容本身呈现方式以及教师基于内容特定的语言引导设计等，观察幼儿阅读前、中和后的反应。四个子阶段层层深入，对于幼儿阅读不同内容（媒介、文体、叙事、结构）的反应（语言、身体行为与审美表达等方面），以及不同内容媒介形式和呈现方式对于幼儿阅读反应的影响进行描述和分析。

第三阶段，从2020年5月到2020年6月，主要涉及退出程序。集体阅读和区角阅读的密集录音和录像已经基本结束；亲子阅读坊每周一次的素材收集也基本完成；与教师进行两次教研和座谈，继续进行一般性观察。此外，邀请所在班级的家长进入课堂开展了一次亲子阅读活动，一次问卷调查；举行了一次座谈会议，向幼儿园所有阅读活动组教师介绍初步调查结果。

在研究的三个阶段，搜集资料的主要途径是研究者的观察，而研究对象的性质与特点决定了材料收集方法的选择与实施过程。通过多方面考虑，结合质性研究特点，本研究者在实际的资料搜集过程中综合运用了观察法、访谈法和实物收集法。对幼儿图画故事书阅读反应的实地研究分为阅读前反应、阅读中反应和阅读后反应三个方面，并聚焦于幼儿在不同内容材料的媒介形式中具有的语言反应、行为动作反应、微表情反应、情绪情感反应和审美反应等。每个研究阶段都包含阅读反应的三个完整过程。

**（二）本研究所收集的数据资料类型**

一是田野观察笔记。通过最初记录的直觉、假设、问题以及对所观察到的结果的推测，进行了初步的分析。田野笔记有多种类型：在观察集体阅读课时，笔者对教师指导过程的相关背景、文本内容的呈现方式、教师与幼儿间的互动方式及其相关关联性等更为关注；在观察区角阅读活动时，研究者特别注意幼儿参与阅读的积极性、对图文符号的关注点、区角文本的媒介形式和幼儿同伴间的交流方式等；在亲子阅读活动中，幼儿自发的一些偏好倾向、图文符号互动方式、阅读环境支持及新媒介阅读方式的引入等，都具有显著的差异化影响。还有一些田野笔记是研究者对自身研究程序、概念理解、研究历程以及与幼儿、教师建立关系的自我反思等。尤其是当选择了深入分析的10名幼儿后，关于他们的具体阅读过程、反应方式及反应风格都进行了"深描"记录和某种假设等。观察实录保留在页面的左侧，右侧为初步编码和分析，形成了近五十万字的笔记资料。

二是教研与访谈记录。在研究过程中，与教师共进行了15次教研座谈和6次"开放式"个别访谈。教研包括2019年9月首次进入幼儿园开展课题研究与组建课题研究小组；自2019年11月始至2020年5月，就不同的教研主题开展周期性教研，旨在了解和交流关于教师在新媒介环境下图画故事书阅读教育方面的理念和实际做法等情况。首先，了解教师对幼儿新媒介环境下早期阅读教育的理念和支持情况；其次，对个别幼儿不同媒介环境下的阅读反应进行追踪记录和沟通；再次，记录新旧媒介环境下幼儿阅读反应与效果的变化，了解教师对这项研究的认识、反思和理解等；最后，访谈也构成了比教研更深入的问题讨论和检查（幼儿教师访谈提纲节选见附录4）。

三是集体阅读活动实录。所在班级每天组织一次集体阅读活动，主要包括图画书阅读课与故事讲读课两种类型。集体阅读课通常是每天的第一个正式活动。在此期间，所有的幼儿都坐在教室中间的固定座位上，全体幼儿共同倾听、观察和互动同一本图画故事书，往往是纸质文本和电子图画书相辅呈现。在集体阅读活动时，研究者坐在孩子们座位的后面，进行手写记录和录像，以帮助在整理田野笔记时更细致地重温与分析幼儿的细微反应，如微表情、情绪、互动参与的方式等。本研究共观察到二十个集体阅读活动，基本都是在第一和第二阶段观察的。在此期间全部都有观察笔记记录。

四是区角阅读活动实录。选择十五个区角阅读活动情景的数量是基于幼儿图画故事书阅读反应表现的丰富性及典型性来确定的。虽然幼儿在区角活动的选择上比较自然随意，阅读的过程及反应表现差异性显著，阅读文本也基本上都是纸质文本，但是经过一段时间的观察，发现幼儿在区角选择过程中具有一定的倾向性，在与文本、同伴互动过程中的反应也具有某种典型性的特点。因而，研究者将比较能够凸显出这些倾向性和典型性特点的情境进行编码和归类。所有的区角阅读活动都是在自然主义的参与性观察下完成的，旨在尽可能广泛地收集幼儿图画故事书阅读反应的分析素材。区角阅读活动通常在每天下午15：00开始，15：45结束，共45分钟。总共有15个区角阅读活动实录被全部转录。

五是亲子阅读活动记录。研究期间，发现除了集体阅读活动和区角阅读活动外，还有家园日常衔接的亲子共读情景与个别情况的亲子共读活动。因为这类活动大都是幼儿园阅读活动的延伸，或者幼儿园主导下的家园共育阅读教育活动，家长的主动参与度、持续性、家庭亲子阅读载体和家长阅读素养等紧密相关。尤其是各种阅读软件的应用，为幼儿的新旧媒介融合性阅读提供了支撑。因此，我们在搜集整理相关材料过程中，主要将此作为补充性材料。研究者与持续性开展亲子共读的十名幼儿进行了一对一的共读和访谈。2020年1月份，完成了对亲子共读活动中五名幼儿的案例分析和参与性观察，每次活动后都进行细致记录；3月末前，又对另外五名幼儿进行了一对一亲子共读的参与性观察，并在其后细致记录。在同一时间段，因为是家庭亲子阅读，家长是自由参与，并提供其与孩子共读图画故事书的视频和文本素材，幼儿园开展亲子阅读活动时，孩子们已经习惯了"我"这个"故事老师"的身份，因此能够确保幼儿的反应是自然性的、常态性的。

六是数据资料的编码和分析。数据收集和数据分析具有相互处理的关系，调查结果是逐步在研究过程中生成的。本研究的大部分数据资料是由各种阅读活动情景的录音、录像、田野笔记、访谈记录等组成。它们之间相互联系又相互验证。文字记录保留了孩子们在图画故事书中发展的想法和概念。这些阅读理解的表现在转录本中体现出来。虽然它们都是静态的文本形式，但是可以在一定程度上进行数据源的交叉分析。事实上，每一阶段的数据分析都会涉及数据的类别化，而编码是数据类别分析的前提方式。其中，开放编码、轴心编码和选择性编码是由斯特劳斯和科尔宾（1990）提出的编码类型，所收集的大量数据在分析过程中被纳入可管理的数据集合中，并作为研究者对研究参与者的言语和行为有意义的见解。

本研究的数据编码处理沿用了这三种类型。

开放编码：开放编码的目标是命名和描述每一个活动情景发生的关键事件、典型的幼儿阅读反应表现及其变化，并关注所发生转变的原因及其问题实质。经过一段时间横向、宽泛开放编码后，我们即获得了大量的具有不同命名意义的编码数据。此时即进入到系统整理数据的过程。不过，这里就存在了一个重要的研究任务：对这些初期编码数据进行分析的维度有哪些？研究者将分析的维度重点放在了不同媒介环境下幼儿反应的变化转折点上。因为幼儿往往会因为某一个显著的线索、突然的变化、持续的刺激等产生反应的变化，而这些都是研究者对于文本线索、社会互动、环境因素等进行进一步分析的切入点。

轴心编码：完成初步的开放编码后，数据会形成几个大的类别，每个类别之下会有子类别。本研究经过初期开放编码，形成了关于"数字文本与纸质文本内容关系的联结""文本内容与生活经验的关联""文本内容与幼儿心理体验的关联"等几个大的类别编码。每一个大类之下都是一个数据矩阵，含括不同的次类别编码的叙事案例。在每一个次类别编码的案例中，我们又进行了三级编码，即基于幼儿阅读反应的五种典型表现（视觉感知、行为动作、语言描述、情绪情感和审美表现）直接描述进行了细致编码。由此，编码由最初的开放编码和数据积累，逐步进行纵向的、同质性的数据分类，一定数量的编码数据类别化后即可以概括为不同的主题并命名，那些同主题相关且类属于主题概念之下的编码数据，即可作为主题之下的子类别，并通过重新定义类别里所包含的概念进行类别拓宽。

选择性编码：基于开放编码与轴心编码的结果，对各种概念分类进行更细致的解释工作，旨在所有类属中选择一个核心类属，使概念类别之间具有更核心的类别间关系。在本研究中，选择性编码的核心线索主要体现在三个方面：其一，幼儿阅读同一文本的不同媒介所产生的反应类别是相互关联的；其二，幼儿的反应和文本内容要素相关，与文本媒介的形式相关；其三，幼儿的反应和教师呈现不同媒介内容的方式相关。在这一过程中，当我们查看类别列表，发现会存在一些可能相对抽象的类别界定，但所涵盖和所描述的内容中没有其他单一的一个类别可以如它一样具有更宽泛的意义，那么其所包括的所有子类别可以被视为一个"核心类属"。[①]其是能够将所有其他类属整合入内的中心概念，在资料中频繁出现，且在构建关系模式中具有关键价值。在本研究中，"核心类属"和"中心概念"是幼儿阅读反应、不同媒介环境下阅读理解的过程，解释这一分析过程所构建的关系和模式构成了研究结果的重要部分。

### 四、研究的信度和效度问题

定性研究的设计，往往涉及的是少数的人、教室或其他某个单一的完整单位，[②]需要处理研究的信度和效度问题，包括其可靠性、有效性和可推广性的问题。

研究的可靠性与有效性，可以通过以下几个方面进行反复验证：

其一，长期而持久参与。本研究大概持续了七个月，研究者每周在幼儿园所在班级观察三四天。在整个田野研究过程中，共形成了近五十万字的笔记资料，所收集和积累的数据包括录音、录像、观察笔记和对教师、家长的正式访谈，这些因素保证了研究者的参与是长期和持久的。

其二，向导师汇报，和其他研究者交流。研究者在研究过程中，会定期将数据收集方法、研究假设、可能的解释以及个人的发现等，与导师、同学及其他研究者进行交流讨论。以实现对理论知识、数据收集范围与分析思路的反思性实践。

其三，反向实践验证。研究者不可能完全保持中立立场进行数据收集

---

① Glaser，B.Theoretical sensitivity[A].In Strauss，A & Corbin，J.Basics of qualitative research：Grounded theory procedures and techniques[C].Newbury Park，1990：116.

② Sipe，L.R.The construction of literary understanding by first and second graders in response to picture storybook readalouds[D].The Ohio State University，1996：137.

和分析。所以当出现不"符合"已有编码和类别的案例情景时,需要特别
审慎。因为这类数据往往会帮助研究者跳出"前见"的预设和理解。在这
种情况下,对数据信息的自我反思无疑是最关键的;而与同行研究者进行
特定交流,往往会提出某种具有差异性的观点,以延伸或开拓我们的知识
和视野。

关于研究的可推广性,本研究结论,旨在形成对幼儿阅读理解理论的
"小范域"的理论,而不是一种对幼儿阅读各种媒介文本理解过程的宏大
叙事。也就是说,在不同媒介环境下幼儿图画书阅读过程的案例研究中,
探索幼儿在阅读过程中的环境因素、文本媒介形式及其呈现方式与幼儿
的阅读心理、审美体验、文学理解之间的内在关联性,据此探讨在幼儿园
媒介融合环境下优化幼儿图画书阅读教育的路径。这是可以通过研究典型
案例帮助认识进一步深入的问题,案例可以作为研究工具,所以本研究所
采用的是工具性案例研究范式,基于较为深入的、细致的、长期的对幼儿
园媒介融合环境下幼儿图画书阅读活动真实情况的考察,通过描述、归纳
和解释的方式将案例作为认识问题的工具,概括出研究对象的某些特征,
从中透视具有一般性意义的结论。当然,这必须得基于大量详细的案例研
究,且致力于发现和建立情景与情景之间的关系和联结,才有可能从这些
研究案例中总结提炼出具有丰富意义的研究结论。

# 第二章　媒介融合环境下幼儿图画书
# 阅读理解过程的田野考察

当我们将目光聚焦于媒介融合环境下幼儿图画书阅读理解这一日常教育实践活动时，为更好地诠释和实现其所存在的价值，就必须把考察和审视当下幼儿图画书阅读理解的实况作为前提。一项阅读行为的发生与读者、读物密切相关，也与其所形成的交流体系内各种因素相关，可以说媒介融合环境下幼儿图画书阅读理解的发生涉及阅读的环境、阅读的材料、教育者的思想和实践指导以及幼儿读者本身这几个不可缺少的因素。因此，研究者力图从三个维度全方位把握和展现媒介融合环境下幼儿图画书阅读理解的真实情景。

## 一、媒介融合环境下幼儿图画书阅读理解的环境创设

建构主义教学观反对机械客观主义，认为教育者应该成为学习者建构知识的积极支持者、帮助者、引导者和促进者，激发学习者的学习兴趣，引发和保持学习者的学习动机。[①]因此，教育者应通过创设符合教学内容要求的情境和提供新旧知识之间联系的线索，帮助学习者建构当前所学知识的理解和意义。站在幼儿图画书阅读的角度，教育者应该成为幼儿图画

---

① 伍新春.儿童发展与心理学（第2版）[M].北京：高等教育出版社，2013.

书阅读的引领者角色，一方面需要教师适当引导和互动启发幼儿阅读理解；另一方面，幼儿作为文本的内容的主动建构者，需要教师为其创设适宜的阅读环境和空间，满足个性化阅读需求。

幼儿的图画书阅读理解与幼儿进行图画书阅读时的环境因素相关联，良好的图画书阅读环境为更好地理解提供环境支持，是进行图画书阅读理解的外在条件，具体可分为物质环境和心理环境两方面。所谓的物质环境主要表现在图画书阅读的空间、材料来源、设备支持三个方面；心理环境更多的是周围人的态度。据此，研究者进行以下关于幼儿园自然教育环境下班级内相关阅读的整体物质环境和心理环境现状进行细致描述与初步分析。

**（一）图画书阅读的空间与资源**

物质环境在幼儿图画书阅读理解的过程中发挥着重要的作用，是活动开展的基础，如充足的图画书材料和播放流畅、音效良好、高端健全的阅读设备可以激发幼儿阅读理解的兴趣，丰富幼儿阅读理解过程的审美表达，提升幼儿图画书阅读理解的水平等。研究者利用非正式访谈法和观察法调查媒介融合环境下幼儿图画书阅读理解的外在物质环境现状。

访谈的题目：幼儿园/教师从哪些方面为幼儿创设图画书阅读的物质条件呢？幼儿纸质图画书/数字化图画书的阅读材料种类以及来源有哪些？幼儿图画书阅读的媒介设备有哪些？幼儿园/教师为幼儿创设的物质环境坚持什么原则？

部分访谈结果如下：

教师1：我们为小班孩子创设的最基础的物质条件就是每个班的阅读区角，有配备一些幼儿感兴趣的图画书和适合他们年龄阶段阅读的图画书，当然也有一些主题教育类的图画书。这些图画书材料的来源大部分是幼儿园配备的，也有一小部分是孩子自己从家里带来与同伴分享阅读的，还有少部分是教师在幼儿园图书室借阅的。

教师2：每次活动区开放后，对阅读感兴趣的幼儿就会到图书区角去阅读。除此外，在餐前和餐后老师也会安排幼儿在自己的位置上自主阅读一些纸质图画书或者师幼集体在电脑上共读数字化图画书。小班孩子他们的阅读经验几乎为零，所以我们老师坚持的原则就是能够让幼儿丰富一些生活经验，同时体验阅读的快乐，让他们喜欢上阅读。

教师3：我们每个班都设置阅读区，阅读区有种类丰富的图书，老师会每天在活动与活动的衔接时间让幼儿选择去读。时间久了，孩子们可能对这些图画书新鲜感降低，那老师也有自己在网上找一些幼儿感兴趣的或者说契合当下教育主题的图画书与孩子们一起阅读，呈现数字化图画书的电子设备就是每个班级里的电脑和投影仪。

教师4：我们幼儿园为幼儿图画书阅读创设的物质条件相对比较好的。比如，我们幼儿园有专门的图书室，采购了上千本纸质图画书；这些图画书的质量也都是有保障的，获得大大小小的奖项的，国内的国外的，数量和质量都称得上很不错。另外，每个班也有图书角供幼儿阅读。我们幼儿园通用的教材里也附带一些图画书。这些图画书是电子的、数字化的，作为我们五大领域的教学活动的教学工具。

教师5：其实我们最具特色的就是家园共育的形式中选择阅读漂流瓶活动。我们刚好一个年龄班有四个班，一个班一周，一个月漂流一轮，这期间每个年龄班阅读一本图画书，每天五个孩子左右，孩子把书带回家和家长一起亲子阅读。

教师6：除了像幼儿园有目的、有计划地为幼儿提供一些图画书外，孩子在家里也会和家长读一些；会有孩子自己非常喜欢，百读不厌的那种。所以我们也鼓励幼儿带自己的喜欢的图画书来幼儿园，可以自己继续读，也可以和小朋友们分享。这也可以让我们了解家长平时都给孩子读什么方面的图画书。我们也有所借鉴和学习。

（资料来源：2021年09月13日，JNFS幼儿园教师访谈记录资料，第一部分）

综合研究者对教师的访谈结果可以得出结论，在图画书阅读的物质环境方面教师和幼儿园的理念体现出以幼儿为本、尊重幼儿兴趣同时发挥图画书阅读的教育价值，在客观条件上实现了多种阅读形式并能灵活根据一日生活的安排组织幼儿图画书阅读。为进一步探寻媒介融合环境下幼儿图画书阅读的物质环境，研究者在山东走访了多家重视幼儿图画书阅读的幼儿园，了解幼儿园图画书阅读的物质条件和组织情况，并与园长针对幼儿园图画书阅读进行了深入的交流，最终确定以 YY 县第三实验幼儿园、QZ 市 CQT 国际幼儿园、LW 区实验幼儿园、潍坊某高校附属幼儿园为研究样本，继续深入班级内观摩日常图画书阅读活动的具体情形，进一步明确了幼儿园图画书阅读的物质环境创设。

1.图画书阅读的空间

关于图画书阅读的空间区域主要有三种：有活动室内专门设置的阅读区角、幼儿园园所环境创设中的阅读区角；也有进行集体阅读教学的活动室；还有幼儿园专门设置的图书室。本小节分别从阅读区的位置、空间及资料投放、利用情况三个方面进行现状呈现，同时进行价值分析。

（1）活动室内专门设置的阅读区角

YY 县第三实验幼儿园小二班的阅读区角空间环境

阅读区的光线是否充足、环境是否安静、空间是否适当是衡量阅读区物质环境的重要标准。

位置：起初设在墙边，并借用书架与益智区形成间隔，另一侧是窗户，在充分利用教室有限空间的同时保证阅读区有充足的自然光照射。后来改设到睡眠室，周围没有任何干扰，更安静。

改设缘由：老师们考虑到引导幼儿阅读的目的主要是提高幼儿的注意力，养成幼儿勤阅读、乐于阅读的习惯，具备相对独立的空间应当是阅读区创设的基本要求。益智区总归会有幼儿互动，阅读区与益智区相邻，也会受到干扰，阅读区"独立成区"能够保障幼儿在阅读活动时不受干扰。也能很好地解决阅读区缺乏吸引力的现状。

空间及材料投放：小二班共有34名幼儿，根据幼儿的年龄和人数，我们班创设的阅读区大约12平方米，能同时容纳一个成人和3—4个幼儿。阅读角一侧靠墙，幼儿借助小垫子临墙而坐自由阅读。阅读区有大坐垫1个；高度80cm展示型书架5个；有图书81本，种类齐全。根据小二班幼儿的年龄特点、兴趣爱好、主题要求等，图书按类型摆放，更换周期为每学期一次。

其他材料：

其一，举行亲子睡前讲故事的活动，利用图画书提前录制故事第二天午睡前轮流播放，增进家园合作。

其二，图片、照片，供幼儿欣赏、交流。而这些图片、照片都是在教学活动中所使用到的。

利用情况：教师会利用间隙时间引导幼儿随时去阅读区读图画书。例如，小智老师看见乐乐小朋友想起昨天他阅读的故事，问道："乐乐，昨天的小鸭子最后怎么样了呀？"乐乐说："忘记了。"在当天的自由活动时间，乐乐去阅读区重新拿起那本图画书，再次进行阅读，并与小智老师分享说"小鸭子最后学会了游泳，成为一只真正的、勇敢的鸭子"。

主题教学活动/集体教学活动需要时，教师也会取阅读取的图画书和全班幼儿一起读，并借机引导幼儿了解阅读区与本次活动相关的图书，以增强幼儿对阅读区的兴趣。例如，在"我的动物朋友"主题活动中，借助课后分享环节，共同阅读动物类图画书《蝴蝶紫小弟》《慢性子鹦鹉螺》《小狐狸奇遇记》《和宠物说拜拜》等。

价值思考：YY县第三实验幼儿园小二班的阅读区角是本班幼儿自主阅读的主要空间。

　　科学适宜的阅读区环境能够激发幼儿的阅读兴趣，引导幼儿体验语言的丰富性，从而锻炼其语言能力。在倡导幼儿自主活动的当下，阅读区的环境成为影响小二班幼儿自主阅读活动的重要基础。有效的环境创设能将小二班日常教学与阅读教学结合起来，深化日常教学中主题活动的展开，促使幼儿在学习过程中充分发挥自己的主观能动性，契合个性化教育教学主题，进一步培养幼儿的创造性思维能力与想象力，让幼儿养成日常阅读的习惯，将阅读教育的作用发挥到极致，综合培养幼儿的语言能力。

**（2）幼儿园设置的图书室**

　　案例一：QZ市CQT国际幼儿园图书室的阅读空间环境

　　QZ市CQT国际幼儿园位于山东QZ南山豪庭小区内，三层教学楼，有南北两个塑胶操场，鲜有绿植，有10个班级，每班18位幼儿，师生比1：6。每位幼儿每月的保教费2300左右，在青州属于收费较高的私立幼儿园。

　　图书室位置：踏进幼儿园大厅就能看到图书室的门口，与幼儿园入门大厅借用半堵墙相隔。

　　空间及材料投放：图书室是一整间独立的教室，内有低矮展示型书架4个、低矮柜式书架8个。依次靠墙而立，置于图书室四周，摆满了适宜幼儿阅读的图书；较高展示型书架1个，摆放着幼儿园获奖及荣誉；桌椅20套，分组摆放于图书室中间；双人沙发2个，靠阅读桌一侧摆放。图书若干，分类摆放，有故事类、科普类、漫画类、科幻类等。其中，在展示型书架上摆放的多是文字较少，甚至没有文字的故事类图画书。

　　利用情况：几乎每天都会有1—3个班级轮流进入图书室阅读，

宝宝班（2.5—3岁幼儿）阅读最频繁。每个班级的课表上，都有一节"自由阅读"课程，大约30分钟/周。比如，哈佛2班（大·2班）的自由阅读时间是每周四上午10∶30—11∶00，也就是午餐之前的半个小时。图书室偶尔也被用作会议室。

案例二：LW区实验幼儿园图画书馆的阅读空间环境

XX区实验幼儿园位于JN市LW区都市花园小区内，三层教学楼，户外活动场地分为太阳部落区、大型积木区等部分，园内绿化布局合理，有10个班级，小中大班的比例是3∶3∶4，每个班级幼儿人数30左右，师生比1∶10。该幼儿园是莱芜第一所区直幼儿园。

图书室位置：三楼楼梯拐角处，与木工坊相邻，地方不是很大，但很温馨。教师和幼儿都称之为"图画书馆"。

空间及材料投放：图画书馆原先在户外，现改为一间独立的教室，内设三层图书柜6组、吧台两组，陈列的图画书主要包括小中大三个班级的书目；门口一侧是单层展示架，上面摆放幼儿以及教师的自制图画书；中间是长方形书桌以及连体沙发，书桌上展示幼儿表演图画书时的精彩瞬间。馆内大多为以图画为主的图画书，文字类图画书较少，小、中、大三个年龄段的图画书分类摆放，区分明显。

利用情况：教师和幼儿都可以去借书、看书，幼儿园保教处按每个学期的活动计划制定相应的入馆方案，每天都会有1个班级进入图画书馆。小班以图画书欣赏为主，主要是培养阅读兴趣；中班也是要求能按自己的喜好选择图书，并能够看着图画书进行整体讲述；大班主要采用图画书表演的形式。每个班级入馆阅读时间在30分钟左右。

价值思考：无论CQT国际幼儿园的图书室，还是LW区实验幼儿园的公共阅读区域，都是面向全园育儿开放的幼儿园公共图书室，其使用对象不限幼儿班级和年龄。通过以上对两所幼儿园公共图书室的介绍，研究者发现了当前幼儿园公共图书室设置与使用的价值。以CQT国际幼儿园图书室为例，其利用率相对来说较高。研究者认为主要有以下原因：

一是幼儿园园长非常重视幼儿的早期阅读教育，并以图书室为依托组织幼儿、家长进行了多种形式的阅读活动，如"育芽悦读"家长座谈活动、每天分享一个好故事活动等。

二是幼儿园在进行课程设计时，为每个班留出了去图书室进行自由阅读的时间，每班每周30分钟。

三是位置适宜，CQT国际幼儿园图书室位于一楼楼梯口旁边，门正对着大厅门口，位置非常显眼。所有教师和幼儿每天都能从图书室门口经过至少4次（入园、离园、户外活动往返），很多幼儿都会驻足，透过玻璃观望室内的图书。这些无形中激发了幼儿的阅读兴趣，提高了图书室的利用率，也使得图书室成为本园幼儿喜欢的阅读空间。

### （3）附属幼儿园门厅图书角

位置：阅读角设于幼儿园入门大厅，大厅空间开阔，所有来往于幼儿园教学楼的幼儿、教师、家长等人都能注意到。

空间与材料投放：占地约9平方米；靠墙放置了3个极具设计感的书架，摆着适宜幼儿的图书，约75本，以故事类为主；书架旁铺了拼接垫，摆放了4个儿童小沙发。

利用情况：幼儿入园后、离园前的一段时间，都经常会有幼儿在门厅图书角阅读。尤其是离园前，老师陪幼儿等待家长来接，短暂的阅读能够让幼儿沉浸于图画中、故事中，缓解幼儿的焦虑。

幼儿园多样化阅读空间的价值思考：很多幼儿园充分利用幼儿

园条件和各种资源，创设了多种形式的阅读空间，如在幼儿园入门大厅创设阅读角、借助一楼楼梯形成的三角立体空间创设阅读空间、在走廊尽头创设图书借阅区等。只要是自由活动的时间，幼儿随时都能驻足于这些空间，或翻翻看看，或静心阅读。这在一定程度上弥补了班级阅读区角图书数量有限、类型单一、不能满足个性化需求等的不足，也打破了传统幼儿园图书室独立创设、利用率不高的困境，极大拓展了幼儿的阅读空间，也有助于激发幼儿的阅读兴趣、丰富幼儿的阅读经验。

**2.图画书阅读的资源**

图画书阅读的资源来源主要有图书室、幼儿园教材、幼儿自带、教师搜集四种类型，分别存放在幼儿园图书馆、活动室的阅读区角、幼儿园门厅处。

（1）幼儿园公共图书室的图画书资源

幼儿园专门设置的图书室是纸质图画书阅读资料的主要来源，包括国内外两种。国内的大部分来自优秀的图画书出版社，如二十一世纪出版社、蒲蒲兰出版社、明天出版社等。国外的大多为优秀图画书作者的作品，如艾瑞卡尔、山姆麦克尔雷尼、安东尼布朗、大卫香农等。总体来说，图画书的数量充足，质量上乘。

（2）活动室区角的图画书资源

以YY县第三实验幼儿园小二班的阅读区角为例，进一步进行分析发现：

首先从数量上看，该阅读区共有图画书81本，数量上是可观的；

其次从图画书的类型上看，可以分为认知类、性格养成类、人际交往类、情感培养类、想象力培养、观察力培养类等。

表2-1

| 类别 | 数量 | 举例 |
|------|------|------|
| 认知类 | 13 本 | 如《不可不知的水族馆》《方形的蛋》 |
| 性格养成类 | 22 本 | 如《不服输的鼻涕虫》《拯救七彩谷》 |
| 人际交往类 | 15 本 | 如《给你的祝愿》《雪花和仙女的愿望》 |
| 情感培养类 | 20 本 | 如《爸爸给我讲故事》《永远在一起》 |
| 想象力培养 | 6 本 | 如《小海牛酷比历险记》《想象》 |
| 观察力培养类 | 5 本 | 如《神秘的螺旋》《看，兔子》 |

最后从图画书的来源看，分别有世界知名图画书、系列图画书、本土图画书、小众图画书等。

表2-2

| 来源 | 数量 | 举例 |
|------|------|------|
| 世界知名图画书 | 5 本 | 如《彩虹色的花》《弗洛格的微笑》 |
| 本土知名图画书 | 4 本 | 如《团圆》《妮妮的蒜苗》 |
| 小众图画书 | 72 本 | 如《海底咖啡馆》《丹尼是个大笨蛋》 |

综上分析可见，小二班阅读区的阅读材料，从内容上看，性格养成类和情感培养类较多，而针对幼儿想象力、观察力培养的图书较少；从来源上看，小众的图书居多，而国际经典名著较少、本土优秀图画书更少，这在一定程度上会影响幼儿图画书阅读的兴趣和质量，也影响着幼儿的阅读反应；从区角图画书资源的利用角度上看，小二班的教师组织家长录制睡前故事，在幼儿午睡前轮流播放，这是一个值得学习和借鉴的阅读形式，幼儿听着妈妈或爸爸的声音会比较容易入睡，也会感觉开心、幸福、自

豪,尤其是对于刚上幼儿园的幼儿来说,有助于缓解焦虑、尽快适应幼儿园环境和一日生活常规,同时也能让妈妈和爸爸们安心,营造和谐的亲子阅读氛围,促进亲子关系。

另外,小二班的教师还在阅读区角投放了许多图片,供幼儿欣赏、交流。比如,图文并茂的动物和水果卡片,在看图识字过程中,让幼儿认识各种物品的名称,拼字认读,培养幼儿的识字兴趣;在教学活动中使用到的情景故事图片,让幼儿在观察的基础上编述故事;幼儿日常外出游玩、户外游戏、自由活动的照片展示,引导幼儿将自己的生活故事继续描述和讲述表达。上述图片的投放,能够较好地激发幼儿主动表达,锻炼幼儿的创造和表达能力,培养幼儿的自信心,进一步激发幼儿对阅读的兴趣。

(3)幼儿园教材中蕴含的图画书资源

根据调查发现幼儿日常图画书阅读的资源一部分也来自幼儿园统一使用的教师指导用书,包含着一部分数字化图画书资源。当前,山东省公办幼儿园使用的教师用书有三个版本,如下表所示。

表2-3

| 方明主编 | 《山东省幼儿园课程指导教师用书》 | 明天出版社出版 |
|---|---|---|
| 辛明、吕梅主编 | 《幼儿素质发展课程教师用书》 | 青岛出版社出版 |
| 丁海东主编 | 《幼儿园主题活动》 | 山东大学出版社出版 |

其中明天版用得最多,而青岛版主要是青岛地区在用,山大版主要是在鲁中西部地区使用。研究者以使用最多的明天出版社为例,整理了教师指导用书中配备的图画书阅读资源。

表2-4

| 学期 | 主题 | 图画书 | 数量（篇） |
|---|---|---|---|
| 小班（上） | 幼儿园真好 | 《高高兴兴上幼儿园》《幼儿园是我家》《橡皮膏小熊》 | 3 |
| | 香喷喷甜蜜蜜 | 《云朵棉花糖》《爱吃水果的牛》《给妈妈送甜蜜》《幸福的下午茶》 | 4 |
| | 小小的我 | 《小脚的朋友》《哎，我在这里》《方方的手帕》 | 3 |
| | 骨碌骨碌转 | 《快乐轮胎》《我是安全小乘客》《会滚动的汽车》 | 3 |
| | 我的动物朋友 | 《小兔乖乖》《大狼喝粥》《小熊请客》 | 3 |
| | 冬天乐 | 《香香的被子》《下雪了》《我想长大》 | 3 |
| 小计 | | | 19 |
| 小班（下） | 我爱我家 | 《我的爸爸》《愉快的一天》《小主人和小客人》《小熊醒来吧》 | 4 |
| | 大大小小 | 《大象和小蚊子》《熊大大和熊小小》《我变小了》《大伞和小伞》《熊宝宝的小芽芽》 | 5 |
| | 七彩乐园 | 《春天的色彩》《小蓝和小黄》《贪吃的变色龙》《彩虹色的花》 | 4 |
| | 快乐宝贝 | 《小松鼠的伞》《小雨点》《好玩的布垫》《小帮手》 | 4 |
| | 玩玩乐 | 《小水珠找家》《谁松的土》《想长脚的石头》《孤独的小熊》 | 4 |
| | 快乐一夏 | 《夏天真快乐》《小汗珠在哪里》《雨天里的多多》《鼹鼠的空调屋》 | 4 |
| 小计 | | | 25 |

| 学期 | 主题 | 图画书 | 数量（篇） |
|---|---|---|---|
| 中班（上） | 我升中班了 | 《快乐的幼儿园生活》《野花》《金色的房子》《一粒谷子》《小主人和小客人》 | 5 |
| | 爱心小天使 | 《一座小房子》《爸爸的本领大》《圆脸和方脸》 | 3 |
| | 落叶飘飘 | 《落叶》《三间树叶房子》《母鸡和苹果树》《运馅饼》 | 4 |
| | 我在马路边 | 《香喷喷的轮子》《漂亮的皮鞋车》《问路》《小蚂蚁坐汽车》 | 4 |
| | 奇妙的动物 | 《大狮子和小老鼠》《谁丢了尾巴》《耳朵上的绿星》 | 3 |
| | 快乐的冬天 | 《冬天的小路》《有雪人的贺卡》《屋子里的小女孩》 | 3 |
| | 小计 | | 22 |
| 中班（下） | 了不起的我 | 《漂亮的蝴蝶结》《学妈妈》《小象的心愿》《小熊让路》《诚实的小狐狸》 | 5 |
| | 神奇的翅膀 | 《丑小鸭》《小蚂蚁和蒲公英》《小仙女头上的一朵云》 | 3 |
| | 春天来了 | 《桃花瓣儿》《春天的电话》《雷锋的故事》 | 3 |
| | 寻找小秘密 | 《谁住在皮球里》《气球逃走了》《猴子捞月亮》《蝴蝶和影子》 | 4 |
| | 我的家乡 | 《孔子拜师》《一园青菜成了精》《八仙过海的传说》 | 3 |
| | 夏天真有趣 | 《动物气象台》《哞哞，嘎嘎，哈哈》《谁跟小羚羊去避暑》《绿太阳》 | 4 |
| | 小计 | | 22 |

| 学期 | 主题 | 图画书 | 数量（篇） |
|---|---|---|---|
| 大班（上） | 我是大班哥哥姐姐 | 《大熊的拥抱节》《我和我的老师》《成成做哥哥了》 | 3 |
| | 我是中国人 | 《月亮姑娘做衣裳》《月亮船》《仓颉造字》 | 3 |
| | 拥抱秋天 | 《树真好》《梨子小提琴》《快乐的小鼹鼠》《动物法庭》 | 4 |
| | 文化大观园 | 《猪八戒吃西瓜》《武松打虎》《鲁班的故事》 | 3 |
| | 什么联络你我他 | 《好长好长的电话》《给熊奶奶读信》《小鼹鼠借耳朵》 | 3 |
| | 冬天的故事 | 《不怕冷的衣服》《冬天里的动物》《冬天的童话》《十二属相的故事》 | 4 |
| | 小计 | | 20 |
| 大班（下） | 甜蜜一家亲 | 《压岁钱的传说》《小帮手》《尖嘴巴和短尾巴》《空气变新鲜了》《真正的想法》 | 5 |
| | 我就是我 | 《我喜欢我》《老鼠嫁女儿》《小刺猬烫头》《乌鸦喝水》 | 4 |
| | 春天的聚会 | 《小桃仁》《魔法奶奶的电话》《桃树下的小白兔》《小蝌蚪找妈妈》 | 4 |
| | 科学万花筒 | 《野猫的城市》《傻小熊进城》《聪明的奇奇兔》《小水滴旅行记》 | 4 |
| | 开心大王 | 《快乐的小公主》《微笑》《快乐的夏天》《可爱的房子》 | 4 |
| | 我要上小学了 | 《好担心》《铅笔盒变医院》《拉拉闯天下》《眼镜哪儿去了》 | 4 |
| | 小计 | | 25 |
| 共计 | | | 133 |

在明天出版社版本的教师指导用书中，每个主题配备图画书约3—5篇，每册是6个主题约19—25篇，6册共计约130篇。其中，有纯图画的无字图画书，也有图文结合的图画书，且随着幼儿年龄的增长和认知水平的提高，图画书中的文字比例会逐渐增多；图画书内容也很丰富，有良好行为习惯养成类、性格品质培养类、认知类、科普知识类、传统故事类等。这些与教师指导用书配套的图画书资源，为幼儿教师实施主题活动提供了丰富的材料支持，也便于教师在开展主题活动过程中组织幼儿进行图画书阅读、把握幼儿的阅读反应，并基于幼儿的阅读反应设计、组织后续的主题活动，逐步给予幼儿回应，提高主题活动的效果，真正促进幼儿的全面和谐可持续发展。

（4）幼儿自带的图画书资源

还有一部分阅读资源是幼儿从家中带到幼儿园的。

WL县行知实验幼儿园绘本漂流活动

图书漂流是行知实验幼儿园的特色活动，已经持续组织了3年多时间，教师的组织经验逐渐积累，家长素质也不断提升。随着信息技术的普及，该幼儿园也针对图画书漂流中的问题进行反思、改进，不断提升活动的科学性、有效性、趣味性。在如何科学选书、如何引发幼儿有效思维活动、如何利用信息技术推进家园共读等问题上持续用力，形成了一套具有园本特色的图画书漂流指导体系。

（一）关于阅读资源的筹备

学期初，教师在班级群中向家长讲述图画书漂流的规则，讲解怎样挑选适合本班幼儿年龄阶段的图画书，并向家长推荐小班、中班、大班分级阅读图画书，组织幼儿每人从家里挑选2—3本自己喜爱的图书，汇集到班级漂流站作为读书漂流的活动资源。为了避免幼儿所带图画书重复，教师请家长们在班级家长群在线填写自己准备的图画书名称，尽量不重复。教师也会对家长推荐的书目做适当补充，从幼儿园图书室借部分书汇集到漂流站，尤其是每个年龄班的必读书目大多是教师推荐的世界经典名作。2022年11月，三个年龄班的必读书目包括：

小班——《好饿的毛毛虫》《如果我有很长很长的尾巴》《根本就不脏嘛》《点点点》《好饿的小蛇》等；

中班——《小黑鱼》《当我们同在一起》《猜猜我有多爱你》《小熊不刷牙》《我爸爸》《彩虹色的花》等；

大班——《天生一对》《驼鹿消防员的一天》《爷爷一定有办法》《不要随便摸我》《100层的房子》《爱心树》等。

（二）制定漂流规则

幼儿园有统一的图书漂流规程，各班教师会根据本班幼儿年龄特点和家长的实际情况制定本班的图画书漂流规则。例如，中（1）班的漂流规则：

1.每位幼儿一张阅读卡，记录活动期间所阅读的书目名称；

2.每天选取一本图画书，阅读完家长签名后带回并放回原处，借期不超过3天，以便其他幼儿继续借阅；

3.珍爱图书，不要丢失，如果发现破损，请及时修补并告知班级教师；

4.爸爸妈妈每天都要陪幼儿阅读，并分享至家长群或微信朋友圈。

规则虽简洁，但能够引导幼儿和家长按照要求参与图画书漂流活动，遵循规则，也有助于幼儿养成良好的阅读习惯，提高阅读兴趣，爱惜图书。

（三）组织阅读分享

每个班级针对图画书漂流活动的阅读分享多种多样，有的班级组织了"每天一个小小故事讲述者"活动，让幼儿在班级内给小朋友们讲一讲其最近阅读的图画书，最喜欢哪一本？喜欢的原因？

也有的班级组织了"亲子图画书阅读分享"活动，每周一次，邀请家长或幼儿分享亲子阅读的经验、感受。分享活动的形式视具体情况而定，可以线下开展，也可以线上在班级群里分享。

该案例中的幼儿园开展的图画书漂流活动涉及了不同媒介形式的阅读活动，其做法具有一定的借鉴价值，具体可以概括为几个方面：

其一，该园的图画书漂流为幼儿提供了广阔的阅读空间和展示平台，让幼儿在阅读中开阔视野、锻炼理解和语言表达能力、提高阅读兴趣和爱惜图书的情感。

其二，该园通过图画书漂流活动积极推广亲子共读，无形中提高了幼儿家长挑选图画书、欣赏图画书、与幼儿共读图画书的综合素质，有助于亲子阅读的推广，也营造了一个家园共育的良好氛围，为幼儿的健康成长创设了一个积极的精神环境。

其三，该园充分挖掘家庭教育资源，丰富了幼儿阅读材料。每个家庭的经济情况、家庭氛围、家长文化素养、家教家风等都不一样，每位幼儿家里的图画书也不尽相同。行知实验幼儿园的图画书漂流要求幼儿自己从家中带2—3本书到班级漂流站，弥补了幼儿园图画书更新不及时，甚至老旧的不足，极大地丰富了幼儿的阅读材料。

（5）教师搜集的图画书资源

这一部分主要是教师在网络上搜集并储存在班级电脑上的纸质图画书扫描版。研究者发现，多数幼儿园教师会围绕本班本阶段的活动主题在网络上搜索图画书资源，有些是纸质图画书的扫描版，也有些是进一步将其进行剪辑，制作成视频或动画，以此来丰富幼儿阅读材料。比如，以下是青岛平度市TZ镇中心幼儿园"秋收冬藏"萝卜泡菜主题活动方案及活动过程中教师对图画书的运用。

中一班"秋收冬藏"萝卜泡菜主题活动方案

活动时间：2022.11.22

活动地点：中一班教室

活动参与人员：中一班全体师生

活动流程：

一、制作前准备：了解泡菜来历与起源（为幼儿播放视频，了解泡菜的来历）

二、什么蔬菜可以做泡菜？（请幼儿周末去超市、市场找一找，并拍照，周一介绍）

三、腌制泡菜有哪些步骤？（请会做泡菜的家长讲一讲）

四、萝卜大探秘

1.请幼儿看一看、摸一摸萝卜，探究萝卜生长的过程。（制作表格、幼儿回家与父母共同探秘）

2.图画书阅读《大块头萝卜》《萝卜！变变变》

五、萝卜我会切

请幼儿自行探究使用刀子切萝卜的方法，如何切萝卜更省力，不会伤到手，并请幼儿回家练习。

六、腌制步骤我知道

为幼儿演示制作泡菜的过程，然后请幼儿表征出泡菜腌制的过程，并带回幼儿园和同伴分享。

七、腌制萝卜

1.清洗玻璃罐，教师介绍萝卜泡菜腌制开始。

2.幼儿分为5组，并分发工具，每组一位老师负责一桌。

3.幼儿分工开始清洗、切块、腌制萝卜。

（小实验：盐为什么能让水从植物里面出来？）

4.泡菜装罐，幼儿带回家和爸爸妈妈一起品尝。

八、创意美术萝卜

幼儿用彩泥捏制萝卜。

物质准备：萝卜（自种）、玻璃瓶（幼儿自备）、儿童工具刀、烘焙垫子盐、盆、雪碧

九、结束活动

1.倡议光盘行动，避免浪费。

2.收拾好自己跟前的桌面、地面垃圾，分类投放垃圾桶。

通过开展"秋收冬藏"活动，孩子们认识到冬藏的重要，在一日生活中，时时注意自己的行为，不挑食，不浪费食物，真正做到从身边小事做起。

图画书阅读一：《大块头萝卜》（电子扫描图画书）

这是一本关于萝卜的认知科普图画书。其从萝卜的长相、外形、颜色命名了不同的萝卜，还与长相类似的大头菜进行了对比。现在的幼儿能够在土地里奔跑、在田里种地的机会很少，对于一些蔬菜只能说见过，但是并不知道它们在泥土生长的过程，缺乏很多劳动的快乐，所以只能通过图画书、视频或者有条件的农家乐来科普。这本书就非常形象地介绍了这些。

萝卜有非常多的样子和颜色。神奇的是萝卜也有着很多秘密呢！萝卜也是会开花的，它的花是白色的；萝卜也会结果，结出来的种子可以变成一整片萝卜地。这就是生命的延续……

图画书阅读二：《萝卜！变变变》（电子扫描图画书）

这是一本介绍各种萝卜营养与吃法的图画书。通过图画书阅读，幼儿能够了解胡萝卜可以生吃、蒸熟了吃、炒萝卜丝、打胡萝卜汁，多吃胡萝卜对眼睛有益；心里美萝卜美味脆爽，可以加白糖凉拌着吃，也可以制作成萝卜雕花摆放在菜盘，增加菜肴的色彩和人们的

食欲；白萝卜可以做关东煮、萝卜炖菜，有助于去火通便；青萝卜生吃很辣，但是熬汤、包包子很美味。这些萝卜都可以腌制成美味的泡菜，存放一冬天都没有问题……

在这个案例中，教师们围绕"秋收冬藏"萝卜泡菜主题活动，搜索了《大块头萝卜》《萝卜！变变变》两本图画书的电子扫描版，并用多媒体显示屏呈现，组织幼儿集体阅读。教师从引导幼儿初步了解"萝卜"，知道萝卜的种类、外形、口感、营养价值、烹饪方法、生长过程等，到后续为"制作萝卜泡菜"做好知识准备，激发了幼儿浓厚兴趣，也在一定程度上，保证了本次"秋收冬藏"萝卜泡菜制作的活动效果。可见，图画书是幼儿园主题活动的重要载体。但是，在幼儿园实际教育教学中，并不是每个班级、每个主题活动所需要的图画书都能配备齐全纸质文本。网络上丰富的纸质图画书电子扫描版为广大幼儿园一线教师提供了大量的材料支持。

3.图画书阅读的设备

根据研究者调查多所幼儿园发现，大部分幼儿园图画书阅读的设备存在共同特征。

（1）传统桌椅

纸质图画书摆放于阅读区角的书架上，幼儿坐在地毯、小沙发或临时搬来的座椅上阅读。

淄博市ZC区实验幼儿园小二班阅读角的环境布置

小二班的阅读区域共有81本图书，在5个80cm高的展示型书架上陈列，稍显拥挤。当然，小二班也组织了"图书漂流活动"。按照本班幼儿每人每天借阅1本图画书回家阅读来计算，5个展示型书架陈列约50本图画书，平均每个书架陈列约10本，相对能够保证幼儿浏览到全部图画书的封面，在最短的时间内选择自己感兴趣的一本，同时也有助于教师在幼儿选择图画书这一环节进行引导。

展示型书架的高度80cm是较为适宜的。考虑到了幼儿的平均身高，幼儿园班级阅读区一般是幼儿自由活动时利用率比较高的空间，经常是几个幼儿在区域内自由活动，不能将书架设置得太高，以免幼儿拿取图书时发生危险。

最后，为了满足幼儿的求新心理，阅读区域的环境和材料还可以进行定期更换，特别是阅读区域内的布置与背景，进行一定形式的更换，给幼儿营造不同的新鲜环境，在一定程度上能够激发幼儿的阅读兴趣。

（2）数字化移动终端设备

根据实地调查，大多数幼儿园的数字化图画书阅读方式主要为两类：一类是储存在移动存储设备中的电子扫描版纸质图画书，有图片格式的，也有动画格式的，投放在班级的多媒体电脑和投影仪上呈现给幼儿阅读或观看。另一类是线上动画图画书，以品牌阅读APP或微信阅读中的小程序为主要媒介形式，是一种"移动儿童图书馆"。现行具有影响力的品牌APP有叫叫图画书、叫叫阅读、斑马、伴鱼图画书、奇奇学等，微信小程序有幼儿园图画书馆、球球图画书、图画书借阅平台等。线上动画图画书一般采用集体阅读的形式，教师组织幼儿集体共同观看与互动分享。

## 幼儿园常用的图画书阅读软件

幼儿园自然教育环境下，教师常用的图画书阅读软件种类较多，如叫叫阅读APP。初次登录APP，登录者要做的第一项任务是完成调查问卷，为幼儿进行个性化阅读配置。

| 题干 | 题支 | | | | |
|---|---|---|---|---|---|
| 1.我们可以为孩子做些什么呢？ | A.获得生活常识、技能等 | B.享受读图画书的时光 | C.练习表达 | D.认识更多字 | E.做好入/升学准备 |
| 2.孩子的年龄是？ | A.未满周岁 | B.1岁 | C.2岁 | D.小班 | E.中班 | F.大班 |
| 3.孩子日常喜欢哪种类型的内容呢？ | A.日常生活 | B.卡通人物 | C.童话故事 | D.绘画音乐 | E.文学名著 | F.科普知识 |
| 4.哪种风格的图画书孩子更愿意阅读呢？ | A.纯图片 | B.文字很少 | C.文字很多 | | | |

叫叫阅读APP严格甄选约1000本国内外优质图画书，涵盖大量获奖图画书、名家作品、权威机构推荐图画书，每周更新。图画书内容覆盖3—12岁儿童发展需要，甄选情感认知、艺术熏陶、性格培养、生命教育、品格塑造、安全教育、哲学启蒙、人际关系、科普认知、习惯养成、情绪管理、传统文化等成长题材。具体来说，0—3岁切入点为入园准备、语言启蒙、叫早哄睡，3—6岁切入点为幼小衔接、生活习惯、社会认知、人际交往，7—9岁切入点为百科知识、文学艺术、科普知识。"让孩子通过图画书了解世界，提升专注力，激发幼儿主动思考的能力，让阅读从输入到输出形成一个闭环，打造一款有趣有爱有趣的产品。"。

（资料来源：根据叫叫阅读APP及其官方介绍整理）

线上动画图画书利用数字手段丰富儿童阅读新体验，其中的声音、动画和交互，能够紧抓幼儿注意力，使幼儿与书中的角色和故事情节深度互动，同时能够激发幼儿主动思考。线上动画图画书既可以解决纸质图画书贵、不好携带、不易存放等弊端，又可以吸引幼儿爱上阅读、主动阅读、积累词句，纠正幼儿阅读没耐心/不专注、识字量少、读完就忘/不理解、对成人的引导依赖性大/缠着家长等阅读问题。线上动画图画书已然成为众多家长为孩子进行阅读习惯培养的"新宠"，也受到了不少幼儿园教师的"青睐"，在组织幼儿进行集体阅读时也时常会选择动画图画书。

3—8岁是培养幼儿专注力的关键期。研究者访谈了部分幼儿家长与老师，了解关于线上动画图画书的价值，大部分家长和老师都提出线上动画阅读不能等同于观看动画片故事，因为吸引幼儿注意力的应该是故事内容本身，而非类似于"动画片"的视觉效果或是类似于"游戏"的触摸设计。可见，关于数字阅读的价值，很多家长和幼儿园老师都具有相对明确的认识，即不希望幼儿在阅读过程中一直关注电子阅读产品的互动功能键，如点触按钮等，而是希望幼儿能听表现出对图文故事内容的关注、听读和理解。

### （二）媒介融合环境下的师幼互动关系

幼儿图画书阅读理解过程中的精神环境具体指所营造的阅读活动中的心理气氛。教师为幼儿创设图画书阅读环境的态度和立场是什么？教师觉得幼儿图画书阅读的精神环境是什么？有什么作用？在幼儿图画书阅读理解过程中，教师为营造良好的师幼关系采取过哪些具体的措施？本研究从教师态度和师幼关系两方面综合考察幼儿图画书阅读过程的精神环境。考察方式主要是应用非正式访谈法和观察法收集资料。

部分访谈结果如下：

> 教师1：主要在教室营造开放的、宽松的阅读氛围，教师少一点限制、把表达权多留一点给幼儿。我认为图画书阅读的精神环境影响着幼儿在阅读中敢不敢把自己的想法与老师或同伴交流。平时就是多鼓励、多表扬孩子在阅读中的新发现、发散性思考。
>
> 教师2：我不知道精神环境怎么形容，但是在这种环境中幼儿能

根据自己的兴趣爱好选择读什么图画书、有什么样的想法可以得到教师的尊重,少一点被限制。图画书阅读的精神环境还是很重要的,甚至比物质环境所起的作用更大,影响着幼儿能不能喜欢上图画书、享受阅读。在集体阅读活动中给孩子多一点留白时间,让孩子有充分的时间思考并且把自己的想法说出来。平时自主阅读的时候也会和幼儿一对一的交流,给孩子读书。孩子也非常喜欢拿书来找我给她读。

教师3:就是做到和谐的师幼关系,在阅读中和孩子平等的交流,尊重孩子大胆的想法。我认为非常重要,阅读的精神环境甚至影响着幼儿园精神环境。教师做一个支持者的角色,倾听幼儿的想法并给予回应。

教师4:我认为阅读活动中整个阅读的氛围是比较轻松的,教师把握节奏很稳,孩子们能大胆说出想法,甚至有的想法新奇得让老师惊讶。我认为这就是好的阅读精神环境。在活动中,我做的最多的就是提出一些开放性的问题,激发他们的想象力,给幼儿多一点机会表达。

(资料来源:2021年09月22日,JNFS幼儿园教师访谈记录资料,第二部分)

通过访谈,结合对日常阅读教育活动的观察,研究者明确所在幼儿园图画书阅读的总体精神环境具有其独特特性,具体表现在如下几个方面。

1.教师态度

在实地调研中,所访谈的教师对于"阅读环境"有自己的理解,但是对于看不到摸不着的精神环境,教师难以给出明确的定义,基本是以具体的情境来理解。不过,大部分教师都认为,一个良好的阅读精神环境必须是具有宽松的、支持的、和谐的氛围,以及幼儿能够大胆思考和表达的空间。

**（1）教师支持和鼓励幼儿图画书阅读**

案例1：一次晨读时，A教师组织幼儿选图画书到座位上去读，发现一名幼儿在书架旁边拿起一本又放下，最后一本图画书没选回到了座位上。A教师见状便询问原因。幼儿表示书架上的图画书自己不喜欢，想读家里的《100层房子》。A教师耐心地说："可以呀，回家问问爸爸妈妈，可以不可以带到幼儿园；可以的话，就带来幼儿园读。今天，书架上也有一本关于房车的图画书，叫《布朗先生的房车》，里面也有布朗先生和许多小动物的故事。你想不想拿来读一读呀？"果然，幼儿对教师推荐阅读的图画书产生了兴趣，选择了A教师提示的图画书进行阅读。

案例2：自由阅读活动时，班里个别孩子出现不知道看什么书的情况。教师及时询问："你为什么不去选择一本和小朋友一起去读呢？"孩子说："我不知道我应该看哪一本书。"教师感觉很奇怪：图书角图画书充足，孩子们怎么会不知道选择看哪一本呢？难道不应该是选择一本感兴趣的就拿过去看吗？于是教师询问幼儿喜欢什么动物、颜色等问题，然后有针对性地为她推荐了阅读区里与其阅读偏好相对应的图画书书目。通过这样虽短暂但有效的师幼交流沟通，引导幼儿发现自己阅读的偏好和阅读文本的主题内容。由此发现，老师在鼓励幼儿选择文本和鼓励阅读的方式上，不能只停留在说，更重要的是用心去感悟幼儿的内心世界，走进幼儿内心，并投放他们可能感兴趣的阅读书目。

案例3：阅读分享活动开始了，小智老师发现乐乐小朋友不开心，原来乐乐忘记带准备好的图画书故事《彩虹色的花》。小智老师记得班里阅读区有一本，但是找了一会儿没找到，忽然想起来是被另一位幼儿借回家阅读了。小智老师立刻使用电脑登录自己的百度网盘，在"图画书—故事类"文件夹里找到《彩虹色的花》的电子扫描版，并将其投屏在显示屏上。乐乐开心极了，仰头看着显示屏绘声绘色地讲起了故事，老师跟着乐乐的节奏一页页翻着，俩人配合默契，赢得了小朋友们的掌声……

（资料来源：2021年09月22日，淄博市ZC区实验幼儿园阅读活动情景实录资料）

以上三个案例不难看出，教师的支持与鼓励能够激发幼儿阅读的积极性，指导幼儿的阅读方向，丰富幼儿的阅读体验。在挑选图画书时，教师要充分尊重幼儿的主动性，支持幼儿自己来决定看什么、读什么，锻炼幼儿的自主选择能力；在图画书阅读时，鼓励幼儿自己朗读、默读，教师做好辅助的工作，切不可完全按照自己的想法，给幼儿"讲故事，读图画书"；当幼儿阅读遇到困难时，引导幼儿细心梳理故事中的线索，在深入的分析中解决阅读困难；另外，老师和家长还可以采取"提问"的方式，来与幼儿进行互动，对幼儿进行引导，提高幼儿的阅读兴致和效果。

当然，教师对幼儿阅读的支持与鼓励还要基于幼儿的年龄特点，考虑幼儿的生活经验、兴趣需要、认知水平和行为习惯等。

（2）针对优秀的阅读习惯给予表扬和肯定

情景一：刘老师组织集体阅读活动时，一般是通过多媒体播放电子图画书，并同步投放纸质图画书到阅读区角。集体电子阅读活动过程中，幼儿更多关注的是图文内容，而较少与图画书文本互动，因而刘老师为图书角每一个系列的图书编上序号，便于幼儿查找和整理图书，当日集体电子阅读的图画书会单独陈列在图书架上，并要求幼儿阅读区角活动时，读完图画书后要把图画书完好、整齐摆放在书架上，以方便下次拿取。长此以往，幼儿每次集体与老师共读完电子图画书后，都清楚知道当日新讲读图画书的固定摆放位置，并习惯性地把图画书按照编号摆放整齐。当幼儿按照阅读区角的规则归还图画书时，刘老师会及时表扬幼儿，如："M把心爱的图画书安安全全地送回到书架上啦，真棒！""K有序排队来还书，做得好！""L是一位爱护书籍的好宝宝。"

情景二：W老师发现幼儿在图画书阅读过程中，常会表现出与图画书文本的互动的行为倾向。例如，幼儿园集体阅读电子图画书或与家长沟通亲子共读电子图画书时，幼儿很快了解并习惯于通过在屏幕上点读、拖拽、下拉等操作动作来完成对图文内容的阅读和互动，甚至乐此不疲；在阅读纸质图画书时，也表现出自然的手指点读、手动翻页、抚触画面等行为方式与文本互动，但是有时会控制不好力度或者出现在纸质图画书上乱涂乱画的行为。W老师认为，积极与文本互动是幼儿自然且应鼓励的阅读行为，但需要对幼儿阅读不同文本载体时进行恰当的引导。例如，在集体阅读活动时，W老师引导幼儿认识纸质图画书的阅读："小朋友们是不是都喜欢图书角的新图画书呀？我们在屏幕上阅读故事的时候，只要通过轻轻地触摸就能听到图画书书带给我们的好听故事。但是在图书角里，我们的图画书是纸质的，我们要小心翻页、轻轻取放。今天我看到浩浩小朋友已经开始学会轻轻翻页，不再大大咧咧地翻书，一不小心就把书页撕坏了，是不是？今天，所有小朋友一起把图书角的图画书都检查了一遍。有的书上面被乱涂乱画的地方，我们都努力给擦干净了。大家真是爱书小卫士。这样图书角的图画书才会继续为我们带来更多有趣的故事……"王老师通过表扬、肯定积极的阅读行为，引导幼儿区分阅读电子图画书和纸质图画书的方式，自觉建立起对于纸质图画书阅读的良好行为习惯。

情境三：孙老师在每天午休后的半小时里组织幼儿进行图画书

阅读，这样可以保持幼儿阅读时精力充沛，提高幼儿的阅读效果；也可以给睡意还未消退或正在整理床铺衣物的幼儿充分的时间来调整状态。在阅读过程中，孙老师常常会采用"融入音乐情境"的方式。幼儿在适宜的音乐情景中更容易感受和沉浸故事的情境中，表现出专注、积极的阅读反应。通过播放与图画书故事风格相配合的适宜音乐，图画与文字在音乐情境中强化了视听结合的效果，引领幼儿自然专注到故事情境，强化幼儿沉浸体验阅读的积极感受和阅读效果。

（资料来源：潍坊工程职业学院附属幼儿园李老师提供）

从小培养良好的阅读习惯，对幼儿的全面发展有着积极的意义。无论是传统纸质阅读还是数字化阅读，幼儿良好阅读行为的建立对于阅读习惯的养成具有重要的意义。这就需要幼儿教师在组织幼儿阅读不同媒介图画书的过程时注意观察幼儿、倾听幼儿，注意幼儿阅读习惯方面的反应，抓住契机引导幼儿养成良好的阅读习惯，不只是通过单一形式的阅读来单纯增长幼儿的知识经验，促进幼儿的智力、语言能力、性格等方面发展，而是旨在通过阅读帮助孩子建构书籍概念、体验阅读的过程、获得积极的阅读情感体验、激发阅读兴趣和形成阅读习惯。显然，纸质阅读在实现这些目标上占据主导地位。数字阅读是一种好的辅助阅读的方式。

在研究中，研究者通过查阅文献、观察和访谈，尝试着总结了幼儿园教师所期待的幼儿良好阅读行为习惯的表现：

①爱护图书、整理图画书，做到不乱丢、不乱放，保持阅读区域的整齐和干净。

②阅读时集中精力，认真看书，不急躁、有耐心，不能求快，不要频繁更换图书。

③阅读时要按照顺序逐页地翻书阅读，按照从左到右、从上到下的顺序阅读。

④阅读时要细细观察每一幅图画的内容，关注画面中事物相互之间的联系，能将故事前后进行比较合理的串联，遇到不懂的地方，能及时向老师提问。

⑤阅读时保持安静，轻轻地取放图书、轻轻地走路，不与同伴争抢图书。

⑥阅读过程中能够与同伴或老师分享、交流，针对图画书的人物、故事情节有所讨论。

⑦注意用眼卫生，看书时眼睛与书保持一定的距离，保持正确的看书姿势。

⑧养成不依赖老师、家长自主阅读的良好习惯。

⑨初步学会倾听，学会赞赏。

⑩每天有固定的阅读时间段，图画书阅读逐渐成为一种日常行为习惯。

可以说，媒介融合环境下同一个文本可以有数字阅读，也可以有纸质阅读，二者相互补充。而阅读形式的选择，则以能够带给孩子更沉浸式的、更互动式的阅读体验为原则，帮助幼儿建立良好的阅读行为和阅读习惯。例如，当图画书故事内容是幼儿所熟悉的，我们可以先通过纸质阅读充分的交流对话互动，再辅以数字化阅读的沉浸、互动和游戏式的阅读，以丰富幼儿的阅读感受和体验，开拓孩子们的视野；如果图画书故事内容是幼儿不熟悉的，则可以先通过更能调动多感官通道相互结合的数字化阅读方式，帮助幼儿充分感受故事、感知角色、了解内容，这种沉浸式的阅读体验会激发幼儿的自主探索与互动，在此基础上再辅以纸质阅读的交流对话方式，孩子也许会基于感受、理解而能更好地充分表达和对话。

（3）轮流给幼儿阅读他们喜欢的图画书

情景一：集体晨读时，带班教师会通过多媒体呈现幼儿近期读过的图画书封面，请幼儿自由选择自己最喜爱的故事，并根据喜好进行分小组。老师将提前准备好的纸质图画书分别发给幼儿，鼓励幼儿共读或自主阅读。老师轮流到不同小组参与和观察，有时候也会驻足与幼儿共读，回答幼儿的问题。

　　情景二：在两个活动的过渡环节也可以组织幼儿阅读。周五户外活动结束之后，离晚餐还有一些时间，刘老师说："小朋友们，老师这里有一个谜语，想不想猜一猜啊？""想""那小朋友们可听好喽！（教师播放屏幕）一个皮肤滑滑的，一个皮肤黏黏的；一个穿得薄薄的，一个裹得厚厚的；一个戴发箍，一个大光头；一个喜欢吃菜和肉，一个喜欢吃甜食（伴随语言描述而逐步呈现食物的轮廓）。答案是两种食物哦，有没有小朋友知道答案？"幼儿认真聆听、思考……

　　"刘老师告诉小朋友们，答案是饺子和汤圆（屏幕出现食物）。大家看看饺子和汤圆是什么样子的？和刚才谜语里说的一样吗？接下来老师给小朋友们播放一个有趣的故事，好不好？""好"刘老师用多媒体打开电子图画书《饺子和汤圆》，组织全班幼儿集体共读。幼儿一起走进故事，深入了解了我们日常生活中的两种常见食物——饺子和汤圆。随后，生活老师为幼儿们端上来了热腾腾的饺子。有幼儿大声说："原来，今天的晚餐是吃饺子啊！""饺子带着发箍，哈哈！""老师，明天我们吃汤圆吗？"幼儿们都很开心，就连平时不喜欢吃饺子的乐乐小朋友也津津有味地吃起来。

　　（资料来源：潍坊工程职业学院附属幼儿园刘老师提供）


　　"知之者不如好之者，好之者不如乐之者"，在实际的幼儿园图画书阅读中，教师要根据幼儿好玩、好动的特点，有意识地营造愉快的阅读氛围，激发幼儿的阅读兴趣，使幼儿能够爱上图画书阅读，享受图画书阅读。这是幼儿图画书阅读的关键目标。为了实现这一目标，需要教师在一日生活中，抓住一切可能的时机，及时进行图画书阅读引导。在上述"情景二"

案例中，教师采用一个谜语做引导，激发幼儿对图画书的兴趣，营造了轻松的氛围；通过屏幕播放谜底画面轮廓，引导幼儿自然比较图画差异，引发其对谜底"饺子和汤圆"两种食物的好奇。幼儿带着好奇心仔细观察电子屏幕上的图画书图画，集体通过比较来发现饺子和汤圆的异同，幼儿通过聆听故事和集体观看画面，积极伴随图画书故事情节展开想象，体会饺子和汤圆之间的"友好关系"；进一步联系生活实际，让幼儿吃到了热腾腾的饺子，从而虚实结合，获得更丰富、愉悦的阅读感受，也深入地理解了中国的传统美食——饺子。整个活动过程自然而流畅，幼儿也在虚实结合的阅读体验中感受到了图画书阅读的乐趣。

　　情境三：当下是秋天的时节，幼儿加餐水果为苹果，多数幼儿对苹果这种水果不陌生。这是一种非常常见的水果，现在市面上一年四季都能买到。但是，这又大又红、爽口多汁、香甜可口的苹果是怎样种出来的呢？刘教师通过网络搜索电子图画书《苹果园的12月》，并播放音乐背景，用轻柔、较慢的语速朗读内容：

　　一月，零下十八度的天气，天刚刚亮，尽管果树处于休眠期，但康叔仍要早早起床去苹果园剪枝、敲击树皮除虫。（同步播放文本一月画面）

　　二月，天气依然寒冷，康叔忙碌于果园中整形修剪，防治害虫，以便新长出来的果实都能享受到阳光的照射。（同步播放文本二月画面）

　　三月，安昙野的春天来了，果树开始萌芽、显蕾，康叔穿梭在果园中，将每一根树枝上多余的幼芽去掉，并将树枝往下拉，用绳子固定，辅助后期开花结果后，果实能更充分地接受阳光的照射。（同步播放文本三月画面）

　　四月，气候多变，康叔早已准备好防范措施，准备好柴草、稻壳之类的可燃物，堆放在田埂边，预防霜冻对果树的伤害。（同步播

放文本四月画面)

五月，果树开花了，康叔更加忙碌了，因为花开得过多会导致营养过于分散，不利于后期结果，所以康叔要摘掉多余的花。另外还要放蜂采蜜，有助于果树授粉结果。(同步播放文本五月画面)

六月，雨水多了起来，果树的幼果开始发育，康叔要将果形不好或发育有缺陷的幼果摘掉，避免影响果形较好的幼果的生成。康叔经常要穿着雨衣在果园里劳作，每一天都会大汗淋漓。(同步播放文本六月画面)

七月，果实到了快速膨大期，为了防止杂草过多吸收果树的养分，康叔每一天都要和杂草大军奋勇作战，同时还要为果园施加有机肥料。(同步播放文本七月画面)

八月，果实继续膨大，康叔继续给果树追肥，这个月的工作稍显轻松。(同步播放文本八月画面)

九月，果实逐渐成熟，康叔马不停蹄地给果树松土，摘掉遮挡苹果的树叶，旋转果实使得苹果的阴阳面互换。(同步播放文本九月画面)

十月，果实成熟着色，但气温逐渐下降。台风非常可怕，康叔在老树的粗枝下撑上木棍起到支撑作用，以防止熟果被风吹落。(同步播放文本十月画面)

十一月，果园终于迎来丰收的季节，康叔的苹果历经磨砺终于可以采摘了，这是最好吃的苹果。(同步播放文本十一月画面)

十二月，果树继续轮回休眠，但康叔依旧忙碌着果树的整形修剪，为来年结果做好准备。(同步播放文本十二月画面)

一年的轮回，为果园画了一个圆满的句号。

图画书读完了，刘老师问："刚才，小朋友们一起阅读了图画书图画故事(停顿，鼓励幼儿反馈)——《苹果园的12月》，屏幕上播放了苹果从一月长到了十二月。那么大家知道我们平时吃的苹果是怎样生长出来的了吗？"开花—结果—由绿变红""用了12个月长出来的""还需要雨水和肥料""是康叔种出来的""经过了春夏秋冬四个季节"……幼儿们你一言我一语地回答刘老师提出的问题。很显然，孩子们积极而认真地参与了这次电子图画书的阅读活动，通过视觉的感受，初步理解了"秋"作为收获的季节的含义。

（资料来源：潍坊工程职业学院附属幼儿园刘老师提供）

"苹果"是幼儿日常生活中非常普通且常见的事物。通过上述"情景三"中的图画书阅读活动，幼儿认识和了解了要收获一颗红彤彤的苹果的需要经历孕育、生长到成熟，期间每个阶段都很重要。《苹果园的12月》以果农康叔和孩子达达间书信往来的方式，对苹果的种植过程进行了生动有趣味的科普。幼儿受其年龄和思维认知方式的限制，阅读中比较喜欢故事类的图画书。这就需要图画书创作者将常见的事物认知、科学知识融入童趣化的故事，并以图画书的形式呈现出来，以此达到对幼儿进行知识普及的目的。这就需要幼儿教师根据幼儿的年龄阶段特征和兴趣、认知方式、沟通方式，筛选阅读材料、创设阅读环境、引导幼儿积极参与各种形式的图画书阅读活动，丰富阅读内容，增加阅读经验。同时，教师应及时捕捉幼儿的阅读反应，给予幼儿适当的阅读指导。

2.师幼关系

师幼关系是幼儿园教师与幼儿之间通过心理和行为方面的相互影响而建构的人际关系。它从根本上是教师与幼儿的主体性交往关系。师幼之间的互动是幼儿园教育场域内所有社会互动关系的核心。在幼儿园图画书阅读过程中，幼儿会与教师产生一定的交往活动，如师幼集体共读、区角分享阅读等。这类交往活动具有明显的社会性活动性质，包含了幼儿与群体、幼儿与个体的社会互动过程，是幼儿阅读活动中的必然现象，且对于幼儿阅读理解的过程具有无可替代的价值，如师幼间的对话交往有利于幼儿口头语言与图文意义对应并逐渐形成用语言表达图画意义的能力、将生活经验和阅读作品经验联系起来的能力以及对故事意义感受、理解和表达的能力等。

大部分教师在访谈中都表示师幼关系首先是平等与尊重。研究者在日常观察中发现大多数教师在积极与幼儿互动，尽可能尊重幼儿的兴趣和需要。不过在深入追踪一些图画书阅读活动时，研究者发现在某些情境中，教师的行为会与理念不完全对应，如还不能完全摆脱权威者、已知者的角色。随着后续访谈交流的不断深入，研究者发现部分教师似乎也没有意识到自己的一些行为可能在师幼交往过程中具有高控的特点或者产生了高控性影响。

### 幼儿园阅读活动中常见的教师高控行为

其一，教师刻意追求活动的秩序，限制幼儿的言行和活动区域。尤其是在公开课、观摩课中，教师的高控行为非常明显。例如，在集体阅读电子图画书过程中，由于屏幕阅读一般是由教师操作，幼儿集体观看与互动时表现出显著的差异化反应而难以兼顾，教师一般会要求保持安静，从而约束了幼儿在阅读过程中的充分互动和自由表达，缺乏教育灵活性。

其二，阅读活动的文本选择较为随意，且教师主观性强。部分教师有时会随意拿起一本或几本图画书组织幼儿阅读，而忽视对幼儿自主选择图书的倾听和引导，对阅读材料的选择表现出了明显的高控行为。

其三，刻意追求阅读活动组织的多样性和进度节奏，忽视幼儿阅读反应，使得阅读活动表面化，没有真正使幼儿在阅读中获得全面发展。例如，集体图画书教学都围绕特定教育主题进行，若幼儿回

答一个发散性问题，其观点没有和所讲主题保持一致，教师会请幼
儿坐下，直接忽视回答内容，继续找下一个与主题相关度更高的答
案，师幼问答互动的深度不够；尤其全体幼儿集中观看屏幕电子图
画书时，教师常常更注重对图画书故事信息的呈现，而容易忽略或
忽视与幼儿的沟通交流。

　　　　（资料来源：淄博市淄川区实验幼儿园宋老师提供）

　　结合案例情景，可以发现在幼儿园阅读活动实施过程中，教师需积极
引导幼儿自主进行阅读材料的选择，及时回应幼儿阅读过程中的多元化反
应，指导幼儿掌握阅读的方法、养成阅读的良好习惯。这就需要师幼在
阅读活动中互动交流，形成良好的双向反馈，创设生动活泼的阅读活动
氛围。

　　例如，幼儿在集体观看屏幕图画书故事内容时，常会对图画中的角色
形象进行集体讨论或者结合教师的讲述而积极参与互动，教师都应给予积
极的反馈和及时的鼓励。对回答内容明显与画面内容偏离的幼儿，不能置
之不理或者否定批评，而是要对其回答的内容或回答过程中的"闪光点"
给予肯定反馈，或者进一步询问幼儿的想法，提供表达的机会，从而充分
调动幼儿继续思考和勇于回答问题的积极性。如果回答得不理想，可以再
重复一遍问题，幼儿可能是因为没听清楚问题而应答有偏离；若幼儿回答
的内容是自己的想法，也可以继续追问下去，从而形成以图画书为载体的
深入对话交流。对于幼儿感兴趣或者特别钟爱的画面，教师可以配合音乐、
互动软件等方式，丰富幼儿的阅读体验。对于幼儿难以理解的现象或者问
题，可以通过制作动画的方式分层呈现画面信息和重复讲述故事内容，尽
可能广泛、充分地倾听幼儿表达，尝试以幼儿的角色立场来理解他们的想
法，通过师幼共读、对话、互动游戏获得不一样的阅读互动过程。

　　据此，在幼儿园图画书阅读指导过程中，为了回避高控行为，教师可

以多做以下几项行为：直观生动地进行图画书讲述与演示，引导幼儿操作；可对阅读内容进行合理设问，启发幼儿的想法和看法，耐心等待幼儿回答并给予积极回应；倾听幼儿提出与阅读内容相关的问题，鼓励幼儿再次或继续阅读，关注幼儿讲述阅读中的困难和疑惑，及时提供帮助、建议和解释。

**二、媒介融合环境下幼儿图画书阅读的教师指导**

数字化图画书阅读越来越成为幼儿园日常教育活动不可或缺的一部分，其蕴含的语言、图画、声音、视频、互动操作等将教育性、娱乐性和互动性融为一体，为幼儿带来不一样的阅读体验。本研究对媒介融合环境下幼儿数字化图画书过程中教师的认知态度、实践指导以及幼儿的阅读表现的现状进行问卷调查，主要采用自编问卷《媒介融合环境下幼儿图画书阅读现状调查》，且经预调查和反复修正后，最终确定了正式问卷并录入"问卷网"，借助微信平台广泛向幼儿园大、中、小班教师发放调查问卷。为提高问卷质量，从发放问卷到回收问卷的时间间隔为7天，给予教师充分的时间，有目的地观察，然后填写，最终获得353份原始问卷。在对教师当前身份的了解中，有10位教师的身份为保育老师。由于调查面向的对象是带班幼儿教师，因此剔除10份无效问卷，得到符合要求的343份有效问卷，问卷回收率为97.17%。对问卷网得出的统计结果进行分类整理，主要采用量化分析的方法，从教师和幼儿两个主体入手，了解教师对幼儿数字化图画书阅读的认知和态度、教师在幼儿图画书阅读过程中的媒介使用与互动方式、幼儿阅读不同媒介图画书的行为表现三个方面内容。

**（一）教师在幼儿图画书阅读过程中的媒介认知与态度**

认知是行为产生的先导。可以说，教师对数字化图画书的态度首先决定了数字信息技术在促进幼儿阅读理解中的地位和作用；教师对幼儿数字化图画书阅读的认知也会对幼儿图画书阅读理解过程产生一定的影响。据

此，研究者通过问卷的"教师认为数字化图画书阅读是""您赞同幼儿数
字化图画书阅读吗""您会利用数字化图画书促进幼儿哪些方面的发展"
三个具体问题，来进行教师认知态度方面的数据呈现和结果分析。

关于教师对数字化图画书阅读含义和特征的认知，研究者设置四个
选项并且设置题目为多选题，根据数据结果分析得知：92.35%的教师认
为数字化图画书是融合文字、图像、声音、动画于一体的儿童文学读物；
60.34%的教师认为能够下载在手机、电脑等电子设备上；27.76%的教师
认为数字化图画书阅读与纸质阅读一样，阅读的本质没有改变。由数据反
应的结果可知，教师对数字化图画书阅读含义及特征的认识，总体上存在
参差不齐的现象。具体来说，几乎全部教师都能认识到数字化图画书具有
的多介质元素的特征，但是近乎一半数量的教师不能清晰认知传统纸质媒
介图画书与数字媒介图画书因为文本载体形式、呈现方式的不同而影响
幼儿阅读的过程及其理解的方式。在对所考察的幼儿园媒介环境进行调研
时发现，真正在幼儿图画书阅读教育活动中高频使用并发挥影响作用的数
字化图画书阅读特征为：幼儿阅读经过数字技术处理的图画书文本时，尤
其图文内容是通过电子设备呈现为屏幕阅读，幼儿的互动方式会有所变
化，但幼儿图画书阅读的本质并不会受阅读媒介的变化而发生根本变化，
其始终是一个依靠幼儿自己认知能力和认知经验理解图画书信息、建构
意义的过程。

因此，教师对当下幼儿数字化图画书阅读含义的认知，有一部分能够
正确理解，但是也有部分教师认知片面化，没有对相关问题给予足够的
关注。

关于教师对幼儿数字化图画书阅读的态度，可细分为五个等级的选
项。根据数据得知，26.63%的教师持全肯定态度；49.29%的教师比较赞
同态度；19.83%的教师一般赞同；4.25%的教师不太赞同；没有教师完全
反对。由数据可知，大部分教师的选择赞同，说明幼儿进行数字化图画书

阅读是得到教师支持的，这也进一步表明数字化图画书阅读存在的优势被认可。虽然没有教师完全反对，但也存在部分教师持不太赞同的观点。这也说明数字化图画书阅读中也存在着问题。那么，为对教师态度的详细原因进行了解，对教师利用数字化图画书的目的进行调查，数据如下：

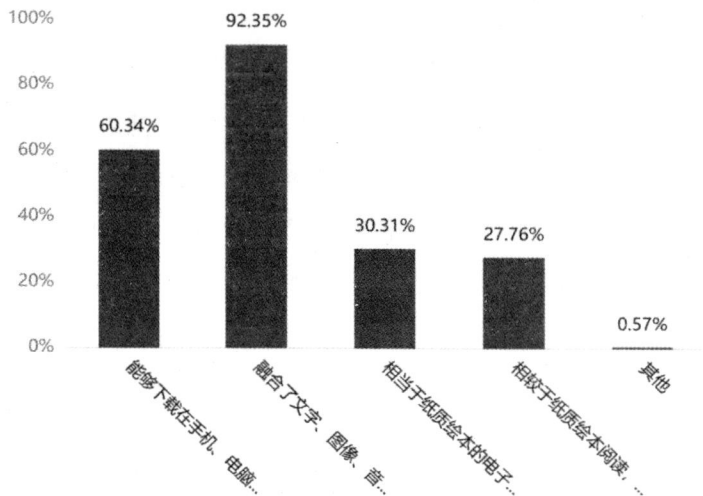

图2—1　教师认为的数字化图画书阅读

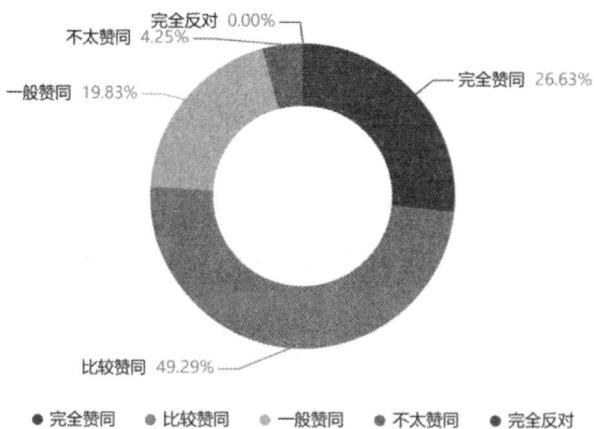

图2—2　教师对幼儿数字化图画书阅读的态度

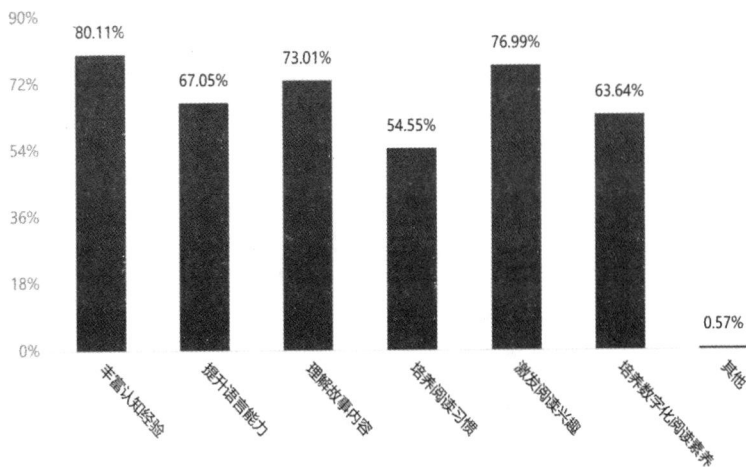

图2—3　教师利用数字化图画书培养幼儿发展的方面

研究者就认知经验、能力习惯、情感、阅读素养等方面设计出六个
选项的多项选择题。根据数据得知：从整体上分析，每个选项都有超一半
的教师选择，说明大多数教师认识到数字化图画书阅读存在多方面价值。
从差异上分析，教师利用数字化图画书首先注重幼儿理解图画书内容，丰
富认知经验；其次为阅读兴趣培养；再次为数字化阅读素养；最后是能力
上的提升和习惯上的培养。由此可以得出，教师能从多角度认识图画书阅
读理解的价值，不过相较于阅读理解能力和阅读习惯的培养，教师更倾向
于丰富幼儿的认知经验。

**（二）教师在幼儿图画书阅读过程中的媒介使用与互动方式**

1.媒介的选择及使用

幼儿阅读的图画书来源是否多元化、图画书选择是否符合幼儿的兴
趣需要和年龄特征，都是影响幼儿阅读理解水平的关键因素。而且这些图
画书资源能否得到充分而有效的利用，对幼儿阅读理解能力的提高也至关
重要。据此，研究者从三个方面对教师关于图画书阅读的媒介选择、选择
来源以及选择依据进行调查，通过问卷中"教师在组织图画书阅读活动时
媒介的选择情况""教师通常使用的数字化图画书材料来源是""相较纸

质图画书阅读,教师为幼儿选择数字化图画书的原因是""相较数字化图画书阅读,教师为幼儿选择纸质图画书的原因是"四个题目,来进行数据呈现和结果分析。

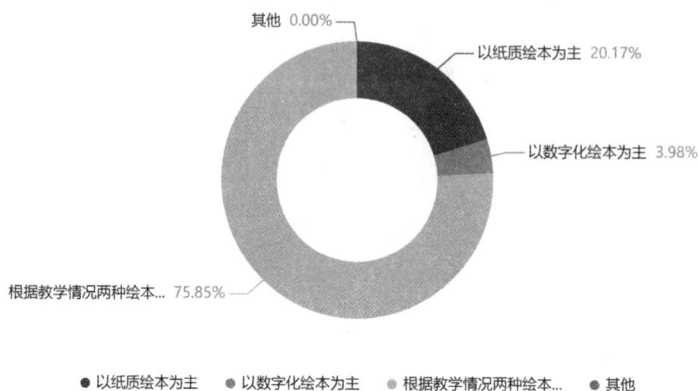

图2—4　教师组织图画书阅读活动时对媒介的选择情况

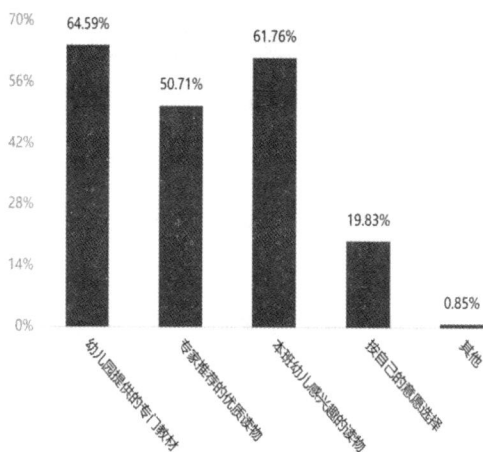

图2—5　教师通常使用的数字化图画书材料来源

关于教师对图画书媒介的选择情况,研究者根据三种现实情形设置选项为:纸质图画书为主、数字化图画书为主、根据教学情况两种图画书结合使用。根据数据得知:75.85%的教师选择根据教学情况将两种媒介的图画书结合使用，这是教师在组织班级图画书阅读活动时对媒介选择使用的主要方式；20.17%的教师选择以单一的纸质图画书为主；3.98%的教师以单一的数字化图画书为主。由数据可知，在媒介融合的阅读环境下，教师组织图画书阅读实践活动时，会根据具体教学情况将两种媒介的图画书结合使用。这反映大部分教师在实践中能够坚持优化选择、合理使用的原则。

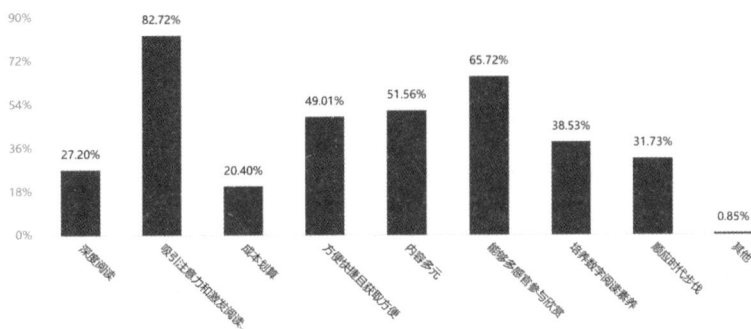

图2—6　相较纸质图画书阅读，教师为幼儿选择数字化
图画书的原因

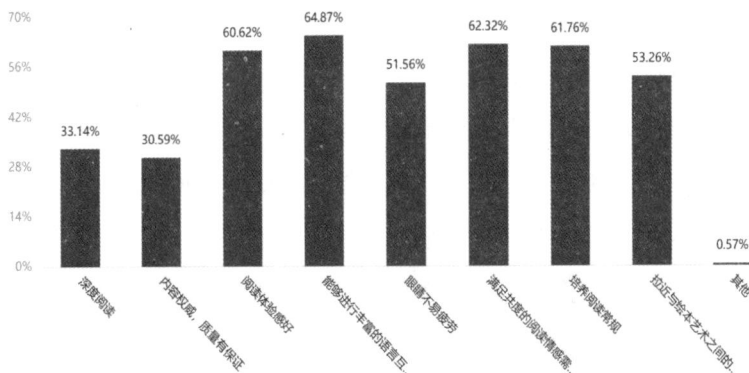

图2—7　相较数字化图画书，教师为幼儿选择纸质
图画书阅读的原因

进一步对数字化图画书材料使用的来源进行调查，数据显示：64.59%

数字化图画书主要来源于幼儿园提供的专门教材；61.76%选择于本班幼儿感兴趣的图画书读物；50.71%教师根据专家推荐选择一些优质图画书；19.83%教师按自己的意愿为幼儿选择。根据数据分析可知，幼儿阅读的数字化图画书来源于幼儿园提供、幼儿兴趣、专家推荐的占比非常高。这说明阅读的数字化图画书质量具有一定的科学性和合理性保障。

在两种图画书媒介的比较中，为深度了解影响教师选择媒介的因素，研究者力图根据不同媒介图画书阅读的特点设置选项。

相较纸质图画书阅读，教师为幼儿选择数字化图画书的原因从高到低的排名依次是：吸引幼儿注意力和激发幼儿阅读兴趣占82.72%；能够多感官参与欣赏占65.72%；内容多元占51.56%；方便快捷且获取方便占49.01%；培养数字阅读素养占38.53%；顺应时代步伐占31.73%；深度阅读占27.20%；成本划算占20.40%。同时，相较数字化图画书，教师为幼儿选择纸质图画书阅读的原因从高到低排名依次是：能够进行丰富的语言互动占64.87%；满足共读的阅读情感需求占62.32%；培养阅读常规占61.76%；阅读体验感好占60.63%；拉近与图画书艺术之间的距离占53.26%；眼睛不易疲劳占51.56%；深度阅读占33.14%；内容有权威质量有保证占30.59%。

综合对数据分析可得以下结果：

第一，在超过50%的比例选项中，数字化图画书阅读占三项，纸质图画书阅读占六项，可见教师对纸质图画书阅读的优点认可度更高；第二，在共同点分析中，关于深度阅读这一选项，两种媒介中的选择占比都比较低，说明教师认为深度阅读与图画书阅读的媒介相关性较低；第三，在最低值分析中，数字化图画书不被选择的原因是成本问题。可见，数字化图画书的购买成本和使用成本是制约教师为幼儿选择的重要因素。纸质图画书不被选择的原因是内容和质量问题。目前教师在为幼儿选择纸质图画书时考虑最多的因素是其内容和质量问题。

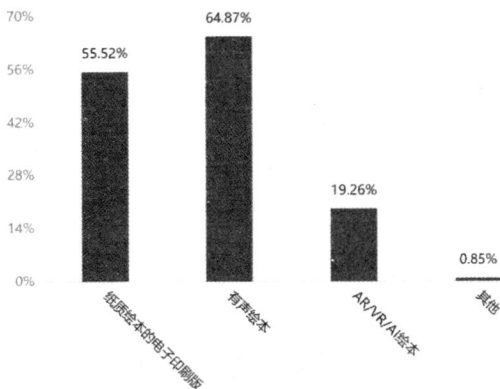

图2—8　教师通常为幼儿选用的数字化图画书阅读的材料

关于教师为幼儿选择的数字化图画书种类，居首位的是有声图画书，占比为64.87%；其次为电子图画书的印刷版本，占比为55.52%；19.26%的教师选择AR/VR图画书。在其他选项中有一位教师填写电子故事。此项不符合研究范围，故不考虑。根据数据分析可知，综合考虑到成本和质量问题，纸质版本的电子印刷图画书和有声图画书是教师的首选。

2.阅读的组织及形式

关于媒介融合环境下图画书阅读的组织及方式，研究者深入探究教师关于数字化图画书的组织频率、组织方式、面临的困境，因此在问卷中设置"您所在班级一周内平均每天进行数字化图画书阅读的时间是""您所在班级一周内平均每天组织数字化图画书阅读活动的次数是""教师组织幼儿数字化图画书时最常使用的组织形式是""教师当前在指导幼儿数字化图画书阅读面临最多的困难是"四个题目。

在关于教师使用数字化图画书组织活动的频率调查中得知，教师所在班级一周内平均每天进行数字化图画书阅读的时间低于15min的占比为24.36%；15—30min占比37.11%；20—25min占比16.15%；25—30min占比9.91%；30min以上占比9.35%。有3.12%教师不使用数字化图画书组织幼儿阅读。教师所在班级一周内平均每天组织数字化图画书阅读活动的次数0次、1次、2次、3次、4次以上分别占比为4.25%、32.58%、31.16%、19.55%、12.46%。由以上数据分析得知,多数班级幼儿每天至少都可以进行1次15—20min的数字化图画书阅读,也存在少部分班级的幼儿不进行数字化图画书阅读的情况。总体上看,数字化图画书阅读在幼儿园比较普及。

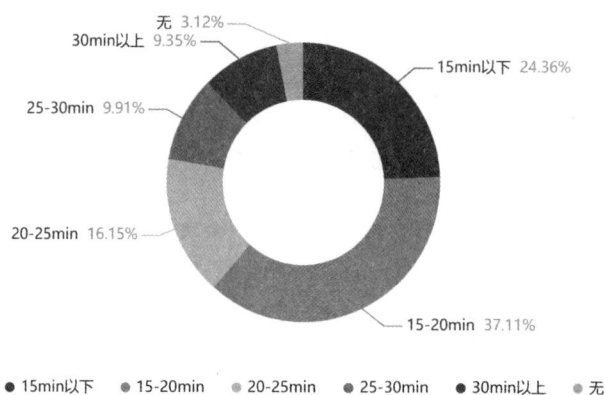

图2—9　教师所在班级一周内平均每天进行数字化
图画书阅读的时间

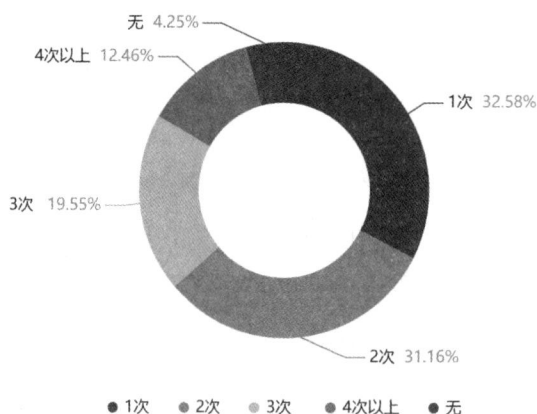

图2—10　教师所在班级一周内平均每天组织数字化图画书
阅读活动的次数

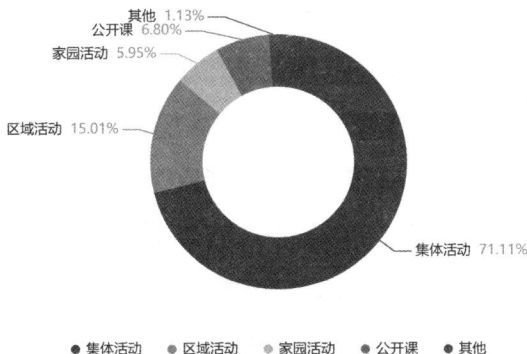

图2—11　教师组织数字化图画书阅读活动的形式

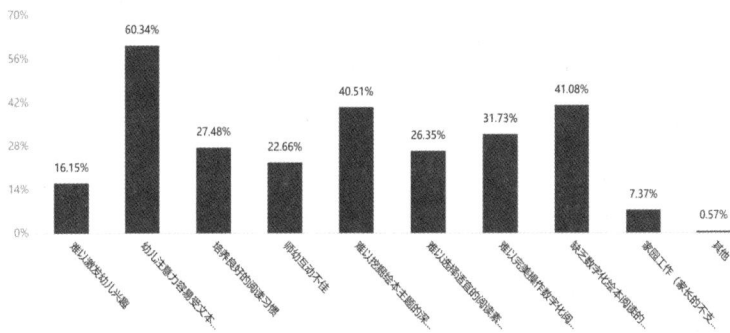

图2—12　相较纸质图画书阅读，指导幼儿数字化绘本图
画书阅读面临最多的困难

关于教师在什么教学情境下会使用数字化图画书，研究者依据现实存在的情况设置四个选项的单选题，占比从高到低排序依次是：集体活动，占比71.11%；区域活动，占比15.01%；公开课，占比6.8%；家园活动5.95%。在其他选项中，有两位教师备注为在一日活动中的过渡环节使用。由此可见，数字化图画书在幼儿园的组织形式非常多样，但大部分应用于集体活动中。这说明集体阅读数字化图画书是教师普遍的选择。

关于教师使用数字化图画书组织活动时面临的指导困境调查，研究者主要从幼儿、教师、家园工作这三方面因素设置多选题。排名第一的是幼儿因素，分别为：幼儿注意力容易受数字化文本中多媒介元素的影响，占比为40.14%；幼儿缺乏数字化阅读素养，占比为41.08%。排名第二为教师因素：难以挖掘图画书主题的深度，占比为40.51%；难以完美操作数字化图画书，占比为31.73%；难以培养幼儿良好的阅读习惯，占比为27.48%；难以选择合适的素材，占比为26.35%；师幼互动不佳和难以激发幼儿兴趣，分别占比为22.66%和16.15%。排名第三为家园工作：有一部分困难存在于家长不愿意幼儿过早接触数字化读物，占比为7.37%。根据以上数据分析可知，幼儿自身的问题是教师指导图画书阅读理解困难的主要因素，教师自身数字化图画书的指导素养也是影响幼儿图画书阅读理解的重要因素，而且也存在着一小部分家长不理解和不支持的困难。下面，我们通过一个访谈案例进一步探知幼儿园教师在组织图画书阅读教育活动中对于数字化图画书和纸质图画书的融合使用情况。

JNFS幼儿园S老师，25岁，本科毕业，教龄3年。

问：请问，您在平时的幼儿园阅读教学中是否经常使用数字化图画书？

S老师：是的，经常使用。我们班每天的集体教学活动大多以图画书故事为开场。很多时候手头没有合适的纸质图画书。教师通过线上平台，比如美篇、小红书、抖音等搜索数字化图画书，并用一体机播放。而且我们班每周都会组织家长和幼儿在线上阅读图画书故事、分享阅读体验。

问：那是通过什么媒介来组织呢？家长群吗？

S老师：不只是家长群，我们通过微信小程序"球球图画书"建立班级、发布阅读任务、进行阅读指导，要求家长组织幼儿亲子阅读或自主阅读，并将阅读过程或阅读体验分享在"球球图画书"的班级群或直接分享到微信群。

问：您认为数字化图画书对幼儿园阅读教学是否有助力？

S老师：数字化图画书资源丰富、内容新颖、有声有色，形式易于被家长和幼儿接受，使用起来非常方便，是传统纸质图画书的一种补充，也是幼儿园集体阅读教学和亲子共读的重要选择。尤其是在组织幼儿课后拓展阅读和亲子共读活动时，数字化图画书阅读已经成为很多幼儿园的主要形式……

问：您认为数字化图画书阅读对幼儿阅读有何助力？

S老师：数字化图画书最大的特点是能够通过幼儿的视觉、听觉、触觉等多种感官的刺激，引起幼儿的注意力、激发并维持幼儿的阅读兴趣，从而培养幼儿从小喜欢阅读的好习惯，并逐步养成自主阅读的能力。

问：幼儿和家长对数字化图画书阅读活动的参与情况是怎样的呢？

S老师：幼儿普遍很喜欢数字化图画书，但是部分家长并不能完全接受，主要是因为数字化图画书阅读要盯着手机或其他显示屏，部分家长担心会造成视觉疲劳或用眼过度导致近视等视力问题。这需要把握阅读的时间、劳逸结合，做好眼保健操、补充足够的营养……

问：您认为，与传统的纸质图画书相比，数字化图画书有哪些不足之处？

S老师：数字化图画书属于新兴的图画书形式，有很多优势，但是与传统的纸质图画书相比，也有很多不足之处。首先，没有纸质书捧在手里的感觉，幼儿缺乏阅读体验，拉远了幼儿与图画书之间的距离，也不利于幼儿阅读常规的培养；其次，在进行数字化图画书阅读时，幼儿不能与图画书进行丰富的语言互动，少了很多深度阅读的机会；再次，数字化图画书尤其是AR图画书与传统图画书最大的不同是能产生人和书的交互，但如果这些"交互"过多，幼儿在阅读过程中，大部分精力会被点触或其他交互形式吸引，反而缺少了对图画书故事内容的深入理解。这些都是数字化图画书的弱点，也是致使幼儿家长拒绝数字化图画书的重要原因之一。

（资料来源：2021年09月27日，JNFS幼儿园S教师访谈记录资料，第三部分）

### 三、媒介融合环境下幼儿图画书阅读的行为表现

图画书媒介重塑了知识的传播方式。可以说，有什么样的图画书媒介就有什么样的图画书阅读，就有相应的图画书阅读体验。为了解媒介融合环境下幼儿阅读图画书的情况，研究者从对幼儿图画书阅读的感兴趣程度、参与程度、理解程度三个方面进行调查。

#### （一）喜欢程度

关于幼儿对数字化图画书阅读的喜欢程度，设置"相较纸质阅读，您所在班级的幼儿对数字化图画书阅读的喜欢程度是"题目。

关于纸质图画书和数字化图画书幼儿的喜欢程度的调查结果显示：有45.04%和45.33%的教师表示幼儿非常喜欢和比较喜欢，并且没有教师表示幼儿不喜欢数字化图画书阅读。其占比说明几乎全部幼儿对数字化图画书非常感兴趣。不过，8.5%的幼儿喜欢程度一般，1.13%的幼儿不会因媒介因素而对图画书阅读的喜欢发生明显变化。

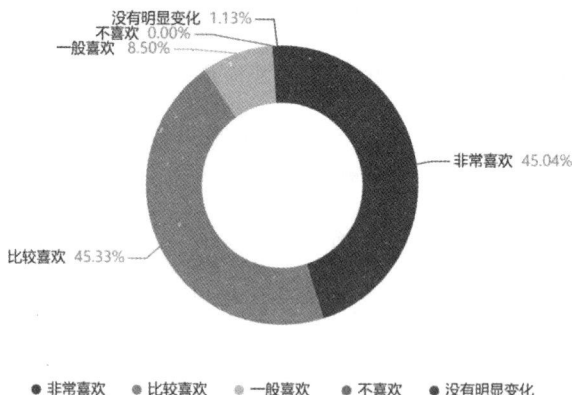

图2—13　相较纸质阅读，幼儿对数字化图画书阅读的喜欢程度

**（二）参与程度**

为了解幼儿对在数字化图画书阅读过程中的参与程度，设置"您班级幼儿对纸质图画书阅读和数字化图画书阅读哪一个参与的积极性更高"题目。

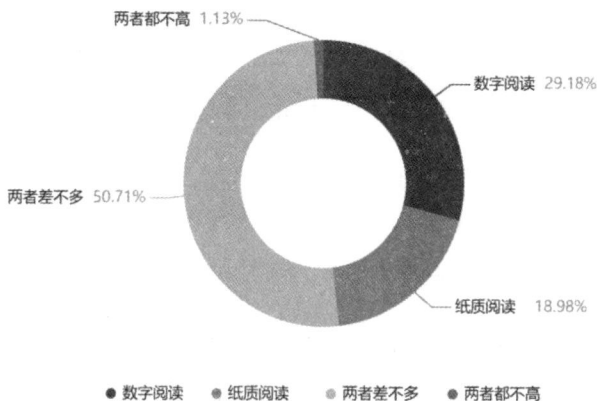

图 2—14　幼儿对纸质图画书和数字化图画书哪一个参与
阅读的积极性更高

关于纸质图画书和数字化图画书幼儿参与积极性的调查，占比最高的选项是两者参与积极性差不多，为 50.71%；其次是数字化图画书，占比为 29.18%；最后是纸质图画书，占比为 18.98%。另外，有 1.13% 的教师表示幼儿对两者的参与积极性都不高。

**（三）理解程度**

关于对图画书内容和图画书故事要素的理解程度调查，分别设置"您所在班级的幼儿在纸质图画书阅读和数字化图画书阅读中哪一个对故事内容和细节方面的理解程度更高""幼儿在数字化图画书阅读中，一般情况下对以下图画书因素的关注点排序是""对图画书故事中哪些因素理解程度最高"三个选择题和"关于理解程度高低教师是依据什么来判断的"填空题。

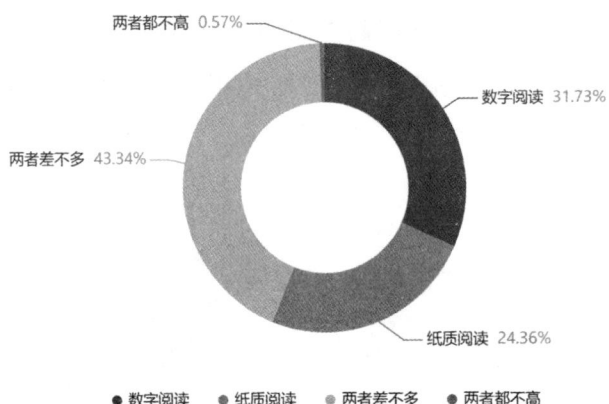

图2—15　哪种图画书对故事内容和细节方面的理解程度更高

关于幼儿阅读哪种图画书对故事内容和细节方面的理解程度更高，教师表示两者差不多，占比为43.34%；其次为数字化图画书占比为31.73%；最后为纸质图画书24.36%。此外，0.57%的教师表示幼儿的理解程度都不高。通过分析可知，教师表示大部分幼儿不会因为图画书媒介因素而在理解上有差异，但是数字图画书阅读相较纸质图画书阅读略胜一筹。

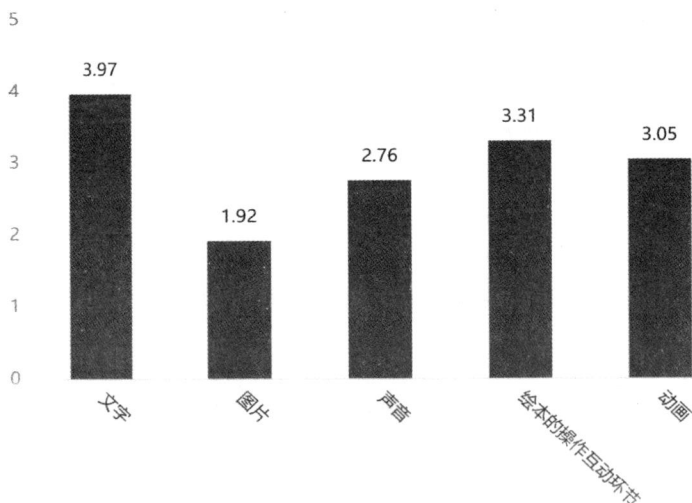

图2—16　数字化图画书阅读中对以下文本因素的关注点排序是

关于幼儿在数字化图画书阅读中对文字、图片、声音、互动操作、动画文本因素的关注点排序的调查中，数据显示为平均排名，教师表示幼儿的关注度由高到低分别是图片、声音、动画、操作互动、文字。尽管数字化图画书大部分由动画组成，但是幼儿的关注度最多的依旧是图片，其次为声音。

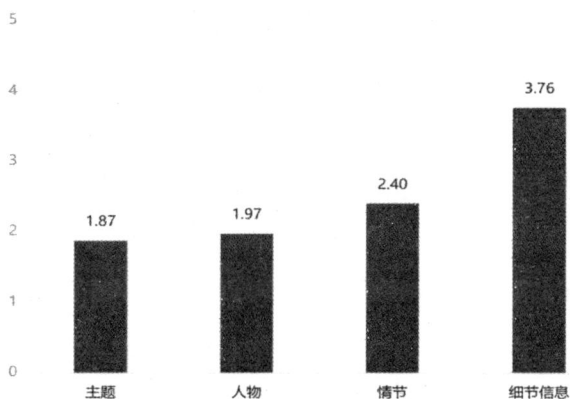

图2—17　对图画书故事中哪些因素理解程度最高

关于幼儿对图画书故事的主题、人物、情节、细节信息等方面的理解程度，数据为排名结果。可见，幼儿在数字化图画书阅读中，人物情节主题类的显性信息理解程度高于隐性的细节信息。

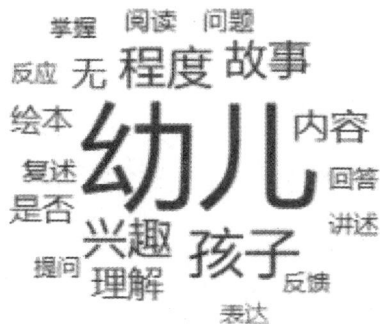

图2—18　幼儿图画书理解程度高低教师是依据什么来判断

关于教师依据什么来判断幼儿阅读理解水平的高低，问卷将此题目设置为填空题，统计结果以词频统计图的形式呈现，字体越大说明该词在回答的内容中所提的次数越多。由于调查主体、调查内容十分具体明确，因此，除去"幼儿""孩子""理解""程度"这几个主干词，重点关注其余相关的关键词。其中，频次最高的是"兴趣"，共计提到40次，发现教师的回答都围绕着幼儿兴趣展开，即认为幼儿阅读理解水平高或低依据于幼儿阅读过程中的兴趣；其次是"故事"和"内容"分别是38次和31次，发现教师的回答与"故事"相关的是明白、掌握、复述、叙述、表述内容等，即教师普遍认为阅读后能够把图画书故事内容表达出来则为阅读理解水平高；"反馈""反应""表达"分别是11次、10次、12次，根据教师回答的详细内容表明教师通过幼儿的外在反应来考察内在理解；"问题""提问""回答"分别是14次、11次、12次，教师表示会根据幼儿能否准确理解问题并正确回答或者是否自发产生一些思考来判断其理解水平如何。

### （四）审美表现

图画书不仅图画美、文字美，而且故事也蕴含着真善美。幼儿对文本进行阅读理解既享受视觉上美感，又通过大脑展开的无尽联想与现象，获得精神上的审美体验。研究者主要利用非正式访谈法了解幼儿图画书阅读理解过程中的审美表现。

访谈的题目是：根据教师所观察到的，幼儿在对图画书阅读理解中会有哪些方面的审美表现？

教师1：例如《圆形骨碌碌》这个图画书，图画书中用神奇的圆形来变换各种有趣的食物、风景、动物等。孩子们在阅读中表达圆形可以变乌龟、大熊猫、冰糖葫芦等。

教师2：我们班孩子之前看过关于恐龙一系列的图画书。发现大家特别感兴趣。在阅读过程中，几个小朋友边读边扮演恐龙，用肢体动作模仿恐龙的姿态等。

教师3：有个孩子带了一本立体书，整本书介绍与海洋相关各种知识，其中有一页是介绍海岸线。我就随意指了一部分，问他们在做什么？本以为孩子会一一告诉我这个人在干什么具体的事情，然而他说"他们当然是在享受生活啊"。我非常震惊于他会理解"享受"这个抽象词，便继续问："为什么你这样觉得啊？""他们在邮轮上晒太阳、喝酒、跳舞呢。"孩子给出一些具象事情的解释。

教师4：非常多啊。孩子可以扮演图画书中的角色做游戏。比如《邮递员》那本图画书，我说可以扮演邮递员送信、扮演局长管理邮局、扮演司机开车等，孩子们边读边想象边玩，非常快乐。

教师5：像一些三段式情节的图画书，如果文字比较优美、押韵的，幼儿也会模仿句式来创作。比如《好饿的小蛇》这本图画书，在阅读过程中教师再提供一个东西，幼儿可以根据图画书中的句式，再创作故事情节。

教师6：《涂鸦大厨》不仅是一本可以丰富孩子的认知的图画书，也可以激发孩子的艺术创作。例如，在一个页面认识各种菜谱，而另一页面留白给孩子进行艺术大厨创作。幼儿将自己对图画书内容的理解融进美术元素中，通过线条、色彩、图形等表达出来。图画书充分激发了孩子对美的感知、表达和创作。

（资料来源：2021年09月29日，JNFS幼儿园教师访谈记录资料，第四部分）

通过与教师的访谈了解到，幼儿图画书阅读理解过程中的审美表现较为丰富，主要表现为：当幼儿阅读到感兴趣的部分时，会模仿、表演故事角色的行为或声音；当图画书的情节与幼儿产生了情感联结时，会有相应的面部表情、肢体动作、发表观点等行为表现；幼儿根据图画书内容结合自己的生活经历，对故事内容进行二次艺术想象与创造性表达。

# 第三章　媒介融合环境下幼儿图画书
## 阅读理解的行为表征

　　幼儿图画书阅读是基于媒介展开的行为。媒介融合环境下图画书媒介发生了变化，出现了数字化图画书和纸质图画书共读的局面，以及阅读文字、图画、音频、动画等多种介质。幼儿的图画书阅读行为会因媒介发生变化，重新建构幼儿的阅读体验和阅读理解。但无论是媒介的内容还是媒介的形式发生怎样变化，作为图画书阅读本身，其始终具有共同的叙事特征。因此，媒介融合环境下幼儿图画书阅读理解的行为特征存在显著差异性，也具有一定的共性特点。

　　关于幼儿阅读过程理解外显反应特征的调查，本研究主要尝试通过幼儿的外在语言反应表现来获得。根据交互理论代表者路易斯·罗森布拉特的观点，读者会带着自己的生活经验、阅读经验、阅读技能在特定情境与特定的文本产生一定的想法融合或情感联结。这些融合和联结都属于读者与文本发生的交互反应。这些反应也体现着是读者对文本的内化和主动意义建构。由此我们可以了解到阅读的反应是读者与文本互动的结果，隐含着其对文本的内在理解和意义生成。因此，本研究将幼儿与文本交互的反应作为了解其内在理解真实文本的情况，以及判断理解是否有偏差的依据。

　　关于阅读的反应，首先考虑到幼儿具有该年龄段不同于成人的独有特

征，具体在图画书阅读过程则表现为，其与图画书发生相互作用时不限于
一种感知觉的感知和表达，而是调动自身视、听、触、运动觉、语言觉等
多感官通道。同时，阅读的反应也会用多种形式表现出来，如一系列的语
言和非语言反应。在图画书阅读过程中，幼儿的语言反应是其阅读反应中
表现最为典型、出现频次最高的反应类型。语言是成人和幼儿进行阅读交
流互动的桥梁。教育者通常正是通过捕捉幼儿图画书阅读过程中的语言来
了解其内在所关注的问题领域、思考方式和理解过程的基本情况。据此，
本研究拟重点关注幼儿图画书阅读理解过程中的语言反应，包括画面描
述、交流对话、主动发问等。

关于幼儿园图画书阅读教育活动的调查类型，本研究选择了在幼儿园
阅读活动中占据主导地位的集体图画书阅读教育活动。在真实的幼儿园图
画书场景中，阅读图画书的组织方式并不是唯一的，如有目的有计划的集
体图画书阅读、在活动衔接过程中渗透的图画书阅读、幼儿在区角中自
主阅读和同伴分享阅读等形式。幼儿图画书阅读的过程是发现、理解、建
构意义的过程，在这个过程中充满了幼儿与教师的对话、与文本的对话、
与同伴的对话、与自己的对话。据此，本研究以幼儿的语言反应为切入点，
在众多的图画书阅读形式中，选择对话发生类型最多的集体图画书阅读形
式，以期通过幼儿和教师两个主体间平等的对话和交流而了解幼儿对文本
的阅读理解和意义建构情况。

综上缘由，关于幼儿图画书阅读理解的情况，本研究力图真实呈现幼
儿园媒介融合环境下集体图画书阅读过程中教师、图画书与幼儿之间语
言对话的本真样态。

**一、媒介融合环境下幼儿图画书阅读理解的共同性特征**

媒介融合环境下幼儿图画书阅读存在数字化和纸质两种典型形式。在
幼儿园里，有单一进行数字化图画书阅读、单一进行纸质图画书阅读，也
有同一故事内容既读其数字化图画书，也读纸质图画书。为更深入了解媒

介融合环境下幼儿图画书阅读理解过程的实际情况，研究者深入幼儿集体图画书阅读活动中，借助录像手段录制图画书阅读活动，通过个案分析总结幼儿图画书阅读理解过程的表现特征。因此，本小节呈现在媒介融合的环境下，在真实的幼儿园图画书阅读活动中，幼儿的图画书阅读理解有哪些共同性和差异性特征。

**（一）全身心参与的理解与表达**

研究者通过观察幼儿集体阅读，发现幼儿图画书阅读的理解和表达具有不同于成人的独特特征，即大脑和身体感官共同参与。从这一观察结果来分析幼儿图画书阅读理解的全过程，会发现幼儿的直观形象思维使其感知和理解表现出具体化、形象化的特点，具体表现在：幼儿理解时，是通过看图画书的图画、听教师的语言解释；在表达时，不是成人静坐式通过大脑深度加工思考后进行语言反应，而是身体和大脑共同进行。除此之外，媒介转换理论也为幼儿的全身心参与的理解与表达提供了新的视角。媒介转化理论提出：图画书文本以图画和文字进行故事表征，幼儿在建构理解时，是通过图画书的图画一方面，幼儿头脑中带着自己先前的认知经验建构着对图画书内容的理解；另一方面，阅读中充分调动并集中自己的视觉、嗅觉、听觉、触觉，甚至是肢体动作与故事情节进行互动。可以说，儿童是以观赏者和参与者的姿态投入图画书的阅读理解。

集体阅读情景一：《圆形骨碌碌》

"看这个故事的封面，你觉得怎么形容圆形"

一名幼儿用手指在空中划过一个圆圈的轨迹"是这样的"；

有幼儿用手指着教室的钟表，用手画一个圆圈"是上边钟表的圆圆的"

（资料来源：2021年10月08日，JNFS幼儿园集体阅读情景记录资料，第一部分）

师幼共读，幼儿观看图画书封面理解圆形特征时，限于认知水平，不能用语言概括出圆的特征，而是通过具象的物体，即"借物表达物"的形式表达对圆是什么样的认识，并且边说边用动作演示来解释自己对于图画书中圆形的理解。教师拿出一个圆形卡片，让幼儿伸出小手摸一摸它的不同面，基于幼儿你一言、我一语的认识总结出圆是边边光滑、没有角的平面图形。

集体阅读情景二：《想飞的小象》

"好奇怪啊，想飞的小象是什么样子的呢？"

幼儿张开双手，上下摆动"想飞的小象，必须长出翅膀像这样震动"。

（资料来源：2021年10月13日，JNFS幼儿园集体阅读情景记录资料，第二部分）

集体阅读情景三：《秋天来了》

整体欣赏完图画书后，教师带领幼儿深入阅读"秋天来了，白天会越来越？"

幼儿用两只手举起来，掌心相对，边说"越来越短"，边慢慢靠近。

教师又说："黑夜会越来越……"

幼儿双手抱着自己的肩膀，面部表情严肃，说"越来越冷"。

（资料来源：2021年10月20日，JNFS幼儿园集体阅读情景记录资料，第三部分）

由此可见，幼儿的图画书理解和表达是具象的，语言、身体动作、微表情共同进行，是多感统统合的过程，更是身心共同参与阅读理解的过程。

### （二）结合已有的认知经验理解

根据对教师的非正式访谈和研究者的观察得出结论：幼儿能够针对图画书的文本信息和教师的提问，联系已有生活经验和图画书故事阅读经验来发表自己的理解、看法和态度。由此分析幼儿图画书阅读理解的过程，会发现虽然承载图画书媒介的载体发生了变化，以及变化带来的文本属性、媒介特征、载体信息属性、交互性等形式上变化，但其本质上仍然指向幼儿图画书阅读理解本身，是幼儿利用已有的图式或故事图式来与文本发生内在互动，建构自己的理解。

基于认知心理学图式理论的观点：图式是认知理解的基础，是存储在大脑记忆中表达一般概念的信息构架，是人们对过去经验的组织规则，是人们用于理解简单故事并对其进行编码的知识结构。[①]由此可以发现，幼儿读者的阅读理解是建立在已有图式的基础上，在阅读过程中与阅读材料发生相互作用，改变已有图式，建立新信息。那么，幼儿阅读图画书是否产生一定的理解也与其已有的图画书阅读理解模式（即图式）有关。如果幼儿具有丰富的图画书阅读经验，就会根据图画书故事的一般发展结构，如背景、情节、结局等，联系前后图画或文字线索进行补充和预测，从而理解完整的图画书内容。幼儿拥有的图式来源于先前与他人共读图画书、独立阅读图画书等活动。这表明幼儿的叙事经验和其参与的社会活动对其图画书阅读理解有重要作用。

集体阅读情景：《会爆炸的苹果》

"你见过会爆炸的苹果吗？"

"见过。""没见过。"

---

① 转自李星.学前儿童故事类绘本阅读理解水平发展及阅读教育实践研究[D].上海师范大学．2017.

"没见过，但是小朋友们都见过爆炸吧？"

"砰，我见过烟花爆炸""我见过保温瓶爆炸。""我见过气球爆炸。""大火球会爆炸。"

抛开苹果会爆炸这一现实无法认知的现象，若只谈爆炸，幼儿能够联系自己已有的生活经验，如烟花、保温瓶、气球等爆炸。

"小猪拒绝了给狐狸苹果，狐狸又想吃。你猜它会怎么办？"

"买一个回去。"

故事情节中狐狸想吃苹果，但是只有小猪有。该怎么办呢？幼儿的回答是狐狸想吃可以去超市买。这一回答跳出童话故事场景，把故事拉回到现实。幼儿联想自己的生活经验，如果现实中想吃苹果却没有，一般会去超市买，同时根据现实经验，不存在像故事中可以通过"偷"和"骗"去得到的现象。

"我们今天就吃苹果。大家觉得苹果有可能爆炸吗？"

"不可能。"

"但为什么今天这个故事会讲到一个会爆炸的苹果呢？大家的想象是什么呢？"

"因为这是一个神奇的苹果。这个苹果会爆炸。""爆炸之后会这样呢？裂了，不能吃了。""有可能里边挖了一个洞，放了一个炸弹。""这是一个魔法师的苹果。""小猪做了一个梦，梦到爆炸了。""可能有人扔了一个炸弹，把苹果炸了。""可能有一个人，把炸弹安在土里。苹果掉在土里，碰到就爆炸了。""有可能是有人在苹果里放了毒药，想办法把它毁掉，就爆炸了。"

关于"苹果会爆炸"的情节，幼儿的生活经验无法支撑自己说出苹果为什么爆炸。而且这本身也是一件不符合客观现实的事情。幼儿充分联想和联系生活经验，分别以爆炸和苹果为切入点，猜想的结果是炸弹、做梦等来自现实的逻辑。在众多的猜想结果中，关于"魔法师""毒苹果""大火球"这类想法，研究者猜想是否是来自幼儿已有的图画书阅读经验；活动结束后，根据这一猜想对带班教师进行非正式访谈，得到证实。

> 研究者："您认为幼儿依靠什么对图画书文本进行建构和理解的？"
>
> 教师："大部分都是来自幼儿自己在生活中的直接经验。也有少部分幼儿的图画书阅读经验比较丰富，会利用自己读过的一些知识来理解。"
>
> 研究者："您觉得幼儿的回答中'魔法师''毒苹果''大火球'这些想法来自哪里？"
>
> 教师："这些不是生活经验。我们班级里的图书角有一些童话故事，而且我们曾共读过《大火球要爆炸》的图画书故事，所以幼儿知道大火球也会爆炸。"

> "如果你是小猪，你会给吗？"
>
> "不给。"
>
> "你是怎么想的呢？"
>
> "狐狸坏。"
>
> "你们听一听，觉得狐狸的口气怎么样？"
>
> "太凶了，太没有礼貌了。"
>
> "他说话很没有礼貌，最起码的'请'都没有说。狐狸直接命令的口气非常不礼貌。"
>
> （资料来源：2021年10月18日，JNFS幼儿园集体阅读情景记录资料，第四部分）

关于为什么不会给狐狸苹果，事实是因为狐狸的态度没有礼貌，而且本次图画书阅读的主题也是关于社会领域的礼貌用语，幼儿的回答是狐狸坏。通过文本分析，故事发展到这里并没有对狐狸这一角色形象铺垫下任何的好坏之分，那么只谈这一个文本中狐狸的角色是不能得出狐狸坏这一结论。不过跳出这一个文本，在以往的图画书故事中，狐狸总是坏角色的扮演者。幼儿这一回答是先前阅读中关于狐狸角色的认知。

由此可以推论，幼儿除利用生活经验理解文本外，还会利用已有的图画书阅读经验，并将两者整合协同理解故事内容。

**（三）与教师深度互动理解信息**

在媒介融合的图画书阅读环境中，教师通过网络获取数字化图画书资源，并利用多媒体设备展示图画书。在集体共读中，幼儿首先接受数字化图画书的基本信息，然后在教师有目的、有条理地讲读中探究图画书的隐含信息，在反复阅读中联系已有经验、创造新经验，对文本的理解也不断深入。从这一观察结果来分析幼儿的阅读理解过程特征，研究者发现幼儿在阅读数字化图画书和纸质图画书过程中对信息的理解是随着与教师的互动在不断地建构和整合。

基于建构整合理论的观点：阅读理解包含建构和整合两个过程，运行机制是先建构起与语篇有关的命题，再将建构起的命题与读者已有的知识进行整合，最终形成连贯的关于语篇中心内容的心理表征。对文本建构的顺序是词、短语、小命题、各命题之间、各命题与主题之间。整合发生在建构的每个环节，而且是以循环、持续的方式进行，每个循环的过程意味着不一致的信息去除和新信息的建构形成。幼儿读者的阅读理解过程是一个不断建构整合的过程。幼儿自身的建构能力、整合能力对成功理解文本十分重要，具体来说就是幼儿先前的知识经验、语言能力、工作记忆、推理能力、整合能力等。

那么，这也说明阅读过程中教师有目的有意识地与幼儿互动能够促进幼儿对图画书信息的理解和建构。

集体阅读情景一：《大熊的拥抱节》

"大熊哭了几次？"

"两次。""一次。"

"第一次是为什么呢？"

"第一次是朋友都不和他拥抱。""他太伤心，所以哭了。""他有点难过。""他觉得自己做的事情过分。""他后悔了。"

"原来第一次是因为自己做错事情哭了。那第二次是为什么呢？"

"是朋友又来拥抱它。"

"两次哭有什么不一样呢？"

"第一次是犯错难过得哭，第二次是感动得哭了"

"原来不仅仅只有难过时会哭，在感动时也会哭。老师也告诉你们，在开心激动的时候也会哭"

"被朋友原谅以后的大熊之后会变成什么样啊？"

"很好的。"

"怎么很好的啊？"

"不拽别人尾巴。不拔萝卜。再也不哭了。一直做好事。"

（资料来源：2021年10月26日，JNFS幼儿园集体阅读情景记录资料，第五部分）

一个蕴含有深意的图画书故事，会在图画与文字里都蕴含着丰富、巧妙的细节，单凭幼儿的认知经验有时很难发掘。那么，与成人共读就显得格外有意义。与成人共读并不意味把答案直接告诉幼儿，而是需要借助教师有目的、有意识的问题，在一问一答的引导中，让幼儿自己在故事中探索奥秘。

图画书《大熊的拥抱节》的阅读目标：一是"幼儿能够懂得犯错要主动改正，同时，对于要改正错误的人给予宽容和原谅"；二是"愿意聆听故事，在交流中理解故事情节"。教师借助问题互动帮助幼儿与文本产生深入理解，幼儿回忆故事中大熊因为什么哭、哭了几次、每次哭有什么不同、不同的哭代表着什么等问题，在师幼不断地问与答中阅读图画书情节及深入理解隐含的教育内涵。

集体阅读情景二：《跑跑镇》

**教师借助屏幕播放第一段图画书故事情节：**

"白雪公主跑跑跑、小海豚跑跑跑，撞在了一起。你们觉得会怎么样了呢？"

"会受伤，要包扎。"

"会受伤。有没有其他答案呢？"

"撞在一起会跌倒。""会骨折。"

"啊，原来小朋友们觉得相撞都会受伤。相撞以后严重的话，确实会受伤。不过，在跑跑镇，两个东西撞在一起会有一个神奇的变化。小朋友来仔细看，这里会撞出来什么不一样的东西"

"变成美人鱼了。"

"白雪公主和小海豚怎么才能变成美人鱼？谁来说一说？"

"我发现白雪公主的身体和海豚的尾巴加在一起就成了美人鱼。"

"哦，是它们外形的不同部分结合在一起变成了美人鱼啊！"

**教师借助屏幕播放第二段图画书故事情节：**

121

"在这个神奇的跑跑镇上，两个有不同的身体的朋友撞在一起会变成一个新朋友。""黑熊跑跑跑，白熊跑跑跑，会变成什么？说说看。"

"变成灰熊。因为它们都是熊，加在一起还是熊，只会颜色发生改变，会变灰色。""变大。因为它们两个很小，如果混合在一起会变大。""会变成黑白色。""变成熊猫。"

"我们来看看到底变成了什么？哇，熊猫，灰熊，都是有可能。它们不光是外形都变化了。原来是熊变成了熊猫，而且颜色也发生了变化，变成了黑白相间，还有灰色"

**教师展示图画书图片：**

"一个红色的小汽车跑跑跑，一个梯子跑跑跑，撞在一起，变成了消防车。"

"你是从哪里觉得它会这样变的？"

"因为小汽车是红色的，然后还有一个梯子，加在它们的上面就成了一个消防车"

"你是从外形上把这两个结合在一起。非常的棒。不过，这样的话，它们还是分开的。你们再想象一下。"

"会变成消防车，也可能会有点不一样。因为消防车还有水管。这只有梯子。水管可以灭火。"

"消防车不光有小汽车的样子和本领，而且上面还有一个梯子，能够爬到上面救人，结合在一起，要是着火了，爬到楼上打119，消防员会爬上消防车的梯子，救它下来。"

"你把消防车用来救人的整个过程都说出来了。原来两个不同的朋友碰撞在了一起，还会使它的本领变得更大、强大。"

（资料来源：2021年11月08日，JNFS幼儿园集体阅读情景记录资料，第六部分）

《跑跑镇》是有声图画书，经过数字化处理后的图画书集图片、动画、音效、文字于一体，以动态视频的形式播放。在师幼共读中，教师根据故事情节和教学需要按播放和暂停键。幼儿欣赏一段完整的视频，教师根据画面信息和故事内容以提问的方式和幼儿互动。在共读过程中，教师引导幼儿探讨两个物体相撞后会有怎样的神奇变化，师幼共同探索、合作学习。针对两个东西相撞会变成什么，图画书的答案是在外形的结合下变成一个新的东西，如白雪公主和小海豚变成美人鱼；黑熊和灰熊变成熊猫。幼儿在教师的引导下理解图画书原本要表达的含义，即两个物体相撞变成新事物；同时，教师帮助幼儿学会站在不同视角去看待变化，如颜色上、外形上、功能上等。这实现了文本多意义解读、多元理解，使图画书的内涵生成更多的可能性。

**（四）同伴的互动回答影响理解**

在阅读过程中，同伴的互动回答对幼儿理解图画书的图文内容有两方面的影响：一方面，幼儿能够在与同伴的互动交流中完成对图画书的理解，同伴的表达也能帮助幼儿从不一样的角度理解故事信息，或是能够加深对故事信息的思考；另一方面，同伴先入为主的理解也可能会限制幼儿发散性思维的表达，若幼儿被同伴偏离图画书主题、任意天马行空的猜测所吸引时，也可能会偏离对图画书的正确理解。从这一观察结果分析发现幼儿的阅读理解发生在与同伴的互动中。

社会文化理论认为，学习是发生在互动中。幼儿在阅读过程中与同伴一起沟通交流以实现对故事线索的掌握及建构对内容的理解。这反映了阅读理解发生的社会特征。同时根据最近发展区理论，成人和同伴在幼儿的发展中如"鹰架"，帮其实现从合作完成任务到独立完成任务。这也表明师幼集体阅读、同伴分享阅读的重要性，能够帮助幼儿在与教师和同伴的互动中阅读理解故事，以及逐渐掌握和内化阅读理解能力。

集体阅读情景一：《大熊的拥抱节》

"我们又往下看了一段故事。那大熊是像大家猜测的那样，拥抱到了朋友吗？"

"没有。""一个都没有。""大家都不跟它拥抱。"

"那这为什么呢？"

"因为有可能大熊长得太吓人了。""它长的太吓人了，大家觉得它张开双手是为了要挡住它们的路。""大熊看起来很大，很吓人，也很凶。"

（资料来源：2021年10月26日，JNFS幼儿园集体阅读情景记录资料，第五部分）

教师提问为什么没有朋友和大熊拥抱。第一位幼儿回答"长得太吓人"，其他幼儿的回答都是在此基础上延伸的猜想。

集体阅读情景二：《跑跑镇》

教师展示图画书图片让幼儿观察并思考房子和轮胎结合会是什么。

教师和第一位幼儿互动：

"房车。"

"你说说看。"

"是房子和轮胎合在一起，变成一个房车。"

"为什么呢？"

"因为会合体，轮子放在房子的下边，载着房子。"

教师和第二位幼儿互动：

"公交车。"

"你解释一下。"

"把房子横着，把轮胎放在下面就是，而且上边有很多窗户，再加上很多客人就是公交车。"

教师和第三位幼儿互动：

"双层巴士。"

"因为这个房子是两排，把房子横过来，下边装上轮胎，就是一个可以拉客人的双层巴士。"

（资料来源：2021年11月08日，JNFS幼儿园集体阅读情景记录资料，第六部分）

第一位幼儿通过直观理解，房子加轮胎可以变成房车；第二位幼儿回答时发散自己的思维去改变房子的横竖方向，仔细观察房子多窗户的特征，联想到公交车，为了使公交车更合理，再加上一些客人；第三位幼儿在前两位幼儿理解的基础上，综合房子横着、窗户、客人等信息，再加上自己更细致的观察——房子有两排，思考其他车种，得出还可以组合成双排巴士的答案。房车、公交车、双层巴士，以前一位幼儿的理解和自己的仔细观察，幼儿发散自己的思维去理解图画书，得出丰富的答案。

综上分析可得，同伴回答的内容会在一定程度上影响幼儿对图画书内容的判定和理解。

## 二、媒介融合环境下幼儿图画书阅读理解的差异性特征

### （一）数字化图画书中幼儿的阅读理解

1.视听触多感官感知理解

数字化图画书通过运用多介质将信息整合，阅读理解的过程中不仅仅是幼儿看和听，而是需要幼儿用眼睛去发现、用耳朵去聆听、用身体去操作互动，是整合多种感知觉途径的情景式阅读、互动式交流，整体融入图画书世界，获得沉浸式体验。在阅读过程中，幼儿获得的充分感知，理解图画书信息。


集体阅读情景一：《跑跑镇》


教师播放图画书视频：


"这个小镇的人们都喜欢做一件事情。"

"在视频里他们都喜欢干吗？"

"跑。"

"他们所有的小动物都喜欢跑步，所以我们会把这个小镇叫做跑跑镇。"

（资料来源：2021年11月08日，JNFS幼儿园集体阅读情景记录资料，第六部分）


集体阅读情景二：《树真好》

"谁来说说这段视频里，你看到了什么？"

"小鸟站在树上叽叽喳喳地唱歌。""太阳升起来了""小鸟在树上筑巢。"

（资料来源：2021年11月17日，JNFS幼儿园集体阅读情景记录
资料，第七部分）

集体阅读情景三：《会响的小路》

"兔姐姐走在小路上，把鞋子脱下来，在树叶上光着脚跳舞是什
么声音呀？"

"哗啦，哗啦。"

"刺猬走在小路上，它把果子摘下来，果子在树上滚动是什么声
音呀？"

"寒寒，窣窣。"

"小蚱蜢跳到小路上，它把树叶当作摇篮，在树叶上摇啊摇是什
么声音呀？"

"吱呀，吱呀。"

"秋风吹落了树叶的时候是什么声音呀？"

"沙沙，沙沙。"

（资料来源：2021年09月22日，JNFS幼儿园集体阅读情景记录
资料，第八部分）

分析幼儿对图画书画面信息的语言表述可以发现，出现了"叽叽喳
喳""升起来""筑巢""跑步""吱呀、哗啦"等动词、象声词，并且在
教师引导下，参与图画书的互动操作。幼儿语言中的形容词和动词都来自
图画书的直观呈现，通过视觉观察角色的形象及动作，通过听觉感受动作
的声音，通过身体互动获得情景式体验。总之，音频、动画、互动操作呈
现的视听触觉信息，让幼儿的统合多感官，进行直观形象的理解和表达。

2.整体流畅阅读理解基本信息

基本信息是指故事发生的背景信息,如时间、地点、人物、情节等。[①]对基本信息的理解有助于促进幼儿对叙事内容的组织、情节的把握和故事人物关系的了解。数字化图画书中,幼儿能够整体流畅阅读,理解基本信息。

集体阅读情景:《树真好》

教师播放第一段视频:

"谁来说说这段视频里,你看到了什么?"

"小鸟站在树上叽叽喳喳地唱歌。""太阳升起来了。""小鸟在树上筑巢。"

教师播放第二段视频:

"哪个小朋友描述一下这个画面?"

"风在吹动着大树,虽然风很大,但是大树非常稳,没有被吹倒。"

教师播放第三段视频:

"小姑娘在房间里,窗户外还有树,还有花。"

教师播放第四段视频:

---

① Paris A H, Paris S G. Assessing narrative comprehension in young children [J]. Reading Research Quarterly, 2003(38):36—76.

"大树上可以绑个秋千，娃娃坐在上边荡秋千。"

（资料来源：2021年11月17日，JNFS幼儿园集体阅读情景记录
资料，第七部分）

《树真好》是有声图画书、图画书故事由一帧帧动态的图画组成，通
过视频播放的形式呈现，幼儿通过观看和听读完一段流畅的故事情节后，
结合教师的提问描述出来关于故事的时间和地点、人物对话和行为等基
本信息；在描述时，幼儿同时能够模仿和还原图画书中旁白的朗诵语言或
带有角色特征的语言和语气。

3.依靠教师提问理解隐含信息

图画书隐含信息指图画书故事的主题、情节变化、情节间的因果关
系、故事的起因结局、情绪情感等。[①]在流畅阅读图画书内容后，幼儿基
本上只能描述故事的角色、动作、场景等基本信息，即使多次重复阅读也
是关于故事基本信息的丰富；而关于故事深层次信息的理解，则需要教师
的提问介入。

集体阅读情景：《树真好》

教师播放第一段视频：

"小朋友们看到的信息非常的全。我们用一句优美的话，像诗一
样把它来表达出来。"

---

① Paris A H， Paris S G. Assessing narrative comprehension in young children [J].
Reading Research Quarterly， 2003（38）： 36—76.

"树真好，小鸟可以在树上筑巢。每天天一亮，小鸟就会叽叽喳喳地叫。"

**教师播放第二段视频：**

"你们说树怕不怕风？"

"不怕。因为大树是种的。它底下有根。它是生长出来的。必须把它砍掉才能没有。"

"我知道你是想说树很坚硬。在这里你还知道树还有什么好处吗？"

"防风固沙。"

"树真好，能够挡住风沙吵吵闹闹到处乱跑。"

**教师播放第三段视频：**

"如果有一股花香伴着风飘进了屋子里，你闻着会是什么感觉？"

"很香的。""很香，像一股巧克力味飘到我家里。"

"树真好，我家屋子清清爽爽，阵阵风吹，满树花香往屋里飘。"

**教师播放第四段视频：**

"你觉得荡秋千是什么感觉？"

"很刺激，很高兴，像飞起来，很激动。"

"你在荡秋千的时候是什么样的？"

"摇啊摇啊。"

"树真好，我做个秋千挂在树上，让我的娃娃坐上去摇啊摇，摇啊摇。"

（资料来源：2021年11月17日，JNFS幼儿园集体阅读情景记录资料，第七部分）

总体而言，随着教师的提问和对重点信息反复阅读后，幼儿对隐含信息的感知、提取、理解能力慢慢提高，同时数字化图画书的动画、声音、互动操作等功能补充了纸质图画书所没有的故事信息，因此可以获得对故事中隐含信息的理解。

**（二）纸质图画书中幼儿的阅读理解**

1.视听觉双通道感知理解

纸质图画书通过图画来讲故事，故事通过图画来传达，故事围绕一个主题，通过多幅连续性的图画与文字互动来表达。幼儿在阅读中，能够通过形象性、直观性的图画与故事对话、感知故事内容，进入故事世界。这些视觉性的图画一方面能够唤醒阅读的兴趣和注意，另一方面也能够帮助尚未获得文字符号系统的幼儿理解故事内容。

集体阅读情景一：《鼠小弟的小背心》

"书上的名字说的是鼠小弟的小背心。"

"你们猜猜这应该是谁？"

"鼠小弟。"

"鼠小弟身上有一件小背心是什么颜色的？"

"红色的。"

"这件红色小背心让它看起来有点帅哦。一开始是这样的，最后成这样了，最后这像什么了？"

"它坏了，长长的，像蛇，像绳，是被大象穿的。"

"它看起来有点怎么了？"

"哭了。""有点伤心难过。"

"你觉得小动物它会说什么？"

"小背心有点紧，但是有点好看。"

"为什么都觉得有点紧呢？"

"太小了，都穿不下。"

（资料来源：2021年12月01日，JNFS幼儿园集体阅读情景记录资料，第八部分）

在《鼠小弟的小背心》这本图画书中，幼儿通过观察图画画面获得鼠小弟的形象、动作特征，感知它的生气情绪、辨别它背心的颜色，以及分析它和其他角色的大小关系等特点。

集体阅读情景二：《菲菲生气了》

"这是图画书的封面。在封面上，你看到了什么信息？来说一说。"

"我看到了一个小女孩。""她看起来有点生气的样子。""她生气的时候辫子翘起来了。"，"她眼睛冒着蓝光。""嘴角向下。""脸都皱了，眉头也紧着。"

"这个小女孩的名字叫菲菲。你们看到这么多信息，觉得菲菲是怎么了啊？"

"她很生气。"

"是的。根据这个信息，你们觉得这个故事会讲什么呢？"

"菲菲生气了。"

"这个图画书的名字叫《菲菲生气了——非常非常的生气》。"

（资料来源：2021年12月07日，JNFS幼儿园集体阅读情景记录资料，第九部分）

作为讲故事的图画，图画需要塑造故事中菲菲的人物形象，以及表达情节发展的动作运动。在纸质图画书阅读中，幼儿在教师的引导下通过观察图画的线条、色彩变化，感受情节的发展、情感的渲染，从图画构图的位置及大小感受事物的大小变化，依靠教师语言讲读理解故事的内容。

2.依靠教师讲读理解基本信息

图画书是图画和文字共同描述一个主题，图画很重要，但是文字也不可或缺。在师幼集体共读时，教师需要为幼儿讲读图画，同时需要将文字信息读给幼儿。在信息丰富的页面，教师给幼儿足够的"留白"时间充分欣赏，幼儿仔细观看画面细节信息区域或沉浸于其中；在信息简单的页面，就保持阅读的流畅性，关注情节的联系。


集体阅读情景一：《菲菲生气了》

"菲菲为什么生气？是怎么生气的？我们一起来看一看。"


**教师呈现一页图画书画面并开始讲述**


"观察图片。我们看到菲菲和一只黑色大猩猩玩耍。这个时候，姐姐进来了。当菲菲玩得正高兴的时候，她的姐姐一把抓住了大猩猩，大声地说：'该我玩了。''不行'菲菲说。这个时候，妈妈出来了，说：'菲菲，是该她玩了。'姐姐好像得到了圣旨一样，非常有底气。如果是你的话，是不是也非常有底气一把把玩具抢过来？姐姐就是这样做的。结果姐姐用力夺过大猩猩；用力过猛，菲菲就跌倒在卡车上。这下菲菲可生气极了。"

"这幅画面讲完了。小朋友都了解到了什么信息？"

"姐姐抢玩具。"

（资料来源：2021年12月07日，JNFS幼儿园集体阅读情景记录资料，第九部分）

教师引导幼儿观察画面，幼儿在教师的语言讲解时关注指定的部分，通过自己的观察和聆听教师的语言讲解获得故事理解。总体而言，在阅读过程中，幼儿根据教师的讲解和互动保持较高的注意力水平，教师根据画面信息的丰富来控制阅读的快慢节奏，有快有慢的节奏使幼儿获得图画书的信息、建构理解。

3.对比画面细节理解隐含信息

在师幼共读中，幼儿除了在教师有意识引导下能够对图画书中人物的、动作、情绪等信息表现出关注和独特的兴趣，也能够在反复的阅读中，捕捉画面叙事中的隐含细节，进行理解加工获得新认识。


集体阅读情景一:《菲菲生气了》

"大家看这整幅画面。菲菲的心情有什么不同吗?"

"菲菲由开心变成了不开心。"

"你们是怎么判断的呢?"

"刚开始菲菲的嘴边是翘起来微笑的表情，后来是向下，表示她很伤心。""我发现菲菲身上的颜色变化了，是红色，像着火了，应该是生气了。"

"这个画面还有什么也变化了?"

"还有猫的毛参起来了。"

（资料来源:2021年12月07日，JNFS幼儿园集体阅读情景记录资料，第九部分）


根据观察分析发现，在师幼共读纸质图画书时，幼儿第一遍阅读能够通过画面的对比发现故事细节信息，加上教师的讲解，在没有教师对主题进行升华时，对隐含信息的理解会比数字化图画书的理解程度高。

# 第四章　媒介融合环境下幼儿图画书阅读理解的教育困境

## 一、幼儿图画书阅读理解的媒介环境创设不理想

### (一)阅读的硬件设备低端

根据访谈果和实践观察,研究者发现纸质图画书的阅读空间有阅读区角、班级活动室、幼儿园公共图书室。阅读区角的硬件设备只有两个陈列图画书的三层书架,以及两个简单的泡沫地毯,所有图画书是堆放的状态,个别班级甚至是杂乱摆放;数字化图画书播放的设备有投影仪和45寸屏幕的电脑显示器,储存设备为U盘,但个别班级的投影仪处于待维修状态,投影出来画质清晰度不高或投影时页面不断跳动,而且在线阅读时出现网络卡顿的现象;幼儿园的公共图书室的硬件设备为图书架,但是没有座椅,幼儿是无法在公共图书室阅读的。总体来说,纸质图画书阅读的设备过于简陋,数字化图画书阅读的设备质量不高。这些硬件设备不佳的问题严重影响着幼儿图画书阅读理解时的体验感和舒适度,进而影响着阅读理解的效果。

### (二)阅读的物理空间受限

#### 1.活动场所受限

幼儿园活动室的阅读区一般设置在活动室的一角,部分幼儿园班级的

阅读区存在空间面积过小的问题。以实验幼儿园小二班为例，其阅读区能同时容纳1个成人和3—4个幼儿，而本班共34名幼儿；阅读区的空间相对狭小，每次只能为较少数幼儿提供阅读机会，更多幼儿有阅读需要却得不到满足。受限的活动场所在一定程度上打压了小二班幼儿的阅读兴趣。

2.区位更换欠合理

以小二班的阅读区为例，起初是与益智区相邻，之后改设到睡眠室。

改设之前：阅读区有充足的自然光，光线明亮能够保护幼儿的视力，接触自然光更有利于幼儿的身心健康，自然光还能给幼儿温馨舒适的感觉，增强阅读区的吸引力。阅读区视线开阔，教师能更好地观察、了解幼儿的阅读状态和阅读反应，并及时给予回应和辅助。

改设之后：安静的环境使幼儿产生温馨、舒适、安全的心理感受，更快地平静下来，更利于幼儿专注于阅读。但是，由于受一段墙壁的阻隔，阅读区偶尔不在教师的视线内，幼儿阅读过程中的反应、诉求等很难被及时发现和回应。最重要的是有很大的安全隐患。这是阅读区区位选择的大忌。

当前幼儿园大多重视幼儿阶段阅读能力的培养，教师也花费很多心思创设阅读区环境，但在实际过程中，忽略了区位选择的合理性。阅读区自然光照不足、隔音效果差、环境不独立等问题，使得阅读区不能发挥出最好的环境效果，甚至降低了幼儿的阅读兴趣。班级阅读区是一个开放的地方，通常会与其他活动区在一起。有研究者认为幼儿活动时来往于各个活动区之间，会造成干扰，无法保证环境安静，不利于幼儿的阅读，也不利于幼儿阅读习惯的养成，还会造成图书的损坏、丢失。

也有研究者认为，应该加强阅读区与其他区域的联系。比如，教师可以在阅读区旁边设置一个童话剧表演角。童话剧是幼儿戏剧的一种形式，是一种适合儿童欣赏的易于表演的具有特殊幻想性质的叙事性文学，是供幼儿演出和观赏的戏剧。教师可以在幼儿会讲故事的基础上，引导幼儿自己制作头饰、道具进行童话剧表演，让幼儿真正体会"阅读—游戏"的乐趣。幼儿的已有经验是童话剧表演顺利进行的保证，也决定着童话剧的表演方向。这就需要教师利用好阅读区，激发幼儿说的兴趣，同时有效地发展幼儿的语言，起到事半功倍的效果。教师还可以从幼儿与环境的互动中形成童话剧主题方案。这就需要在阅读区中为幼儿提供大量的、有具体意义的、形象的、生动的、有新意的阅读材料，引导幼儿观察感受书面语言，潜移默化，接受有关书面语言的知识，并且创设一个说的氛围，让幼儿在阅读区里畅所欲言，以达到学习和练习的目的。

当然，每所幼儿园、每个班级的具体条件、资源、环境都不相同，在幼儿园班级阅读区的环境创设中还需要具体问题具体分析，但无论以怎样的理念为指导，幼儿园班级阅读区的创设都应该为幼儿服务、为幼儿的阅读服务。创设一个自由、独立、宽松的阅读环境是引导幼儿自主阅读的基本要求。它能保障幼儿在阅读过程中不受干扰，为幼儿自主阅读提供良好的物质环境和精神氛围，也有助于教师及时捕捉幼儿的阅读反应并给予积极的回应。

3. 一室多用

图书室应该是一个独立的专为幼儿阅读所设的场所，是不可以作为公共活动室的。事实上，CQT国际幼儿园的图书室，除了为幼儿提供阅读空间外，还承担着展示幼儿园成果、接待家长及访客、召开全园教师工作会议等任务。LWSY幼儿园的公共阅读区作为幼儿园楼梯拐角充分利用的典型案例，也承担着很多参观任务。很多幼儿园的图书室都是一室多用，供幼儿阅读只是其中一种功能而已。平时，图书室会作为幼儿园各种会议的场所，如家长座谈会、教研室、接待室、等候室等，幼儿的阅读时间经常被各项会议活动压缩甚至取消阅读机会。这直接影响了幼儿的阅读时间、阅读兴趣，也在深层次上影响着幼儿的阅读反应。

4. 空间利用率有待提高

幼儿园图书室的价值在于幼儿能进入其中并坐下安静地阅读。在现实生活中，很多幼儿园图书室的价值并没有真正体现出来，成为一种摆设，一间可有可无的房子。个别幼儿园图书室有两个用途：一是接受上级领导检查或参加同行评比时，图书室作为幼儿园文化承载的一角，会开放，教师领着一个班的幼儿在图书室里看书。二是幼儿园为提高自身形象，通常会通过各种方式对外宣传，其中图书室的照片是必不可少的。如此，幼儿园图书室已经成为一种摆设，一种为利益衍生出来另一种价值。这种价值并不是它的灵魂所在，也不是幼儿想要的。

**（三）阅读的资源投放还不够丰富**

1.数字化图画书资源缺乏

大多数幼儿园都拥有一定数量的纸质图画书，部分幼儿园纸质图画书资源的数量充足、质量优质。但大部分幼儿园可利用的数字化图画书资源无论是数量还是种类都相对缺乏。首先在数量上，根据研究者了解，省编教材共包括12个单元，每个单元有1—2个数字化图画书，总体数量在12—24个，同时很多教师没能够自觉自发地搜集、整理相关的数字化图画书资源；其次在种类上，有省编教材中包含的数字图画书资源和教师根据权威专家推荐或通过网络搜集的图画书资源，相对来说来源与形式都较为单一且质量参差不齐。因此，在数字化时代新媒介环境下，如何创设幼儿园图书室环境，投放幼儿感兴趣的阅读材料，并提高其利用率，真正让图书室成为幼儿喜欢待、乐于读、常流连的阅读空间，是一个值得所有幼儿教育工作者深思的问题。

2.图画书资源更新不及时

幼儿园图书室图书的更新没有统一的规范或标准；更新周期、更新数量和范围等，都没有相应的具体要求。研究者实地考察中发现，有些幼儿园图书室刚建立时拥有的图书，因长时间不更新，使得阅读角常成为幼儿区角活动的"失落一角"，幼儿在翻来翻去的重复阅读中降低了对阅读的期待和兴趣。可以说，内容丰富、类型多样、数量充足是幼儿园图书室的最基本要求。这是一个不断更新、累积和完善的过程。

　　同时，也需要关注一个问题：图画书内容的质量才是幼儿园图书室建设的核心。经过观察发现，目前很多幼儿园图书室的图画书存在两个问题：其一，图画书以国外图画书为主，缺少国内原创图画书。诚然，图画书最早于起源欧洲，国外大量优秀图画书成为世界儿童阅读的经典，我国原创图画书虽然还是处于初步探索与发展阶段，但也相继出版了很多非常优秀的作品，欧洲。例如，熊亮的《小石狮》、余丽琼的《团圆》、周翔的《一园青菜成了精》、李瑾伦的《子儿吐吐》等，都是非常优秀的作品，其二，图画书除世界公认的"经典图画书"外，还有大量的"说教性图画书"。比如某些专门围绕性格养成主题的说教性图画书，通过故事直接让孩子了解某种性格、感知角色的性格，引导孩子了解什么样的性格好，应该怎么做才能养成好性格等，这类图画书会对孩子产生某种直接的影响，但是这种影响往往是治标不治本。

　　研究者认为，真正影响一个人的性格养成应该是价值观的树立，因为价值观会决定一个人的思想和行为，而持续性的思想习惯和行为习惯就会逐渐养成一个人的性格。据此，那些被公认为经典的图画书，其实大都是在谈价值观问题的内容，具体来说就是关于什么是真（事实价值）、什么是善（道德价值）、什么是美（情感价值）的问题。从这点上说，这些经典图画书虽然可能不直接讲性格的内容，但是它会间接影响孩子了解如何与他人、如何与世界的相处方式、行为习惯和思想倾向，而这些都是一个人最外显出来的性格表现。这种影响是根本性的。

　　事实上，不管是直接影响还是间接影响，都是必要的。孩子可以通过说教性的内容来直接感知性格，更需要借助经典图画书的价值性内容去慢慢品味自我成长。当然，书籍只有在阅读过程中才产生意义。在幼儿阅读图画书的过程中，亲子间、师幼间经常性的对话交流与互动、整体性的教育环境与氛围，才是影响孩子成长的关键力量。

3.图画书缺乏年龄适宜性

幼儿园的孩子年龄大多处于2—6岁，活泼好动，对图画的敏锐度显著高于文字符号。在选择阅读文本时，应考虑到幼儿的实际需求，且要合理。摆放图画书，为不同年龄阶段的幼儿提供适应其阅读的内容。当下，很多幼儿园班级阅读区阅读材料数量有限，种类不全，很难满足幼儿的选择和阅读需求，对图画书的摆放没有进行合理规划和分类，不利于幼儿自主阅读活动的开展，也不利于幼儿对于书籍概念、主题类别的理解。

**（四）阅读的精神环境还不够理想**

丰富、温馨、轻松的阅读环境对幼儿阅读兴趣和阅读理解效果起着重要作用。教育环境在幼儿成长和学习中扮演着重要的角色。积极心理环境的营造容易让幼儿亲近图画书，融入图画书，产生阅读的兴趣。研究者根据调查发现，幼儿园对于幼儿图画书阅读理解过程中的精神环境重视度有待提升。首先，表现在教师对幼儿图画书阅读理解过程中的精神环境没有明确的认知，普遍以片面、具体的情形来理解，没有一个全面的、明确的认知。其次，教师在访谈中表示，在阅读理解过程中师幼之间保持平等与尊重，但是研究者观察发现，教师在行为上没有完全摆脱权威者的角色。例如，教师在阅读中主导过多，会直接告诉故事的结果，缺乏一步步引导让幼儿自己探索出故事的奥妙；用成人看世界的视角解读故事，而不是站在幼儿的认知经验水平理解故事，也不是让幼儿体验，所以一些抽象的道德观念会显得有价值灌输的意味。最后，幼儿园对于出现故障的电子阅读设备不予置理，没有采取应急处理或其他解决措施。

**二、幼儿图画书阅读理解的教师媒介指导素养缺乏**

**（一）指导理念与指导行为错位**

教师的图画书指导理念和指导行为潜移默化地影响着幼儿的图画书阅读及其阅读理解。研究者在对教师的访谈中了解到，教师表示"退居活动的后位，更多时候要做一个引导者、倾听者，不再是权威者进行灌输式教育,主动放手让幼儿动脑、动嘴……"这是符合幼儿教育的新理念,但阅读活动的实践却没有与理念同行,功利主义思想和成人指导越位太过强烈,具体体现为以下几点:

第一,教师过多从自己的经验背景出发对文本进行诠释和理解,忽视幼儿阅读理解的经验背景,并试图将自己的理解和想法灌输给幼儿。具体表现为,教师的过度解读和角色的过度参与。由于幼儿不认识图画书的文字、图画书阅读的经验不足导致读不懂图画书,于是教师按照自己的生活经验、以成人视角解读故事,并且把这些解读强加给幼儿,导致幼儿没有建立属于自己的文本理解。有的教师认为幼儿在阅读过程中动起来会更深刻理解内容。这对教师的教学素养要求较高,一般会导致教师高控行为过多;幼儿只是在教师的指令下参与,自主意识被压制。例如,《会爆炸的苹果》故事的主题是请求别人时态度和语气要礼貌,教师举反例不礼貌会怎么样,提到在工作中不礼貌就会处处碰壁,反而幼儿生发的一些多元化观点则被忽视。这容易导致幼儿认知经验难以企及而理解困难,也会导致幼儿理解的主动性和积极性被埋没。

第二,在图画书阅读中教师对新理念的解读存在两极偏差,一是将文本内涵限制在自身理解的范围内;另一是在新教育理念下教师"无所作为""放任",幼儿个性化的理解表达,前者容易导致幼儿理解的主动性和积极性减弱,后者导致理解与图画书主题产生偏差。

第三,在现实实践中,教师对数字化图画书的价值认识不足。具体表现为,部分教师认为利用数字化图画书会对幼儿的阅读质量产生影响。例如,有的数字化图画书质量不过关,或过多的音频、动画使幼儿的注意力转移而导致"浅阅读",不理解故事内涵。有的教师认为数字化图画书对幼儿身体发育造成影响。例如,3—6岁是幼儿视觉敏感期,使用电子屏幕对视力有危害,而且容易导致后代过早成为"低头族"。还有一部分教师认为:若过早接触数字化阅读,幼儿从小养成数字化阅读的习惯,纸质阅读的兴趣和情怀便会下降，是一种不健康的阅读现象。教师对数字化图画书阅读的质疑有其合理性，也是幼教界对幼儿电子产品阅读的争议所在。虽然教师在理念上对数字化存在歧义，不过在实践中，教师依旧组织幼儿阅读数字化图画书，并且按照阅读纸质图画书的形式，并未因其改变了媒介形式而改变阅读引导方式（即教师在思想上认识到问题的存在，但在实践中从未真正剖析不同媒介图画书的价值和问题，依旧采用错误的方式进行阅读活动）。

**（二）图画书的选择和使用不科学**

1. 数字化图画书形式单一：主要以低成本的电子印刷图画书为主

教师所使用的数字化图画书一部分来自省编教材，另一部分是教师在网上搜集。教师搜集的数字化图画书多数是纸质图画书的电子印刷版。相较于数字化图画书的其他种类，如有声图画书、AR/VR图画书、网络在线图画书等，教师的选择形式单一，主要是以低成本的电子印刷图画书为主。这样的图画书一般通过电子扫描或手机拍照的形式，将纸质图画书的页面以图片的形式保存或PPT文档保存，电子印刷图画书的内容和形式与纸质图画书相同或相近，在内容组织上保持纸质图画书线性叙事具有的连续性、独立性与完整性，页面呈现也是静态形式，其与纸质图画书的不同仅限于在新媒介设备上进行简单的翻页和暂停。

2. 纸质图画书主题功利化：以教育意味的图画书为主

一是在图画书的选择上。幼儿园为幼儿提供种类丰富的纸质图画书资源，但班级教师为幼儿选择的纸质图画书大多是充满了教育意味的成套系列，如整套的科学、情感教育、情绪管理、价值观、心理自助等。这类图画书的共同特点是蕴含丰富的生活经验，使用价值、教育性意味、道德意味比较强，而图文合奏所演绎的故事情节被弱化，故事本身的趣味性以及图画书的艺术性较少。

二是在图画书的使用上。虽然图画书的内容与幼儿园五大领域的教育教学相契合，但是阅读过程中过多地强调教育意味、道德训练。例如，《会爆炸的苹果》的阅读时，教师强调图画书升华出来的道德价值（每个人需要通过勤劳劳动换取自己想要的东西、做一个诚实的孩子），以及反复练习图画书中语言文字企图达到语言表达能力的提升，而忽视图画书故事情节反转的趣味性、角色特征的反差感。

以上现象说明，目前幼儿图画书阅读的功利性太强烈，图画书阅读的目的错位会导致阅读的功利性。图画书阅读的教育意义应该是由内而外的，过多的外力会导致幼儿感受不到图画书阅读的乐趣，甚至产生阅读的压力。正如教育家杜威所说：幼儿阶段的阅读在于引发幼儿对阅读和书写的兴趣，培养幼儿良好的阅读习惯，进而使幼儿获得不断成长的能力。[①]

3.图画书选择缺乏适宜性：不顾及个体阅读兴趣和年龄段经验水平

教师选择图画书缺乏适宜性，主要表现在没有考虑幼儿兴趣差异和各年龄段的经验水平。一方面，教师以成人的价值判断和选择为导向，为幼儿选择一些认为其应该读的，而且在集体活动中图画书的选择往往按教师的意愿、教学目的、教学计划，幼儿自主选择的愿望得不到满足，幼儿的阅读兴趣无法实现，相反还接受成人价值观的灌输。另一方面，分析幼儿携带的图画书，研究者发现其低于甚至不符合该年龄段幼儿的图画书阅读经验水平。具体来说，有一部分是属于0—3岁低幼启蒙图画书，如《好饿的小蛇》《猜猜这是谁》《乐乐趣奇妙洞洞书》《小手手出来了》。还有一部分是民间故事启蒙图画书。这类图画书的文本由大量文字组成，文字附有拼音，图画的叙事性非常弱。

本研究发现，教师在配备和筛选图画书时，对幼儿的阅读兴趣以及阅读经验水平考虑不足，反而对教学目标以及自己是否能完成教学任务考虑较多。这便导致图画书阅读的适宜性水平较低。

---

① 杜威.民主主义与教育[M].陶志琼，译.北京：中国轻工业出版社，2015：100.

4.图画书使用缺乏合理性：数字化处理过的图画书艺术表现效果减退

一方面，教师在网络上为幼儿搜集的纸质版的电子版图画书，一般是通过扫描或拍照在PPT上展示，不仅图画的分辨率低、画面显示不清晰导致观看起来费力，而且图画书蕴含的独特表现技法，如铅笔画、版画、油画、水墨画等经过数字化处理后会少了原本的艺术美感。书的特点也会被弱化。一些具有独特装帧设计的图画书，如书中书、操作书、不同大小和横竖的开本设计以及有的图画书需要从前往后读，或者从后往前读等。在阅读理解过程中，这些巧妙的艺术表现手法无法被有效捕捉，教师和幼儿便会把更多的注意力放在故事情节上，从而使阅读理解的整体效果减弱。

**（三）阅读理解的指导能力不足**

1.阅读指导策略不科学

首先，图画书不仅具有书的共同特点，也有其独特特征。作为一个整体设计而言，图画书包括封面、前环衬、环衬、扉页、正文、后环衬、封底等部分，每个部分都是构成故事的一部分，都有其与主题巧妙的联系。例如，封面的图画往往最能突出故事的主题，交代故事的重要信息，而且封面的图画是图画书最具表现力的，封底的设计也具有同样的作用，当阅读到最后，留给幼儿意犹未尽、回味无穷的感觉。环衬和扉页也能起到突出主题的装饰作用，引发幼儿读者无限遐想。如彭懿所说，图画书是一个从封面到封底统一的故事世界。[①]教师在引导幼儿进行图画书阅读时，往往会将图画书的重要组成部分，如扉页、环衬、封底给忽视掉，直接进入图画书故事内容。这便容易导致幼儿对故事结构的理解出现遗漏或者不完整。

其次，在阅读视频播放的数字化图画书时，教师对播放的进度不是十分清晰，表现为教师往往想在合适的节点暂停，可往往最合适的点没有控制好，总是提前或延迟。而且教师选择直接在APP中搜集资源，没有提前下

---

① 彭懿.世界图画书阅读与经典[M].南宁：接力出版社，2011.

载储存。这导致在阅读过程中的暂停和播放总需要切换和放缩画面。画面的跳动和转换会影响幼儿接受画面关键信息的刺激点，打断阅读理解，进而影响信息的提取、理解与记忆，甚至阅读的兴趣在被多次打断后也会降低。

再次，阅读中的图画和文字缺位。研究者调查发现，有的教师在组织幼儿集体阅读数字化图画书时，让幼儿一页一页观看图画书PPT或者图片。这种阅读方式缺乏了阅读翻阅的特征，其实就是图画缺位的图画书阅读。还有的教师在带领幼儿阅读图画书时，会任意增减、更改图画书文字部分，将自己的话语加入文本内容中。这将导致幼儿对文本理解的歪曲。

最后，图画书阅读的方法会直接影响阅读效果的好坏。研究者观察发现，教师在使用数字化图画书组织集体阅读时方法单一，按照传统的活动组织步骤来指导阅读，具体表现为激趣导入、观看图画书、提问、互动总结。虽然数字化图画书所具有的多功能特征为教师组织图画书阅读教学带来了便利，但相较于纸质图画书阅读，在数字化图画书阅读过程中故事讲述法、角色扮演法、演示法等生动的图画书阅读手段被忽视。由于数字化图画书本身具备视频、音频、动画等元素，教师的角色变成了仅控制阅读器播放的进度条以及暂停前进键。整体来看，幼儿"观看"的阅读方法导致教师角色弱化，师幼互动显得极为单调，缺乏集体师幼共读的图画书阅读特色。

2.故事内容解读不深刻

图画书中的图画、文字、声音、音乐、互动操作等介质共同服务于故事的发展，并且多种介质之间不是一方说明一方，而是互相融合、互相协调。因此，作为一个整体，每一种介质都是故事讯息的来源。根据研究者观察，教师在带领幼儿阅读纸质图画书时，教师对文本的解读不够多元和深入，从而导致幼儿阅读理解的兴趣度偏低，具体表现在：首先，教师在解读中缺乏关注和挖掘图文别具匠心的艺术设计。这导致不能将图画书蕴含的价值充分展示给幼儿，从而使幼儿在阅读中体会到的"好玩"、愉悦的心情减少。其次，在解读中，教师缺乏利用幼儿当下的认知经验和现实背景对文本进行加工，只从文本本身的内涵出发，也缺乏图画书故事对幼儿生活情景下衍生意义的建构。这使得幼儿的理解不到位或者只是限于文本，体会不到图画书阅读带来的快乐，兴趣难以持续高涨。

3. 语言氛围营造不理想

阅读过程中的互动是集体图画书阅读重要的一部分。互动一般是通过对话的形式表现出来的。对话意味着幼儿走进了图画书，也预示着幼儿自己的认知经验与图画书文本之间发生了交互作用。研究者观察发现，幼儿的阅读以及对内容理解的效果与教师营造的语言氛围和语言对话存在一定关系。已有研究也证实，在阅读过程中运用对话式阅读这一言谈技巧，可以有效促进幼儿的图画书故事理解。[①]首先，若教师声情并茂、绘声绘色地讲读图画书，生动还原故事人物角色的对话，幼儿阅读的兴趣容易被激发。反之，幼儿的注意力不集中或无法深入图画书，更无法理解图画书故事信息。除此之外，若教师在图画书阅读过程中针对图画书基本信息与幼儿语言互动频率较多，那么幼儿的整体理解水平多在基本信息上；在此基础上，有关隐含信息的语言互动频率和质量增加，幼儿整体图画书阅读理解的深度和广度都会增加。可见，幼儿图画书阅读理解的兴趣和效果受教师所营造的语言氛围影响。

### 三、幼儿图画书阅读理解过程中的表现差异性明显

#### （一）不同媒介下幼儿阅读理解的兴趣不一

不同媒介下幼儿图画书阅读理解的兴趣不一。首先，通过问卷和访谈从教师角度了解到，幼儿对数字化图画书阅读理解的参与度更高、喜欢程度更高、理解效果更好、审美表现更丰富。其次，研究者观察发现在日常图画书阅读教学中，相比纸质图画书阅读，幼儿阅读数字化图画书的时间

---

① 周颖.对话式阅读活动促进中班幼儿故事理解的实践研究[D].成都大学，2021.

相对更长，幼儿在数字化图画书的阅读和理解与教师的互动更积极，语言表达和审美表现更丰富。相较纸质图画书的阅读和理解，幼儿对数字化图画书的兴趣更高。

**（二）单一媒介下幼儿阅读理解存在遗漏与偏差**

根据实地考察和研究发现，图画书媒介在一定程度上影响幼儿阅读理解效果。这主要表现在不同媒介下理解和记忆故事基本信息和隐含信息两个方面。纸质图画书适合慢读与反复读，使得幼儿对故事隐含信息的内化相对较好，对故事整体信息的长期记忆效果较强。数字化图画书的动画、音效、互动设计等多媒体元素可以促进幼儿多感官沉浸式感知信息，从而能够迅速识别和理解画面的基本信息。总体来看，在基本信息的理解上，数字化图画书的积极作用更突出，表现为数字化图画书总体效果优于纸质图画书；在隐含信息上则相反，纸质图画书效果优于数字化图画书。根据《3—6岁儿童学习与发展指南》中关于阅读方面的目标：4—5岁的幼儿能大体讲出所听故事的主要内容；能根据连续画面所提供的信息，大致说出故事的情节。[1]幼儿出现的对故事结构理解遗漏现象具体表现为，幼儿会将故事中的一个细节作为整个故事内容的全部，或者在梳理故事情节时对故事的情节经过理解不够全面，会将个别部分忽略，不能说出故事的主要内容。对情节结构理解出现偏差表现为，对故事情节发生的高潮、结束部分的故事信息判断错误或偏差。无论图画书的媒介形式如何，幼儿对图画书信息的理解都应该是全面的、不存在偏差与遗漏。

1.关于基本信息理解方面

数字化图画书中基本信息理解的维度、深度以及意义建构比纸质图画书要更胜一筹。

在基本信息理解的维度上，数字化图画书通过动画、声音、互动操作

---

① 教育部.3—6岁儿童学习与发展指南[OL].北京首都：师范大学出版社，2012.

等多媒体元素呈现文本，幼儿调动自身的视、听、触等多重感知觉吸收生动形象的故事信息。这种沉浸式阅读体验能让幼儿参与到故事中，从而对故事中一些基本的明确信息建立深刻印象，同时还可以获得丰富的语言词汇，所以对故事人物角色的语言和动作把握更形象。数字化图画书流畅的播放形式，也使幼儿对故事情节的发展变化掌握更完整，能较完整地复述故事的发展变化。

在基本信息的深度上，数字化图画书特有的互动游戏方式能够牵引幼儿的阅读注意力，使幼儿与故事文本产生即时交流，正如蒙台梭利所说：幼儿是在操作事物中获得发展的。除了模仿故事中的一些动作行为外，互动操作的方式也把生活中一些抽象的、不常接触的事物直观地呈现在幼儿所读的图画书中。根据双通道假说与多媒体学习认知理论，幼儿在阅读带有互动操作的图画书时，会调动自己的视觉、听觉去探寻重要信息，与故事内容建立更深刻的联系，而且反复操作的呈现也会帮助幼儿观察和回忆，能够避免幼儿阅读体验止于浅表化而导致的思考缺失的问题。

在意义建构上，在数字化图画书阅读过程中，幼儿能够将自己代入角色再现故事场景，模仿和表演角色的神态和角色间的语言对话，延伸图画书阅读的意义。在纸质图画书阅读中，幼儿对故事的基本信息较难形成深刻、完整的印象。第一，初次阅读过后，幼儿较难从静态的图画中获得关于故事角色的动作、表情等变化的细节信息，若能完整地回忆和复述故事基本信息，则对其读图能力、观察能力、专注力、记忆力等十分考验，而且对一些稍加抽象的内容，如空间、时间的转场和变化则需要教师解释或反复阅读。所以一般情况下，幼儿对人物角色、角色的动作特征、语言特征、情绪情感等明确信息的理解是概括的、片面的，难以形成深刻的印象。第二，幼儿能否掌握图画书信息的关键不在于图画书的设计，而在于幼儿是否能和故事文本发生联结，那么幼儿生硬地观看图片和聆听教师的讲解对故事的沉浸程度、融入程度以及理解的深度和意义建构相对浅一些。

2.关于隐含信息理解方面

纸质图画书是幼儿接触最早、接触最多、最为熟悉的媒介，幼儿对其隐含信息的理解，如故事的主旨、情节发展的因果逻辑关系等比数字化图画书要更胜一筹。研究者结合观察和分析能够发现：

数字化图画书的故事通过视频自动播放的形式一段一段呈现，幼儿是安静地"观看式"阅读。在纸质图画书阅读中，幼儿在教师的讲解时会表现出更多的交流需求，虽然交流多为"是什么""为什么""怎么了"等问题，但这恰恰表现出幼儿有效的自我思考，若能够在教师的引导下找到答案，则对故事内容进行深刻的理解，并对其内化。除此之外，教师可以根据幼儿理解的程度，反复阅读，不仅能够让幼儿在头脑中强化故事信息，对信息深度加工，也照顾到幼儿阅读进度，而数字化图画书阅读则容易出现幼儿还未全部接受信息、转化信息便到了下一部分；

在纸质图画书阅读中，教师是幼儿和文本建立联系的桥梁，具体体现为：教师在导入、巧妙构思处、故事的高潮、结束等环节设计不同的问题，一方面激发幼儿基于已有的认知经验去理解，另一方面建构新的理解和认识。幼儿正是通过一问一答在大脑里建立起与故事的经验联系，将抽象的故事内容与幼儿自身的生活经历发生互动。然而，数字化图画书通过画面信息的变化来讲故事。在阅读过程中，幼儿的注意力主要集中在画面的变化上，虽然熟悉故事的细节，但熟悉并不是理解，反而减少了对画面变化所要传达的故事内容逻辑关系的观察，相应也缺乏了对故事的整体思考，便导致对故事所传达主旨把握不够深刻。

在纸质图画书阅读中，因为较少的信息技术辅助，教师更注重自身的阅读引导，采用多种有趣的教学方法吸引幼儿阅读兴趣和专注力。这些趣味性都是基于故事内容理解而设计的，而非单纯为了趣味而设计。师幼共读，在关注趣味性因素的同时也没有疏漏故事内容，较好地保持两者之间的平衡。

# 第五章　媒介融合环境下幼儿图画书阅读理解困境的原因分析

根据幼儿图画书阅读理解的特征可以得出一般性结论：幼儿的图画书阅读是一个动态的、复杂的意义建构过程，幼儿参与阅读过程的状态、幼儿已有的图画书阅读经验以及与成人和同伴的互动都影响着其阅读理解。所以，幼儿的图画书阅读理解并非来自幼儿自身与文本的互动，也借助教育者在其中的相互作用。这意味图画书文本、幼儿自身、成人教育者是影响其阅读理解过程的重要因素。

## 一、幼儿园支持不到位

### （一）教育者不能全面认识和建构阅读环境

幼儿图画书阅读理解的效果与图画书阅读活动息息相关。图画书阅读活动不仅受影响于活动的设计、组织、实施等因素，也包括支撑图画书阅读活动进行的硬件设备。一方面，根据环境创设方面的现状调查发现，图画书资源、播放设备以及教师对阅读的心理环境认识不清等问题，追根溯源在于幼儿园教育者没有对幼儿图画书阅读理解环境有一个全面的认知。因未知而导致重视不足，进而导致实践所需的支持不到位。另一方面，研究者观察幼儿教育者为幼儿准备的图画书，发现其没有摆脱应试教育的影响。教师提供的图画书内容多数为知识的科普，主要是为了未来的学习积累知识，在思想、情感、品格、道德等精神方面的题材较少。这容易导致幼儿功利性阅读，长此以往幼儿图画书阅读的兴趣就会受到影响。

**（二）教师的图画书阅读培训和教研活动欠缺**

幼儿因认知经验受限，其阅读兴趣、阅读态度、阅读理解效果与成人的引导、阅读教学方法、评价方式有着密切的关系。因此，教师自身的阅读活动组织能力是幼儿阅读理解过程中的关键因素。研究者在幼儿园的实践调查发现，有关图画书阅读方面的专题培训未建立一个常态化、长效化体系，主要表现为邀请专家进园指导和送骨干教师外出学习两个方面的缺失。学习培训没有统一的规划，那么教师的成长就无法得到保障，教师指导的认识态度和实践行为就会出现错位的问题，对促进幼儿园图画书阅读以及幼儿的阅读理解效果不甚明显。研究者所在幼儿园每周进行一次教研活动。在为期三个月的调查中，有关图画书阅读活动的教研仅有三次。在具体的教研内容方面，幼儿教师大多围绕图画书阅读的教育教学开展，如活动目标设置、活动过程的组织、幼儿的表现以及活动目标达成效果这几个维度，而未对图画书文本的特征、数字化图画书和纸质图画书的差异进行教研。事实上，数字化图画书的内容呈现方式、线性叙事结构、呈现载体以及独特的交互设计都与纸质图画书的结构存在差异，若遵循传统纸质图画书的阅读教学模式或策略，势必无法发挥数字化图画书蕴含的独特价值。

**二、数字化技术发展受限**

**（一）技术体验差**

目前我国成熟的数字化图画书的数量较少，而且整体发展水平较低，形式也有待丰富。虽然有类似于叫叫图画书的有声图画书、艾布克 AR 图画书系列，但仍存在一些问题，如阅读步骤复杂、需要专门的设备或阅读器、阅读过程中虚拟影像播放卡顿、画面呈现不完整等问题，在很大程度上消耗读者精力，增加阅读的时间成本，降低阅读的期望值和阅读效果。

### （二）获取成本高

研究者经过调查得知，许多幼儿教师和家长对幼儿阅读数字化图画书有较大的意愿，但是成套的阅读设备，如点读设备、AR/VR眼镜、阅读器，以及成套的图画书的购买价格都劝退了消费者的意愿。数字化产品较纸质图画书的内容研发、出版等都需要投入，因而价格不菲巨大的人力、物力。那么，在成本上教师和家长会退而求其次选择低成本的电子印刷图画书。

### 三、幼儿个体差异性限制

### （一）读图能力

图画书是通过图画表达故事内容。对3—6岁的幼儿来说，由于认知发展的特点以及暂未具备充足的文字经验，在阅读图画书过程中首先关注到的也是图画。幼儿通过读图来实现对信息的加工，以此掌握符号代表的意义。[1]图画便成为幼儿阅读理解其内容的关键渠道。虽然每个幼儿天生都是"读"图的天才，[2]但是能完整且正确理解图画表达的内容，幼儿已有的读图经验和技能就显得格外重要。具体来说，幼儿要能够读懂每一幅图画，明白每一幅画都有要表达的内容；其次，要有连续读图的能力，因为想要了解完整的故事情节需要灵活联系、对比前后画面；再次，也需要有图画阅读技巧，如对图画书封面、扉页、正文、封底等部分关键信息的捕捉，以及对图画的造型、色彩、造型等的感知、观察、分析、理解、记忆等；最后，图画的意义也是幼儿形成文字表征的关键。[3]在阅读过程中，幼儿会在对图画形成一定理解的基础上关注文字，形成文字的信息表征；如果对图画理解的不充分，那么文字的表征就受到影响。因此，有了认知

---

[1] 张明红.精加工策略在幼儿园早期阅读中的运用[D].上海：华东师范大学，2006：4—6.

[2] 艾资碧塔.艺术的童年[M].林徽玲，译.合肥：安徽教育出版社，2005：195.

[3] 刘宝根，周兢，李林慧.4—6岁幼儿图画书自主阅读过程中文字注视的眼动研究[J].心理科学，2011，（01）：112—118.

和技巧之后便能够感知、理解、接受、迁移图画书故事信息。相反，如果幼儿的读图能力偏低，对纸质图画书故事信息的理解就会出现困难，出现细节理解偏差或遗漏的现象；这些情况一旦增多，又会导致幼儿对纸质图画书阅读理解的兴趣丧失。

### （二）兴趣爱好

霍兰德（1980）认为阅读体现着个体同一性的功能。他指出：每个读者都会找到与自己相关的个体同一性主题，并且都会以不同的方式将不同的文本变成一种具有贯通性的体验。[①]即使是对认知经验较少的幼儿来说，在阅读过程中也会有其独有的人格特质，对图画书也会有不同的理解和看法。由此推理，幼儿对图画书的阅读理解也与幼儿自身的特点息息相关，如若文本内容能够激发幼儿的阅读需求和兴趣，那么就能激发幼儿投身到阅读理解的过程中，进而从文本表层的主观反映到深层的思想交换，建构起对图画书内容的理解和意义。关于在不同媒介下幼儿图画书阅读理解表现出的兴趣差异问题，这与幼儿自身的兴趣爱好存在联系。若数字化图画书的主题、文本内容、新颖的呈现形式以及多媒介元素与其直观形象思维特点的契合等特点能赢得幼儿的喜爱，在阅读中幼儿的参与积极性、表达欲望也会更高。

### （三）媒介素养

1992年美国媒体素养研究中心对媒介素养下了定义：媒介素养是对不同媒体中各种信息的选择能力、质疑能力、理解能力、评估能力、创造和生产能力以及思辨的反应能力。[②]在我国媒介素养评价指标中，媒介

---

① Holland，N. "Unity Identity Text Self" In J. P. Tompkins. ed. Reader—response criticism：From formalism to post—structuralism. Baltimore（Johns Hopkins University Press，1980），P. 123.

② Aufdeheide P， Media Literary . Airport of the National leadership Conference on Media Literacy[J]. ERIC， 1993（03）：22.

素养包括"媒介接触、媒介认知、媒介参与、媒介使用"四个方面的内容。虽然媒介素养的内涵针对的是不同年龄段的人群，但已有的研究证实，儿童对数字化阅读的接触程度、阅读的时间以及媒介的使用能力都会影响其阅读能力。[①]当今幼儿已然生活在数字产品和网络环境中，幼儿获取认知经验的渠道不再限于纸质媒介，而是纸质媒介和数字化媒介，信息的表达也从单纯的文字、图画变成了文字、图画、音频、视频、动画、游戏、互动操作等多介质符号系统有机表达。

研究者在观察集体阅读时发现，师幼在媒体设备上共读数字化图画书时，幼儿对图画书翻页的声音特效、图片和文字的动画效果等多媒体特效十分感兴趣，阅读中的注意力在故事内容与特效之间不断移动。这无形中会对幼儿连贯阅读造成困扰，影响故事内容的整体理解。这些行为表现反映出幼儿对数字化图画书阅读的情景十分陌生，即已有的数字化阅读的接触、认知、参与、使用方面较薄弱。因为幼儿只有在数字化的图画书阅读环境下才有可能具备相应的数字化阅读素养。研究者发现，由于幼儿的注意力被新奇的多媒体特效所吸引，导致阅读过程中的思考是片段式的，表达时出现遗漏故事内容的关键信息。这些问题的根源体现在幼儿已有的关于数字化图画书阅读、数字化表达的整体素养较低，从而对图画书内容的理解产生影响。

### 四、图画书文本的差异特征

影响幼儿图画书阅读理解的因素除了幼儿读者以及环境因素外，最重要的便是图画书文本的因素，如文本的结构、组织、设计等都会影响幼儿对于阅读理解的进行，尤其是年纪较小的幼儿读者。本研究发现，不同媒介的图画书阅读，幼儿对故事信息的理解存在差异。由于图画书中的图画

---

① 罗荣，陈京军.数字化读写影响儿童传统读写能力的研究与启示[J].数字教育，2021，7（01）：26—31.

和文字是最重要的表达介质，纸质图画书主要以图画和文字两种介质来传达内容，数字化图画书借助声音、动画、音乐、视频、互动操作等多媒介元素来传达内容。图画书故事的讲述都是通过其介质来传达，那么，幼儿能否读懂故事内容、对故事的理解效果与图画书文本所表达介质的特点密切相关。

**（一）图画元素**

图画书中的图画不仅是纯粹获得感官的享受，而且具有"图画语言"功能。其最大的意义就是能够通过图画吸引幼儿的阅读兴趣，以及将幼儿的注意力集中到图画所表达的语言意义上，让幼儿获得有意义的故事信息，而且也要有助于幼儿理解故事信息。

数字化图画书是基于传统纸质图画书发展而来的，通过不同的移动终端设备以及数字化处理来表现。纸质图画书和数字化图画书的共同特征是其都是通过图画来传达故事。这些图画元素具有儿童性（符合3—6岁幼儿的心理和生理发展水平）、欣赏性（这些图画元素的色彩、构图、主题刻画、内涵表达、角色设计……无论是在视觉上还是在情感上都具有一定的美感）、教育性（图画书的故事内容通过图画表达，背后都潜藏着一定的价值观和教育意义，体现着育人价值）。纸质图画书和数字化图画书图画的差异性特征是图画的表达形式不同。数字化图画书经过数字化处理图画具有立体性（图画书图画的画面与声音、动作、互动操作等多媒介元素交融，使图画书内容的生动活泼、版本更加丰富）、自主性（数字化图画书的图画有自动播放的功能，何时暂停、何时开始都是幼儿自己选择决定）。

从不同图画书媒介的图画表达故事特点来看，纸质图画书的图画叙事功能指一系列连续性画面呈现一整个故事，并不是表现故事情节的单个场景，故事中的人物在这些连续性的画面中反复出现。借助教师的讲读，幼儿通过对比这些反复出现的人物，观察他们的细节，如人物的动作、情绪的变化等更容易发现隐含信息。因此在隐含信息的理解水平上，纸质图画书相较于数字化图画书会更高。与纸质图画书的图画表达不同的是，数字化图画书中的图画经过动态化处理，使角色、动作、表情、活动场景以及图文互动等基本信息呈现动态的视觉表现效果。可以说，数字化图画书不是用来"读"的，而是用来"看"的；图画不是一幅幅静止的孤立画面，而是连续的且有联系的动态动画。研究者发现，图文的动态化呈现能够拓展图画书基本信息的传达功效，增强图画书的叙事功能，使图画书的基本信息形象化、直观化、生动化。因此，在数字化图画书阅读过程中，故事内容清晰流畅地呈现在图面上，幼儿可以跟随故事讲述的进度流畅阅读，顺利捕捉故事的基本信息，而且动态化的图画也能提高幼儿的阅读兴趣和对内容的关注度，增加幼儿的阅读体验，整体提升幼儿对图画书基本阅读理解效果。此外，科普性图画书中存在的少部分抽象性的概念，纸质图画书静态的画面很难将其速度的动态性表现出来；数字化图画书动态的图画则能给幼儿直观的认知，幼儿阅读容易获得"临场感"体验，通过观看图画书文本来体认和直面世界，带着空间思维阅读理解画面信息，便容易理解一些重量、速度等抽象概念。因此，整体而言，相较于纸质图画书，数字化图画书的图画动态化特点能使幼儿图画书阅读的兴趣度更高，在基本信息理解方面表现出更高水平。

**（二）文字元素**

纸质图画书的文字是对图画书图画信息的补充，帮助叙述故事情节。纸质图画书中的文字也会做图像化处理，在理解方面提供简单的视觉支持，但是在阅读过程中，文字提供的听觉信息只有通过教师的声音发挥作用。数字化图画书中文字部分的表达有逼真的旁白导入、生动的人物角色对话、与文字内容同步的音乐渲染和动画效果等。总之，幼儿处在一个形象的视听环境。这能有效帮助幼儿理解并在大脑留下深刻记忆。当集体共读数字化图画书时，幼儿通过理解人物角色的生动对话在大脑中留下深刻的印象；在表达时，这些文字语言信息也会被再次唤起，仿佛在幼儿耳边响起。因此，整体而言，数字化文本的中文字的语音功能为幼儿提供的更丰富、生动的阅读，给予幼儿一个不同于传统的阅读刺激，帮助幼儿更好地感受与理解故事内容和情节发展，使基本信息把握更完整、理解效果更好。

### （三）独特的交互设计

在图文元素之外，幼儿阅读数字化图画书和纸质图画书的理解效果不同。其原因还在于两者存在的最大差异，即数字化图画书具有丰富多元的叙事文本和独有的交互设计。

关于叙事文本，传统的纸质图画书只有文字和图片；而数字化图画书通过技术重构，以电子信息设备为承载，声音和动画双向互动建构文本的叙事空间。声音和动画承担着图画书故事的叙事功能，包括直接叙事和间接叙事两种形式。声音的直接叙事表现在通过故事角色的对话来串联故事的内容；间接叙事多是故事的背景声音，如动作发出的击打声、跑步声、树叶下落的沙沙声等。动画是图画书叙事的重中之重，同样承担着故事的叙事功能，直接展现故事的角色、情节、主题等信息。而且动画中角色的表情、心理活动以及图片的色彩等都是图画书信息传达的元素。总之，数字化图画书中的声音和动画从不同方面为故事情节展开服务，看似殊途却同归。两者的有机融合将故事情节以动态化、直观化的形式呈现给幼儿，幼儿在阅读过程中通过理解获得丰富的认知经验，还可以享受独特的审美体验。

关于数字化图画书独有的交互式设计，大致有两种形式：一种是静态的图片形式，页面信息不是一下全部呈现，根据阅读的进展用手点触，一步步呈现图画和文字等信息；另一种是反馈式的交互形式，阅读过程中会有问题或游戏操作部分出现，需要幼儿去回答，回答完之后再接着阅读下一部分情节。首先，一系列的交互设计具有直观、形象、生动的表现形式特征，刺激幼儿的视听触等多感官渠道，引起幼儿不同的心理感受，使得幼儿在情感体验上融入图画书。在整个阅读过程中，幼儿的感知和理解交替进行。其次，研究者发现，交互式设计的图画书有刺激幼儿好奇心和探索欲的作用。幼儿在阅读过程中的参与感、主动性更强烈，表现为幼儿积极举手回答图画书中提出的问题、愿意动手操作图画书留下的游戏任务。可见，幼儿在阅读过程中获得了动手操作的机会，在操作和创造的过程中不断提升和强化对文本的理解。

综上所述并结合多媒体学习理论和双通道假说理论，幼儿在阅读中调动自己的视觉、听觉、触觉等多感官通道，能使幼儿与图画书文本联系更紧密，沉浸在故事中，而且以游戏互动的多媒体形式展现故事，幼儿可以更快地理解故事。①幼儿在每一次的数字化图画书阅读中，都能融入于图画书故事、遨游于故事情节、参与故事的理解和建构、体验到阅读理解带来的成就感和愉悦感。

---

① 方睿，张莎莎，魏雪琪.儿童阅读差异视角下电子图画书的交互设计[J].装饰，2020（09）：128—129.

# 第六章　媒介融合环境下幼儿阅读与幼儿发展的内在关系

**一、幼儿阅读行为发生的根本动力是幼儿自我发展的内在需求**

**（一）融合的阅读价值理念满足幼儿的体验式阅读需求**

随着信息技术的发展，数字化阅读像洪水一般迅速涌入大众生活，不可避免地向幼儿阅读领域渗透。研究者发现无论是在家庭、社会，还是在幼儿园里，越来越多的学龄前儿童手持智能终端设备阅读图画书，面向学前儿童的数字化图画书读物在持续面市。

纸质图画书凭借其特有的书籍质感、反复玩味、深刻而无声的互动、经典的故事内容等特征依旧是大部分幼儿阅读时的主要选择。但数字化图画书以其易于携带、便于存储、多感官阅读体验、动态有趣等特征，赢得了多数幼儿读者的喜爱。在媒介融合的阅读环境下，数字化图画书作为幼儿早期阅读中的一种形式，与纸质图画书同样都是幼儿园早期阅读教育有价值的资源，每一种形式都有其各自唯一且不可替代的价值，共同为幼儿的图画书阅读理解发挥着意义。

媒介融合的阅读、数字化阅读已是大势所趋。《幼儿园教育指导纲要（试行）》和《3—6岁儿童学习与发展指南》强调，要为幼儿近期和终身发展奠定良好的素质基础。那么帮助幼儿建立初步的数字化阅读素养也是当下幼儿教育必须要践行的。正如有研究者关于幼儿纸质图画书阅读和数字化图画书阅读的价值辨析：幼儿教育者需认识到二者是伴生关系，共生共存，不能极端地判定哪种形式是进步抑或是退步，也可以形象地认为彼此是朋友关系，而非敌人。[①]再者，无论是纸质图画书还是数字化图画书，其两者只涉及阅读的内容和载体的不同，或者是后者在技术层面上更丰富和多元，但是阅读的本质特征都是一致的，而且图画书所承载的文本思想内涵不会有所改变。

为顺应当下媒介融合的图画书阅读环境，幼儿教育者需以正确的价值理念为指引，根据不同的需要为幼儿选择不同的图画书阅读媒介。

幼儿数字化阅读案例

地点：QZ市公共阅读场所

时间：晚上七点左右

阅读主体：三岁半小女孩及其一家人

情景一

一家人围坐餐桌吃饭，小女孩很快就吃饱了，吵着到餐厅外玩耍，但是爸爸妈妈和奶奶没有吃完饭，都希望女孩能在座椅上再待一会儿。妈妈掏出手机，说："给你手机玩一会儿吧？""好的"小女孩爽快地答应了，"我要看故事。"妈妈解锁手机，点开APP播放英文故事。小女孩眼睛一眨不眨地盯着手机看，其间还不时哈哈大笑，引来周围食客的注目。大约10分钟之后，小女孩对妈妈说："妈妈，我不想看英语了，我想看小猫汤米。"妈妈又点开另一个APP继续播放中文故事。过了一会儿，小女孩可能是看到了令她兴奋的地方，对妈

---

① 方睿，张莎莎，魏雪琪.基于儿童阅读差异的电子图画书与纸质图画书设计研究 [J].出版科学，2019，27（05）：71—77.

妈说:"妈妈,你看,小鳄鱼淘气了,哈哈哈哈,我也想像它一样玩水管,嘻嘻嘻。"

情景二

访谈人:这位妈妈,您好。刚才看您用手机给孩子播放了图画书,是吗?是什么图画书呀,这么有吸引力?我看孩子很喜欢看。

小女孩妈妈:是的,一开始放的是英文《培生幼儿英语第二辑(预备级)》图画书"What Is He?"等,后来播放的是《小猫汤米》系列图画书"我是小园丁"等,都是她最近比较喜欢看的。

访谈人:那孩子平时是否喜欢看书?比如,刚才放的这些应该定义为数字化图画书。那纸质图画书孩子喜欢吗?

小女孩妈妈:平时对书还行吧,每天也会看一些,家里也有不少。这些电子图画书对应的纸质书家里其实都有,平时在家我也都是拿纸质书给她读故事的。

访谈人:那平时每天大约用手机或其他电子设备看多久数字化图画书呢?您会不会担心她的视力问题?

小女孩妈妈:平时看的不算太多,时间也比较分散,不会持续盯着看一两个小时。当然,平时也会限制或者分散她看屏幕的时间。今天这在公共场合,太闹腾了,让她安静一会儿,我们也清净一下。

访谈人:您刚才给孩子放的可以定义为数字化图画书。您认为,在您家孩子阅读过程中数字化图画书和纸质图画书的地位或者价值分别是怎样的呢?

小女孩妈妈:我感觉,纸质图画书还是应该读得多一些。尤其是小一点的时候,主要是以纸质书为主,但是有那么一段时间,她一直要求我给她读故事书,每天只要我在家就读故事;我感觉很累,就用手机给她播放一些故事,她也挺喜欢的,能记住很多情节,并且在生活中遇到类似情节时能回忆起来。我感觉电子图画书更能吸引她的注意力，能延长记忆的时间。英文的电子图画书能够提供比较标准的原音，我觉得对孩子的英语启蒙，尤其是听力和口语很有必要。毕竟，我自己的口语非常不标准。而且，对于当妈妈的来说，无论是汉语还是英语，电子图画书都给了我一些亲子阅读上的助力，能够帮助我理解图画书内容、纠正发音、更好地指导孩子阅读。

（资料来源：2022年5月8日，青州市泰华城休息区观察、访谈记录，第十部分）

上述案例中，家长并不排斥给幼儿"观看"数字化图画书，主要原因有三个：一是解放家长。随着家长对阅读的重视，亲子阅读成为许多年轻父母非常重视的亲子活动。孩子喜欢听故事，但是不间断地给孩子讲故事也是比较"费妈""费爸"的。为了能有些许空闲，很多妈妈选择给孩子手机看电子图画书。二是把握对图画书内容的理解。有些时候家长可能不能准确把握图画书的主题思想。图画书阅读APP中会有老师独白，讲解图画书内容和隐含信息等，帮助家长和幼儿理解作者要传达的思想、把握图画书的主旨。三是纠正发音。无论是汉语还是英语，"听"与"说"都是幼儿的必修课。虽然大多数80后、90后的家长普通话较好，也都有一定的英文基础，但终归可能会受方言和表达习惯的影响或限制，发音方面不够标准。家长陪幼儿一起听电子图画书并虚心学习、用心改善，与孩子一起成长，是非常理想的一种阅读状态。数字化时代，媒介融合的阅读在幼儿阅读、亲子阅读中的价值有目共睹，无论是幼儿还是家长都乐于接受并享受着数字化时代带来的阅读"红利"。

**（二）融合的图画书阅读材料丰富幼儿的阅读感受方式**

社会的发展和阅读观念的更新，使幼儿阅读的重要性被人们认可和接受，幼儿阅读的材料——图画书因其用一连串具象的画面讲述完整的叙述情节，文字简洁、图画优美、情节有趣，使幼儿产生浓厚的阅读兴趣、获得丰富的情感体验，想象力和思维能力在阅读过程中得到激发。在数字化时代的背景下，图画书应用数字技术而产出了新的图画书载体，经过数字化处理并在手机、电脑等电子设备上呈现的数字化图画书陆续出版。所以目前幼儿的图画书阅读不再仅限于纸质书籍，也包括数字化图画书。

技术与图画书阅读的融合已是无法回避的，阅读媒介的融合也已是大势所趋。面对发展的趋势，幼儿教育者应保持客观的、宽容的心态，以科学的方式面对新事物，既不过度炒作数字化图画书阅读，也不忽视其独特优势。媒介融合环境下的图画书阅读不是两种媒介的图画书各谋其事，也不意味着纸质图画书和数字化图画书简单地相加在一起阅读，而是在融合阅读的环境下，相互取长补短，在早期图画书阅读中成为一种互补、协同、整合、共同演进的状态。例如，在纸质书的基础上有效地结合数字化图画书绘声绘色的优势，在数字化图画书的基础上利用纸质图画书对故事主题升华，由此建立一种融合的、共生的局面，共同作用于幼儿的早期阅读，使其体验内容丰富、形式新颖的图画书阅读。

《大卫，不可以》亲子阅读活动

阅读主体：乐乐（2岁6个月大）、妈妈

阅读材料：纸质书

阅读过程：乐乐坐在妈妈腿上，妈妈翻开纸质图画书，一边用手指画面，一边给乐乐讲解画面所呈现的内容。乐乐的眼睛一眨不眨，跟随着妈妈的手指在书上移来移去，不时也会与妈妈互动。

画面一："乐乐，快看，大卫在什么上面？"

"椅子。"

"是的。大卫踩在椅子上面呢。"

"不稳当。"

"哦，不稳当。乐乐是说，大卫脚下的椅子不稳当，摇摇晃晃的，是吗？"

"嗯嗯，摔倒。"

"是的，大卫会摔倒的。那大卫想干什么呢？"

"小熊。"

"嗯，大卫想要拿小熊罐子里的饼干。猜猜饼干会是什么形状的呢？"

"圆形？小熊？"

"哦，乐乐喜欢什么形状的呢？"

"小熊饼干！哈哈哈……"

"吃饼干可以，但是不能自己踩着摇摇晃晃的椅子拿。应该请大人帮忙，对不对？"

"嗯，妈妈请帮忙。"

"嗯，乐乐棒棒！"


画面二："哇哦！大卫在洗澡耶！"

"妈妈，打开，打开。"

"乐乐想帮大卫打开帘子吗？"

"嗯嗯。"

"乐乐，这个不是电视的视频，打不开的。"

乐乐眨着眼睛，疑惑地看了妈妈一会儿，"哧溜"一下离开妈妈的怀抱，拿起来电视遥控器。

"乐乐想打开电视机看大卫吗？"

"嗯嗯。"乐乐使劲儿点头。

（资料来源：2022年1月16日晚，亲子阅读记录，第一部分）

在阅读纸质书之前，幼儿看过电视机播放的动画图画书《大卫，不可以》，里面的大卫有很多动作设计，如踮脚站在摇摇晃晃的椅子上、拉开浴池的帘子、光着屁股跑、扮成超人在床上跳等。在与乐乐一起读纸质图画书时，乐乐很自然地想起动画图画书中的动态画面。与传统的纸质阅读材料相比，数字化阅读材料绘声绘色，更能吸引幼儿的注意力，且印象深刻，停留在幼儿记忆中更长久。

**（三）融合的阅读组织形式拓展幼儿阅读互动交往的多种可能路径**

幼儿园内的阅读活动一般有三种组织形式，分别是师幼间共读、同伴间分享阅读、幼儿的自主阅读。在媒介融合的图画书阅读环境中，幼儿阅读的图画书载体更加丰富，有数字化和纸质两种媒介。不同的阅读载体也使幼儿的图画书阅读组织形式有多种可能。在现实中，幼儿阅读的图画书已不同程度上走向了融合之路。幼儿在家庭的亲子阅读中也不同程度地接触到数字化图画书，积累了数字化图画书阅读的经验。不过在幼儿园的图画书阅读活动中，仍存在单一化使用一种媒介组织图画书阅读活动的现象。因此，目前在幼儿园的阅读场域内构建一个媒介融合的图画书阅读组织形式是关键。

第一，根据图画书内容架构起多元的阅读组织形式，即同一内容的图画书有纸质版本，也有数字化版本，那么就可以根据幼儿的需求或教师组织的活动形式来任意选择，可以在集体中师幼共读中读数字化图画书，在同伴阅读和自主阅读中读纸质图画书，抑或相反。

第二，根据图画书媒介架构多元的阅读组织形式，即无论是纸质图画书还是数字化图画书，都可以进行集体阅读中的师幼共读、同伴间的分享阅读、幼儿个性化的自主阅读、网络互动生成性阅读。在集体阅读中可以根据图画书故事的内容，利用数字化图画书，激发幼儿阅读兴趣，促进幼儿的阅读理解；在午休前，教师可以在电子播放器上播放数字化图画书，幼儿也可以同时手持纸质图画书；在两个活动的过渡环节利用纸质图画书让幼儿自主阅读或同伴间分享阅读；也可以借助网络在线阅读APP进行在线互动阅读。

因此，在媒介融合环境下幼儿园图画书阅读的组织形式可因阅读载体而使阅读的组织形式丰富多样，并且多形式之间可以互相联系和融合。这使得幼儿在幼儿园里图画书阅读材料的选择更加广泛、阅读的方式更加多样化。这为积极主动挖掘幼儿的阅读兴趣、培养幼儿良好的阅读习惯、实现不同媒介以及不同媒介元素之间的语言转换、实现媒介融合环境下幼儿的阅读理解和意义建构提供了多种可能。

**（四）融合的阅读理解体验为幼儿提供了多元化的故事理解空间**

媒介重塑了知识的生产与传播方式，可以说有什么样的媒介就有什么样的阅读方式，就有相应的阅读理解体验。在当下，传统纸质图画书和新兴数字化图画书之间的跨界以及融合为幼儿图画书阅读的形式和图画书阅读的理解体验提供了更为广阔的空间。图画书阅读材料从传统走向现代，图画书阅读的组织形式从单一走向多元甚至综合，幼儿的阅读也实现了2D到3D的变化，相应的图画书阅读理解体验也从一种感官抽象的理解发展到多感官声像结合的具身式理解。

媒介融合环境下的图画书具有语言以及语言交流功能，幼儿感受丰富的语词、抑扬顿挫的语调，同时进行互动和表达。幼儿在无压力的情况下感受图画书故事，在潜移默化中习得发音吐字、语言表达能力，在语言发展的敏感期内幼儿的语言智能得到发展。媒介融合环境下的图画书创作把故事、绘画、音乐三个元素完美结合起来，同时将音乐根据故事内容形象化、故事化，拉近幼儿与音乐距离，唤起幼儿心中对音乐的敏感性。例如，《彩虹色的花》就将故事与音乐结合，让故事情节的变化更具有节奏性；《派克的小提琴》丰富的色彩、跳动的线条配合动听的小提琴背景乐曲让图画书变得无限美好，幼儿从图画书中非常直观地感受音乐的魅力，音乐智能得到激发。

除此之外，媒介融合环境下的一些3D/VR/AR图画书也促进幼儿的数理逻辑智能、空间智能的发展。图画书中蕴含的操作互动元素让幼儿进行游戏、律动表演，幼儿在阅读中配合音乐伸伸手、弯弯腰、扭扭屁股、跺跺脚等，通过肢体的动作表达自己的理解和想法，锻炼了幼儿的骨骼和大小肌肉群，增强了身体的柔韧度、灵敏度，也促进幼儿的运动智能发展。

总之，数字化图画书之多媒介特质提供的趣味性、形象化、动态化等特征为幼儿带来了全新的、多元的阅读理解体验，弥补了传统单一纸质图画书阅读的不足，满足着幼儿在数字化时代多元的阅读理解需求。幼儿在接受多感官的阅读理解体验的过程中，也进行着多元化的阅读理解表达，同时发展着多元智能。

《菲菲生气了》集体阅读活动

阅读主体：中一班全体幼儿

阅读材料：动画图画书、纸质书

阅读过程：教师首先利用纸质书与幼儿一起完整阅读，初步了解图画书内容；然后组织幼儿一起观看完整的图画书动画，深入了解菲菲生气的原因和表现，知道菲菲是怎样恢复平稳和开心的。

情景一：

"老师今天给大家带来了一本好听的故事，故事名叫（菲菲生气了）。小朋友们有没有生气的时候呀？"

"没有，没有。"

"没有吗？想想你们生气的时候是什么样子的呀？"

"哼，我生气了！""哈！""啊啊啊……"幼儿一边说着一边用肢体动作表演着。

"你们都是因为什么原因生气的呀？"

"因为妈妈大喊大叫。""因为爸爸打我屁股。""因为姐姐不让我动她的画。""因为哥哥不让我玩他的奥特曼怪兽"……

"哦，原来有这么多让小朋友们生气的事情啊。今天，我们来看一看菲菲为什么生气？到底发生了什么事呢？"教师翻开纸质书，绘声绘色地阅读图画书内容；幼儿安静坐着，认真地听……

"哇哦，快看，菲菲正在玩她最喜欢的大猩猩玩偶。当菲菲玩得正高兴的时候，她的姐姐出现了。她的姐姐一把抓住了大猩猩，而且喊着'该我玩了'。小朋友们看菲菲玩大猩猩时，的轮廓是什么颜色的？"

"黄色！"

"对是黄色，黄色代表开心、快乐。那姐姐抢走菲菲的大猩猩时，菲菲身边的线条变成什么颜色了？"

"红色！"

"嗯，姐姐抢走大猩猩后，菲菲身边的线条变成红色的了。红色代表着菲菲开始'生气'了。"

"'不行。'菲菲说。'行，'妈妈说，'菲菲，是该她玩了。'姐姐用力夺走了大猩猩。菲菲呢？哎哟，菲菲跌倒在了卡车上。小朋友们，如果是你们跌倒在卡车上，你们会不会伤心啊？"

"伤心！"

"嗯，菲菲也很伤心。你们会不会生气啊？"

"生气！"

"哦，生气。嗯，如果是老师摔倒在卡车上，老师也会生气。小朋友们看，姐姐抢走了大猩猩，还导致她摔倒在卡车上。菲菲很伤心、很生气，菲菲身边的线条还是红色，代表菲菲还在生气呢。"

"哼，这下菲菲可气急了！小朋友们看菲菲的辫子怎么了？"

"翘着了。"

"是呀，菲菲气的辫子都翘起来了。她是不是非常非常生气呀？"

“对。”

“她踢打。她尖叫。她想把所有东西都砸掉。小朋友们看菲菲的
动作是什么样子的？”

“这样。”幼儿起身模仿着菲菲生气时踢打东西的动作。

“小朋友们看，这时，菲菲生气时，她周围全都是什么颜色？”

“全都是红色。”

“对，全都是红色，说明菲菲真的非常非常生气。生气的菲菲吓
人不？”

“吓人。”

“是的，生气的菲菲很可怕，小猫咪都害怕了。菲菲发出来火红
火红的咆哮，家里所有的东西都害怕了。菲菲是一座就要爆发的火
山，因为菲菲生气了……非常、非常生气……小朋友们，你们能看
出来菲菲生气了吗？能感受到菲菲生气了吗？”

“菲菲非常生气。”

“哦，菲菲非常生气。‘砰’一声，她跑出了门。她跑啊，跑
啊，一直跑到再也跑不动了。这时，小朋友们看周围都是什么颜色
的线条？”

“红色。”

“对，红色。周围的一切都因为菲菲的情绪而变成了红色。菲菲
是不是非常、非常生气呀？然后，菲菲哭了一会儿。她看看石头，看
看大树，又看看羊齿草。她听见了鸟叫。菲菲来到老榉树下，她爬了
上去。小朋友仔细观察菲菲的轮廓变成了什么颜色呀？”

“橙色。”

“对，橙色，菲菲的轮廓从红色慢慢变成了橙色，周围树林的颜
色也淡了很多，说明菲菲生气的情绪得到了缓解。菲菲觉得好多了。
她坐在大树上，感觉到微风轻吹着头发。她看着流水和浪花。这个广

衰的世界安慰了她。她爬下了树……往家里走……整个树林的颜色都变回来了。菲菲恢复了平稳的好心情。"

"'我回来了，'屋子里暖暖的，香香的。看见菲菲回来，每个人都很高兴。小朋友们看，菲菲的轮廓是什么颜色?"

"黄色"

"嗯，是黄色，快乐的黄色。一家人又在一起了。菲菲还生气吗?"

"不生气了。"

"是的，菲菲也不再不生气了。"


情景二:

幼儿园教室里，多媒体一体机播放着动画图画书《菲菲生气了》，幼儿安静地坐好，认真观看。

在讲到"菲菲跌倒在卡车上"时，随着"咔嚓"一声，菲菲做出了整个身子趴在卡车上的动作，两只胳膊和两条腿不停地摆动，似乎在大声喊:"还给我！还给我！把大猩猩还给我！"这时，幼儿有的瞪大了眼睛，有的"啊"地叫了一声，有的喊着"肯定很痛，需要创可贴包扎"，还有的一边指着画面一边提醒老师"快看，她摔倒了"……

在讲到"菲菲发出火红、火红的咆哮"时，菲菲开门走进房间，随着一声"ROAR！"菲菲的嘴里喷出了一团火，像是大狮子在怒吼，整个房间里的物品都从地面飞起，在空中晃动。这时，幼儿有的"啊"了一声，有的身体往后移了一下，有的捂住了眼睛，还有的幼儿大声喊"看，玩具都飞起来了"……但是随着剧情的继续推进，幼儿们又回归了平静，一眼也不眨地继续看动画……

（资料来源:潍坊工程职业学院附属幼儿园中班孙老师提供）


在情景一中，教师除了阅读图画书上已有的文字，还加入了其他的提

示性语言或简单的问题来引导幼儿，帮助幼儿深入理解图画书内容。大部
分幼儿都能跟着教师的节奏观察画面，聆听故事，通过听觉、视觉来感受
菲菲情绪的变化。

在情景二中，图画书中文字的朗读非常富有情感，还给不同的画面配
上了相应的背景音乐。例如，"菲菲和大猩猩玩得正高兴时"，背景音乐很
欢快；姐姐"一把抓住了大猩猩"，背景音乐立马变得紧张了起来；菲菲伤
心地走进了树林，背景音乐里有紧张的哭泣声，转而舒缓的鸟叫声，还有
风声、海浪声……情景二中的动画图画书还有非常生动形象的动作。例如，
菲菲踢、摔东西、咆哮、跑进树林、爬树等活动，都设计了非常直观的动
作。幼儿在观看动画过程中，非常关注这些动作，并且对它们印象深刻。

可见，纸质图画书阅读与数字化图画书阅读各有优势，在幼儿园集体
阅读的组织和实施过程中，纸质图画书与数字化图画书相互配合，给了幼
儿更丰富的感官冲击，也让幼儿能够更加全面、深刻地理解图画书内容，
并与图画书中的主人公产生情感共鸣。

## 二、媒介融合的沉浸式阅读与幼儿阅读的体验式理解具有内在一致性

图画书对幼儿的发展、幼儿园的教育都有具有巨大价值。单纯使用图
画书，或单纯对幼儿进行说教都是无法发挥预期效果的。那么这其中便牵
涉了幼儿与图画书文本之间的互动，即阅读理解。很多文学反应理论研究
者（Martinez, Roser, & Dooley, 2006; Sipe, 2000; 玛丽·伦克·贾隆格，
2008; 王玉，2009; 艾登·钱伯斯，2001）都致力于关注"幼儿在阅读作品
时如何建构意义？"的问题。阅读意义的建构，即幼儿主体接触、感知、理
解童书文本，并获得个体意义的过程。幼儿的图画书阅读理解就是以图画
书文本的意义为中心，以幼儿自身的生活经验为背景，在阅读过程中产生
新旧经验的交流，建构起文本对自身的意义，其中文本载体的形式影响着
幼儿阅读意义的获得。

童书作为一个完整的审美对象，从形式上其具有着完整的、独立的图书样式及其构成，包括材质、大小、版式及其内容编排的整体呈现形式等。童书以图像语言为主的图文表达形式本身即具有重要的美学意义。尤其是伴随着电子媒体技术的迅速发展，电子童书越来越为现代的家长和儿童所熟悉和接受。相较纸质童书，电子童书在内容的呈现方式上与载体类型上都逐渐实现了由静态向动态的转向与突破。研究者在田野调查中发现，屏幕阅读的方式似乎更为现在的幼儿所接受和喜爱，尤其是那些动态媒体形式的电子童书深受幼儿青睐，如喜欢听电子媒体讲读故事、喜欢看电子屏幕呈现动画故事、喜欢玩电子设备具有的游戏故事情景等。童书文本的载体形式随着电子媒体技术的迅速发展日益丰富多样，相较纸质童书的阅读，电子童书越来越多地渗透到学前儿童的生活之中，在内容呈现方式上实现着由静态向动态的转向和突破。那么，如何看待这种转变对于幼儿阅读过程及其意义建构的影响？不同的文本载体对于幼儿的阅读方式和理解过程具有怎样的影响？表现在哪些方面？如何看待这些变化？相关问题已促使了人们不断反思如何看待纸质阅读和数字化阅读在培育幼儿阅读素养中的不同价值等问题。

**（一）童书文本的多模态化更大程度地满足幼儿个性化的阅读需要**

本研究所谈童书文本载体的数字化形式，主要指向的是电子童书形式。概括来说，包括以下几种具体形式：首先是于电子书，是"需要通过计算机或其他电子设备进行阅读的电子文档形式呈现的出版物"；[①]其次是专门为儿童设计的电子书，在内容和表现形式上都符合儿童的认知水平，贴合儿童的生活，能辅助儿童通过人机交互进行独立操作，理解内容。相较传统纸质童书，电子童书需要数字化媒体辅助（手机、笔记本等移动

---

① Guernsey, L.Are Ebooks Any Good ? [J].School Library Journal , 2011（6）: 28—32.

终端），通过电子屏幕阅读，且具有多媒体动态呈现与互动热区的功能等。技术更新日新月异，个性化需求被最大满足，从功能上来看，电子童书从简单到复杂，涵盖了"书本式""电影式"和"游戏式"等类型。[①]"书本式"电子童书主要是对已出版的纸质书进行数字化转移，即在电子设备上呈现与纸质书相一致的页面，属于静态文本与图像的电子媒体呈现；"电影式"电子童书则具有突出的富媒体性和一定的互动性，包括大量的多媒体资源，如音频、视频和简单的互动游戏等，幼儿可根据兴趣和需要点击热区，激活相关的多媒体资源，从而实现一定程度的互动；"游戏型"电子童书则强化了这种互动性，通过虚拟仿真技术实现情景模拟和体验，使幼儿能够扮演某一形象角色，融入故事内情境、与故事人物交流对话，且能即时将自己的感受通过语音输入获得反馈等。

无疑，这些技术的引入，强化了幼儿与故事之间的互动性，丰富幼儿的阅读感受，更即时地获得幼儿阅读理解程度的反馈。在以高技术为支撑的新媒介环境中成长起来的儿童，对于数码产品有着天然的亲切感，且在幼年时即已形成了一种对电子文档的操作能力和理解能力。[②]目前，学界对于电子书的界定以及其在教育领域的应用仍然处于摸索阶段，对于传统教学形态与现代技术改革的某些问题还处于争鸣之中，但是不能否认，数字化阅读的认知方式确实已经对新一代儿童的学习和生活产生了深远影响，在一定程度上，抑制了或者说冲击了儿童对传统纸质童书的阅读与理解的态度和方式。但是，研究者从不同角度阐释了各自的立场。有一种观点（Wright，S.，2013；周钰，2015）认为数字化阅读能更有效地加强幼儿的词义理解能力、语音意识和书面文字概念的发展等；另一种观点

---

① 许莹.数字化环境下的阅读教育新模式——学前儿童电子书应用带来的启示[J].中国电化教育，2014（10）：30.

② Prensky, M. Digital Natives, Digital Immigrants [J].On the Horizon, 2001（9）：1—6.

（Wright，S.，2013；Eden，S.2013）则认为数字化阅读的跳跃性、复杂性不利于大脑进入深思考，会减缓阅读速度、降低对文本内容把握的准确性、无法达到与纸质相同的阅读体验等，从而易导致"浅阅读"。事实上，既不能否认数字化阅读对幼儿语言发展的促进价值，也不能不关注儿童早期过多接触电子类图书对其阅读素养发展所潜隐的消极影响。例如，电子书的动画、音乐等多媒体效果的确易分散幼儿的注意力，无关的交互式或互动性会干扰幼儿对故事的理解等。若反思幼儿"阅读"这类电子童书的过程，会发现大多数电子童书的内容设计重在向幼儿"呈现"，且是通过程序编码预先留存的资源系统，而其所谓的"互动"更多是浅层面的行为互动强化，幼儿的主要任务是"听""看""认知""操作"的过程，通过这种程序性模式帮助幼儿视听结合来感受故事内容、抓住关键信息来理解故事主题、游戏交互来强化学习效果。

可以说，电子童书的屏幕阅读方式，无论是静态的电子图文呈现，还是动态多媒体资源的呈现与交互，对于幼儿的信息处理能力和阅读理解认知能力都具有高效性训练的效果和意义；动态呈现的图文效果，对于幼儿的视觉审美也具有强烈的感染力。阅读心理学研究将"阅读"定义为从书面材料中获取信息并影响读者的非智力因素的过程，[①]一个完整的阅读过程，应该既包括认知的过程，也包括意义的获得过程。无论是电子童书还是纸质童书，都有助于儿童建构"阅读"概念的理解，在本质属性上具有同一性，即都具有"书"的特征样态和结构要素：封面、扉页、目录、正文、封底、页码等；两者在信息获得层面上，各自具有不同的认知特点。电子童书的屏幕阅读既是未来人的学习趋势，也是信息处理能力的必要素养，顺应时代的发展需求即应给予幼儿与电子媒体阅读的接触机会和互动时空，引导幼儿通过多媒体数据资源获得更广阔的信息视野、数据处理与

---

① 张必隐.阅读心理学[M].北京：北京师范大学出版社，1992：3.

媒体操作能力。而传统纸质童书带给幼儿的想象空间和审美感受则是无法度量的，幼儿从翻阅童书的过程中所感受到的理解与思考的过程也是其他载体形式所无法替代的。正因如此，对于当下学前儿童教育领域对数字学习环境的引入，我们需要辩证地应对，一方面看到其对于幼儿学习与生活所带来的高品质与高效率；另一方面也要把握好电子童书阅读与传统纸质童书阅读对于幼儿"阅读"方式与"阅读"理解过程的不同影响，更好地发挥其各自应然的教育价值，多模态化的童书文本对于幼儿阅读的个性化、差异性需要提供了更多的满足。

**（二）媒介融合的多感官参与更全面地发挥幼儿阅读理解的可能方式**

媒介融合环境下，幼儿图画书阅读已经不仅仅停留在传统的纸质图画书阅读—活动延伸—模拟游戏或角色扮演等层面，数字化图画书阅读绘声绘色，带来的人机互动、多感官参与、在线阅读评估和报告等给幼儿图画书阅读注入了新的生命力，使幼儿图画书阅读丰富幼儿文学素养、科普、教育等价值得到更大更全面的发挥，同时也为幼儿图画书阅读理解提供了更多可能的理解路径。

**"球球图画书"部分图画书资源**

**1—2 阶段**

| 学期 | 主题 | 子主题 | 图画书 |
|---|---|---|---|
| 上学期 | 有礼貌的宝宝 | 我会应答 | 《大声回答"哎"》 |
| | | 我会排队 | 《排好队，一个接一个》 |
| | | 我会感谢 | 《谢谢你，不客气！》 |
| | | 我会道歉 | 《对不起，没关系》 |
| | 我的身体 | 认识小手 | 《小小手，啪啪啪》 |
| | | 能干的小手 | 《会说话的手》 |
| | | 认识身体 | 《我的身体，这是什么》 |
| | | 自己的身体 | 《换一换》 |

| 学期 | 主题 | 子主题 | 图画书 |
|---|---|---|---|
| 上学期 | 好玩的玩具 | 有声玩具 | 《咚咚—锵》 |
| | | 好玩的玩具 | 《别跑，球》 |
| | | 寻找玩具 | 《猫头鹰想要布鲁布鲁》 |
| | | 整理玩具 | 《收起来》 |
| | 我真能干 | 自己睡觉 | 《晚安，猫头鹰》 |
| | | 主动打招呼 | 《你好》 |
| | | 按时刷牙 | 《刷牙》 |
| | | 自己洗澡 | 《洗澡》 |
| 下学期 | 春天在哪里 | 遇见春天 | 《春天》 |
| | | 春天的故事 | 《春天的声音》 |
| | | 感受春天 | 《我的连衣裙》 |
| | | 春天的秘密 | 《小牛的春天》 |
| | 生活万花筒 | 会生活 | 《咕噜咕噜》 |
| | | 会探索 | 《咦，这是谁呢？》 |
| | | 会分享 | 《袜子小白》 |
| | | 会创意 | 《棕色的熊，棕色的熊，你在看什么？》 |
| | 找啊找朋友 | 认识朋友 | 《送你一朵小小花》 |
| | | 关心朋友 | 《我好喜欢你》 |
| | | 和朋友一起想办法 | 《一起玩》 |
| | | 祝福朋友 | 《过生日》 |
| | 做个乖宝宝 | 喜欢蔬菜 | 《蔬菜大家庭》 |
| | | 爱上洗澡 | 《洗澡啦，洗澡啦》 |
| | | 自己走路 | 《小步走路》 |
| | | 按时睡觉 | 《晚安，月亮》 |

3—4阶段

| 学期 | 主题 | 子主题 | 图画书 |
|---|---|---|---|
| 上学期 | 我的幼儿园 | 我的学校 | 《你好，学校》 |
| | | 我要去上学 | 《小魔怪要上学》 |
| | | 妈妈的爱陪着我 | 《存起来的吻》 |
| | | 我会交朋友 | 《做朋友吧》 |
| | 美味的食物 | 美味的蔬菜 | 《蔬菜花样多》 |
| | | 特别的蛋糕 | 《鳄鱼蛋糕》 |
| | | 不挑食 | 《汉堡男孩》 |
| | | 大口吃的秘密 | 《好饿的小蛇》 |
| 上学期 | 我爱我家 | 我爱妈妈 | 《像妈妈一样》 |
| | | 我爱爸爸 | 《给爸爸的吻》 |
| | | 我爱弟弟妹妹 | 《跟屁虫》 |
| | | 相亲相爱 | 《我们永远在一起》 |
| | 快乐的冬天 | 冬天来了 | 《松鼠先生和第一场雪》 |
| | | 雪人的故事 | 《雪娃娃莉莉》 |
| | | 冬天的故事 | 《雪精灵》 |
| | | 冰雪精灵 | 《冰雪男孩》 |
| 下学期 | 奇妙天与地 | 其妙色彩 | 《燕子和春天》 |
| | | 奇妙动物 | 《肚子里的肚子里的肚子里有老鼠》 |
| | | 奇妙天空 | 《两个月亮》 |
| | | 奇妙变化 | 《小蓝和小黄》 |
| | 我的爱好 | 我爱绘画 | 《藏在名画里的猫》 |
| | | 我爱旅行 | 《母鸡的旅行》 |
| | | 我爱运动 | 《鸭子骑车记》 |
| | | 我爱阅读 | 《我喜欢书》 |

| 学期 | 主题 | 子主题 | 图画书 |
|---|---|---|---|
| 下学期 | 分给你一半 | 分享礼物 | 《艾薇的礼物》 |
| | | 分享快乐 | 《威廉先生的圣诞树》 |
| | | 分享衣服 | 《超级大裤衩》 |
| | | 分享玩具 | 《烟花》 |
| | 动物故事屋 | 可爱的动物 | 《诺米和可爱的动物们》 |
| | | 保护动物 | 《动物绝对不应该穿衣服》 |
| | | 动物故事 | 《动物运动会》 |
| | | 动物的家 | 《1，2，3到动物园》 |

## 5—6阶段

| 学期 | 主题 | 子主题 | 图画书 |
|---|---|---|---|
| 上学期 | 我长大了 | 我很勇敢 | 《我很勇敢》 |
| | | 我做到了 | 《我做到了》 |
| | | 我长高了 | 《我长高了》 |
| | | 我独立了 | 《我独立了》 |
| | 昆虫王国 | 认识昆虫 | 《采集昆虫》 |
| | | 特别的昆虫 | 《蜉蝣的一生》 |
| | | 昆虫的智慧 | 《蚂蚁和西瓜》 |
| | | 昆虫的活动 | 《昆虫运动会》 |
| | 美丽的城市 | 城市景象 | 《WAKE UP，CITY！》 |
| | | 城市交通 | 《红绿灯》 |
| | | 中国首都 | 《北京》 |
| | | 城市和乡下 | 《大城市里的小象》 |
| | 爱的力量 | 感受爱 | 《我想要爱》 |
| | | 爱是什么 | 《爱是一捧浓浓的蜂蜜》 |
| | | 爱的表达 | 《永远永远在一起》 |
| | | 看不见的爱 | 《奶奶的护身符》 |

| 下学期 | 了不起的自己 | 会交友 | 《敌人派》 |
|---|---|---|---|
| | | 爱卫生 | 《根本就不脏嘛》 |
| | | 有理想 | 《最想做的事》 |
| | | 保护自己 | 《走出森林的小红帽》 |
| | 海洋世界 | 海洋里的小动物 | 《小海龙回家记》 |
| | | 海边景象 | 《大海边的小房子》 |
| | | 海底世界 | 《海底的秘密》 |
| | | 海洋故事 | 《这不是我的帽子》 |
| | 你好，世界 | 色彩 | 《你好，色彩》 |
| | | 友谊 | 《你好，朋友》 |
| | | 自然 | 《你好，季节》 |
| | | 天空 | 《夏天的天空》 |
| | 团结有爱 | 见义勇为 | 《小红帽》 |
| | | 互帮互助 | 《我想和你交朋友》 |
| | | 帮助别人 | 《瓢虫侠大拯救》 |
| | | 大家都来帮忙 | 《小蜗牛找房子》 |

## 7—8阶段

| 学期 | 主题 | 子主题 | 图画书 |
|---|---|---|---|
| 上学期 | 独一无二的我 | 做自己 | 《有个性的羊》 |
| | | 接纳自己 | 《方格子老虎》 |
| | | 喜欢自己 | 《小绿狼》 |
| | | 成长的自己 | 《嘿嘿嘿嘿，好像很好吃》 |
| | 美丽的秋天 | 四季的不同 | 《小树的四季》 |
| | | 金色的秋天 | 《秋天的魔法》 |
| | | 美丽的落叶 | 《落叶跳舞》 |
| | | 秋天的风 | 《风中的树叶》 |

| 上学期 | 好大的世界 | 认识世界 | 《世界真好》 |
|---|---|---|---|
| | | 同一个世界 | 《世界的孩子》 |
| | | 好大的世界 | 《北纬36度线》 |
| | | 有爱的世界 | 《世界为谁存在？》 |
| | 完美搭档 | 默契组合 | 《温柔的和体贴的》 |
| | | 相互配合 | 《布莱梅的音乐家》 |
| | | 相互帮助 | 《小朵朵和胖沃克》 |
| | | 相互适应 | 《农夫去旅行》 |
| 下学期 | 情绪怪兽 | 愤怒 | 《罗伯生气了》 |
| | | 哀伤 | 《爱哭的猫头鹰》 |
| | | 恐惧 | 《黑夜怕怕》 |
| | | 担忧 | 《我好担心》 |
| | 地球大家园 | 共同的家园 | 《最后一只漂泊鸟》 |
| | | 保护地球 | 《如果地球被我们吃掉了》 |
| | | 美丽河川 | 《河川》 |
| | | 美丽森林 | 《森林大交响乐》 |
| | 探险记 | 恒心与毅力 | 《达芬奇想飞》 |
| | | 好奇与探索 | 《会飞的挖土机》 |
| | | 勇敢与勇气 | 《动物去哪里？》 |
| | | 梦想与创造 | 《没头没尾的故事》 |
| | 数学天地 | 找不同 | 《鸭子？兔子？》 |
| | | 数一数 | 《红气球不见了》 |
| | | 算一算 | 《汪汪的生日派对》 |
| | | 量一量 | 《我家的漂亮尺子》 |

（资料来源：根据"球球图画书"微信小程序整理）

"球球图画书"是以3—6岁儿童的学习与发展目标为指导设计制作的一款微信应用小程序，非常受幼儿园教师、幼儿和家长的喜爱。教师可以在小程序中建立"班级"，邀请本班幼儿家长进入班级，发布小程序中已有的图画书阅读活动与全班幼儿和家长一起阅读图画书；也可以进行故事配音，借助平台资源"讲故事"并发布；还可以下载教学资源，如PPT或教案，以备线下教学使用。

　　分析以上部分图画书资源可以看出，"球球图画书"在《3—6岁儿童学习与发展指南》的指导下，将儿童的图画书阅读划分为1—2阶段、3—4阶段、5—6阶段、7—8阶段四个阶段，每个阶段都根据幼儿的学习和发展需要设计了"四个主题—八个子主题"，并配有两个学期的图画书推荐。

　　以1—2阶段为例，上学期设计了"有礼貌的宝宝""我的身体""好玩的玩具""我真能干"四个主题，下学期设计了"春天在哪里""生活万花筒""找啊找朋友""做个乖宝宝"四个主题，每一个主题都是该阶段幼儿学习与发展的重要内容，也是国家对早期教育应遵循方向的具体体现。"有礼貌的好宝宝"需要会应答、会排队、会感谢、会道歉，这与《3—6岁儿童学习与发展指南》中对幼儿社会领域的要求"人际交往、社会适应"是对应的。《大声回答"哎"》《排好队，一个接一个》《谢谢你，不客气！》《对不起，没关系》这些图画书内容贴近幼儿生活，主人公角色特点也都是幼儿喜爱的，无论是亲子共读还是幼儿园集体阅读、自由阅读，幼儿都会喜欢。通过图画书阅读和延伸的游戏活动，幼儿能够与同伴友好相处，能够喜欢并适应群体生活。"我真能干"希望幼儿能够自己睡觉、按时刷牙、自己洗澡，这是《3—6岁儿童学习与发展指南》对幼儿"养成生活与卫生习惯，有基本的生活自理能力"要求的体现。通过《晚安，猫头鹰》《刷牙》《洗澡》等图画书的阅读，幼儿能够初步养成良好的生活习惯，主动按时睡觉、起床、用餐、如厕等。在幼儿园保教工作中，保护幼儿的生命和促进幼儿的健康是首位的。我们既要高度重视和满足幼儿受保护、受照顾的需要，又要尊重和满足幼儿不断增长的独立要求，避免过度保护和包办代替，通过图画书阅读、游戏活动、日常生活指导等指导幼儿自理、自立。

当然，任何一项习惯或能力的养成都不是一蹴而就的，尤其是对于认知和心理成熟度都不高的幼儿来说，需要长期的引导。例如，《3—6岁儿童学习与发展指南》在科学领域对幼儿提出了"亲近自然，喜欢探究；具有初步的探究能力；在探究中认识周围事物和现象"等要求。这在"球球图画书"四个阶段的图画书设计里都有体现。1—2阶段的"春天在哪里"，幼儿在图画书的指导下，寻找春天、感受春天、探究春天的秘密；3—4阶段的"奇妙天与地"，幼儿能够在图画书阅读中感受自然色彩及其变化的奇妙、认识动物、了解天空的奥秘；5—6阶段的"昆虫王国""海洋世界"引导幼儿继续对未知的自然世界进行探究，认识昆虫，了解昆虫的智慧，探寻海底的秘密。7—8阶段的"地球大家园"升华了幼儿对自然的认知，在图画书阅读过程中知道节约资源，保护环境，与自然共生，不让"地球被我们吃掉了"，继续聆听"森林大交响乐"。

总体来说，幼儿阅读不同的图画书会有不同的阅读反应，不同幼儿阅读同一图画书更表现出显著的阅读反应差异。这些都是幼儿自然的阅读状态。图画书的阅读理解是一个大脑加工的内隐过程，如何判定是否理解，以及理解的层次很难有一个质性的标准。通过反向思维以结果为导向，即图画书阅读理解的目标是作为判断幼儿图画书阅读理解的一个质性标准。

**（三）阅读理解的双重价值与幼儿图画书阅读理解的目标定位有机统一**

幼儿图画书阅读理解的目标就是对幼儿图画书阅读理解结果的预期。它制约着、影响着幼儿图画书阅读理解的方向、内容的选择、方式的组织、评价的标准。阅读理解目标的确立又深受阅读价值观的影响，可以说有什么样的阅读价值观就有什么样的阅读目标。从价值的直接性和间接性来看，阅读理解的价值可以分为本体价值和客体价值。本体价值以内在素质和身心全面和谐发展为定向。客体价值以个体的终身发展和促进社会发展为定向。幼儿的本体价值和客体价值有机统一才是儿童的本质特征。[①]
幼儿图画书阅读理解的目标定位也需强调本体价值和客体价值并重、二者和谐统一。

其一，从本体价值分析幼儿图画书阅读理解的目标。图画书阅读理解的本体价值指不掺杂任何成人社会的附加价值，指向的是幼儿的自然的人性、纯真的天性，可以有效避免图画书阅读的功利化现象带来的虚假阅读、肤浅阅读，或成人教育导致幼儿丧失自然天性的弊端。那么，幼儿身心发展特点和规律就是幼儿图画书阅读理解目标定位的重要前提。图画书本身所具有的图文合奏、共同叙事特点比较符合幼儿的认知思维和阅读习惯，情节的趣味化和图画的趣味化较容易被幼儿接受，深受幼儿喜爱。除此之外，图画书作为童书，其生动有趣的故事内容、漂亮的色彩、有趣的造型、引人入胜的图画书游戏以及美学意味，幼儿时而憧憬情节发展，时而模仿有趣的造型，阅读过理解的过程中情感被唤醒，感受阅读快乐和美学体验。从本体价值出发幼儿图画书阅读理解的目标定位为体会图画书带来的快乐，从而爱上图画书阅读。

其二，从客体价值分析幼儿图画书阅读理解的目标。一些图画书也涉及科普和教育的意蕴，所以无论是在家庭中，还是在托幼机构都被成人教育者用来和幼儿共读。在幼儿园的教育活动中，图画书也一直作为重要的教育资源，与幼儿园健康、语言、社会、科学、艺术五大领域的活动相互渗透，从不同角度对幼儿的认知、情感、技能等方面发挥着作用，是引导幼儿全面发展的有效载体。根据对图画书内容的性质划分会发现图画书的内容与幼儿园的五大领域相重合。例如，健康类《可爱的身体》《肚子里有个火车站》；语言类《是谁嗯嗯在我的头上》《鱼就是鱼》《100万

---

① 陈帼眉，刘焱.学前教育新论[M].北京：北京师范大学出版社，1996：78.

只猫 》；社会类《妈妈的魔法亲亲》《我喜欢我自己 》；科学类《每个人都 "噗"》《石头一动也不动 》；艺术类《一园青菜成了精》《织毛线的猫》等。所以图画书对幼儿园实施素质教育，以及对幼儿的多元智能、情绪情感、思维能力、想象力、观察能力、心理发展等方面都具有深远的影响。[①]

媒介融合环境下，综合幼儿图画书阅读理解的本体价值和客体价值，幼儿图画书阅读理解目标定位可与《幼儿园教育指导纲要（试行）》中五大领域目标结合，组织幼儿阅读不同性质类型的图画书，调动幼儿已有的生活经验理解故事内容。例如，在健康领域，可以是在故事理解中学会情绪安定、情绪愉快，掌握必要的安全保健知识，喜欢体育活动。在理解故事后能够养成良好的卫生、生活习惯，生活自理能力，知道如何保护自己。在艺术领域，通过阅读感受图画书的艺术元素、理解故事的内容喜爱各种形式的美。总之，幼儿图画书阅读理解以顺应幼儿的天性、激发幼儿阅读兴趣、爱上阅读、理解内容为目标。

### 三、不同文本的内容意义在媒介交融过程中体现出幼儿发展的多维价值

#### （一）不同媒介文本的融合阅读利于幼儿顺应媒介融合的阅读环境

阅读不仅仅是为了丰富读者的认知经验，或培养读者的阅读兴趣和阅读习惯，更需要通过阅读培养理解信息、整合信息、使用信息的能力。传统印刷文本的内容是一层一层积淀的，按照某种逻辑结构渐进地呈现，[②]在阅读时，读者是根据文本的线性结构逐页、逐段地阅读。数字化时代、媒介融合时代阅读的文本通过电子媒介转换成图片、图像、动画、声音、

---

① 王晓斐.图画书在幼儿园五大领域活动中的应用.[J].陕西学前师范学院学报，2016，32（10）：52—55.

② 陈七妹.从媒介分析角度看网络对传统阅读方式地影响[J].新闻界，2004，（06）：58—59.

语言、文字等一切可以利用的符号形式，[①]阅读的过程也是在海量的信息中进行探索式阅读，视觉关注的焦点、思维等都是在文本中跳跃，那么这就特别挑战个体的整体阅读理解能力。周兢指出：人的阅读可以大致分为两个层面，一个是获得基本阅读能力的学习，一个是通过阅读获得信息的方法技能学习。前者是后者的奠基，且前者的培养在8岁以前为最佳时期，主要目的是让幼儿能够通过阅读获得独立思考、解决问题等的基本阅读能力，从而使其利用基本阅读能力未来在各个学科知识中获取信息，为终身学习奠定基础。[②]

　　幼儿在媒介融合环境下，阅读多媒介图画书中的多介质元素，以便为未来多元阅读理解能力的发展奠定基础。De Jong以学前儿童为研究对象进行试验对比研究，发现电子设备与故事结合有助于提升幼儿理解故事水平以及早期读写能力发展。[③]Korat也以学前儿童为研究对象测试幼儿电子阅读和纸质阅读的阅读情况，发现幼儿使用电子设备讲述故事要比使用常规纸质书籍讲述故事的成绩高。这表明电子阅读可以扩展幼儿的口头语言知识，提高幼儿的读写，尤其是幼儿的阅读理解能力。[④]研究者已证实电子阅读或数字化阅读对幼儿图画书阅读理解有促进作用，但是在媒介融合的阅读环境下，每种形式的阅读都有其不可或缺的价值，将纸质图画书阅读与数字化图画书阅读合理结合，将图画、文字、声音、动画、互动操

①　朱岷渝，史雯.新媒体时代数字化阅读的审视[J].现代情报，2011，（02）：26—29.

②　周兢.早期阅读发展与教育研究[M].北京：教育科学出版社，2007：29.

③　Maria T.De Jong，Adriana G B.The efficacy of electronic books in fostering kindergarten children's emergent story understanding[J]. Reading Research Quarterly，2004，39（4）：378—393.

④　Korat O，Shamir A.The educational electronic hook as a tool for supporting children's emergent literacy in low versus middle SES groups[J]. Computers&Education，2008，50（1）：110—124.

作等多介质融合，语音的朗读有助于帮助幼儿理解语音与图画书信息的表征和对应关系，从而完整理解故事内容；音乐和动画特效提升幼儿阅读图画书理解的整体欣赏水平，激发兴趣；文本的互动操作可以激发深度阅读的欲望，求知欲和获得感得到满足后，建立起热爱阅读的情感动机。

总而言之，媒介融合环境下多媒介以及多介质的符号表征，不仅有助于提升幼儿对文本的理解，也为幼儿发展多元阅读理解能力奠定了基础，使其未来在数字化阅读时拥有终身阅读的能力。

情景一：

听到房门的响声，西西马上从卧室跑了出来，见到是妈妈回来了，非常开心地求抱抱，但是被妈妈手里的"新书"吸引了。

"妈妈，这是什么？""妈妈给你买的新书啊。"

"哇哦，是小蚂蚁在吃西瓜啊！妈妈，你记得吗？叫叫说蚂蚁有个王国，很大很大，在地下，很多很多蚂蚁都住在一起。还有啊，工蚁要寻找食物，照顾宝宝，还要照顾蚁后呢，可勤劳了。"

"是吗？西西也是很勤劳的，对不对？像小蚂蚁一样。那蚁后做什么呢？"

"蚁后只负责生宝宝。妈妈，这些蚂蚁为什么都在吃西瓜呀？"

"哦，西西吃过西瓜吗？"

"嗯嗯，可甜可甜了。"

"嗯，那我们来看看小蚂蚁们吃的西瓜甜不甜吧？"

妈妈揽着西西读起了图画书《蚂蚁和西瓜》……

情景二：

"妈妈，好无聊啊，我能看一会儿'dinasaur'吗？"

"好啊，妈妈给你打开ipad，找小椅子坐下，准备好了。"

"好的，妈妈。"

婷婷搬来红色小椅子在茶几前端端正正坐好了，嘴里还念念有
词"dinasaur, dinasaur"。随着ipad中阅读指导教师的指令"Reading
time, 小朋友们，又到了我们的专属阅读时间了，拿起你的小书，我
们来读有趣的英文故事吧"，婷婷大声喊："妈妈，书，我的小书。"

妈妈帮婷婷找到了培生幼儿英语第二辑预备级的《What is
he?》一书。婷婷一边津津有味地看ipad，一边翻着书页，还开心地
哈哈大笑……

（资料来源：2023年4月5日，亲子阅读记录，第二部分）

媒介融合环境下，幼儿图画书阅读的形式、内容、理解、价值体现
等发生了变化，有利于幼儿适应媒介融合的阅读环境，并从中获得阅读信
息、编码信息、提取和使用信息的综合能力。如案例中所呈现的，幼儿对
数字化图画书内容的理解更深入，记忆更长久，也更容易提取和使用。西
西看到妈妈带回了一本关于"蚂蚁"的图画书就立刻想到了自己在"叫
叫"APP上看的图画书《蚂蚁地下王国》的内容：小蚂蚁点点要寻找、搬
运食物，与甲虫战斗，照顾蚁后和蚂蚁宝宝……

通过数字化阅读，幼儿很容易就理解了图画书中主人公的特点，也
能在成人的引导下学习主人公身上的优秀品质。数字化阅读还给幼儿的外
语学习创造了诸多便利，只要准备一部ipad或智能手机，一本或一套图画
书，幼儿就能坐在家中由外籍教师陪着一起读原汁原味的英文图画书。这
对幼儿接受多元文化、丰富认知、开阔视野等都有积极意义。

**（二）不同媒介文本的融合阅读利于满足幼儿多元化的阅读理解
需要**

图画书作为艺术与设计结合的产物，是通过图画传递作者思想的载
体。幼儿获取其价值的桥梁就是建立起和文本的。这个连接就是阅读理解。
图画书的阅读媒介重塑了图画书故事的生产与传播方式。可以说，有什么

样的图画书媒介就有什么样的图画书阅读,就有相应的图画书阅读理解体验。在当下,传统纸质图画书和新兴数字化图画书之间的跨界和融合为幼儿的图画书阅读理解形式以及图画书阅读理解体验都提供了更为广阔的空间,图画书阅读形式从单一走向多元和综合,甚至实现了2D到3D的转变、纸媒与多媒介的融合、虚拟场景与阅读现实的渗透……这使得幼儿的图画书阅读理解从一种抽象的感官体验到多感官融合的具身式阅读体验。

1.多感官的阅读理解体验

阅读的媒介影响阅读的理解体验。在传统纸质阅读中,也存在一些多变的开本、不同的材质、多样的结构的图画书,依旧可以满足幼儿的听、看、闻、触摸、操作等多感官感受。但是传统的纸质图画书的形式上大部分都是模式化、平面化、统一化的表达方式,而且在图画书的内容上,纸质图画书仅限于以文字和图画为主的形式,而且幼儿的图画书阅读并不是单纯的阅读,而是分开的"阅"和"读","阅"是用眼睛看,发挥视觉功能;"读"的这项任务完成是借助成人来完成的,比如父母、教师朗读。可以说,传统纸质图画书阅读的典型模式是幼儿更多地运用视觉这一感官通道获取信息。如今随着网络技术的革新,数字化图画书阅读摆脱了文字和图画的单一束缚,在文本中加入对话声音、精美的动画、场景音乐、视频等介质元素,幼儿的图画书阅读开始从文字、图画为主开始向声音、动画、互动操作等多介质元素为一体的阅读转变,如三维的空间视觉体验、音频的真实化听觉体验、逼真的嗅觉和味觉互动体验等。这种多介质融合共同营造的文本场景突破阅读的时空界限,使阅读成为一种集视、听、触、动等多种感觉于一体的行为。读者在阅读过程中体验全场景、沉浸式的故事信息,不再是被动灌输大量故事信息和常识知识。例如,《我们的身体》,根据儿童的阅读习惯,在书中设置了许多有趣的立体机关和互动环节,形象有趣,不仅可以调动孩子的视觉体验,还可以带动孩子的触觉以及内心的感知,使孩子在阅读过程中轻松了解自己的身体,让孩子直观

地了解身体各个部位的重要性；孩子通过认识自己的身体，逐渐建立自我
认同。

　　总之，媒介融合环境下幼儿图画书阅读的普遍共性是，在内容上为图
画、文字、音频、动画、互动操作等多种介质，在形式上获得多方面的感
官刺激体验——视、听、嗅、味、触。

　　2.形象化的阅读理解体验

　　"读图时代"不仅是媒介发展的产物，更是大众阅读和审美的需求，
体现了现代文化对知识的多元解构。图画书创作者不再将自己的表达限于
文字和图片，而是多介质于一体的立体化表达，同时希望幼儿在阅读中获
得视觉的冲击和舒适的内心感受。融合了多介质形态的图画书文本，不仅
使阅读有高清的视觉效果，而且具有氛围感的背景音乐、声情并茂的朗
读、生动的图像动画效果以及游戏式的互动操作等，使图画书阅读从平面
向立体、从静态向动态、从抽象向具象转变。AR科普图画书《艾布克AR
科学馆》包括恐龙、武器、航天、海洋动物、狂野动物、奇趣地球、昆虫
世界、太阳系和人类的伟大奇迹等内容，是纸媒和数媒有机融合的图画
书；在手机、Pad等数字化移动终端上下载相应的APP，用屏幕对准纸质
图画书，图画便通过AR的效果立即呈现，如腾空飞翔的战斗机、三维的
现代化建筑、立体的海底世界、狂野的动物叫声等。可以说，这些超强的
视觉冲击力和精心设计的互动操作环节使整个图画书"活"起来。

　　伴随着幼儿阅读的深入，"活"起来的图画书使幼儿读者逐渐全身心
沉浸在阅读世界，身临其境体验阅读世界的各种感知，如紧张、难过、愉
悦、期待、伤心等诸多情绪、情感的审美体验。

　　3.交互式的阅读理解体验

　　阅读过程中的交互性是图画书阅读的特征之一，一方面是因为图画
书的内容设计有良好的交流性，如非固定的叙事模式、开放式的故事结
局、留白暗示的故事情节、故事中蕴含的小任务小游戏等；另一方面是因

为图画书的设计形态有利于幼儿之间展开互动，如依托平面、立体的效果、结合声音、视频、动画等多种动态元素实现图画书和幼儿之间的双向交流。总之，故事内容和交互设计的巧妙结合，可以实现阅读过程中的良好互动。

但是在传统图画书阅读中，幼儿与文本的互动性频率相对较低，互动的模式是幼儿自我和文本互动、与伴读者互动，更多的是一种"你传我收"的单向模式。数字化图画书的互动性呈现新特征。一方面，新媒体技术借助文本本身的故事情节发展使幼儿在阅读文本过程中发生互动操作，常见的有设置一些疑问和悬念等问题环节，以及部分游戏操作。例如，幼儿用手触碰文本中的故事角色可以听到声音，可以根据自己的阅读节奏选择是否进入下一页故事。图画书《大卫不可以》，有一个场景是大卫站在椅子上去拿茶壶，大卫上椅子、拿茶壶、妈妈不可以的声音等一系列动作，都需要幼儿点触屏幕展示。另一方面，一些具备网络在线功能的图画书文本在阅读过程中会与其他在线读者发生传播、分享、互动的社交行为，阅读的交互从图画书内容本身拓展到通过网络和其他读者的交流。

图画书阅读的互动性增强是媒介发展的结果。其巨大优势是借助技术把读者带入故事情节中，让读者不再是旁观的阅读，而是作为参与互动的角色产生属于自己的情感共鸣。这不仅可以优化幼儿的阅读理解体验，也可以在精神、心灵、感受上全身心地投入阅读从而使阅读理解的价值增加。

叫叫APP《蛀牙菌，走开》幼儿阅读案例

地点：客厅

时间：晚上7点

阅读主体：三岁小男孩和和

情景一：

拿到妈妈的手机后，和和熟练地翻着手机桌面。叫叫APP的图标是一只披着红披风的小黄鸡在读一本绿色封皮的书。和和很容易就找到并点了进去，翻到了《蛀牙菌，走开》这一本书，呈现出四个部分：趣味导读—互动阅读—阅读大比拼—小小演说家。

和和点开"趣味导读"，聚精会神地看：画面中，桃子姐姐给小鸡叫叫做牙齿大检查。叫叫的牙齿上有好多脏东西。"为什么我们的牙齿上有很多脏东西呢？我们一起来读今天的故事寻找答案吧。"

画面自动跳转"互动阅读"，首先呈现的是图画书的封面，需要幼儿手动翻页才能进行下一页的学习。在后续的画面中，图画书的每一页依次呈现，有些地方还设计了手动操作动画。比如，点击蛀牙菌，它会用很挑衅的语气说："大家好，我是蛀牙菌！""好多吃的呀！""哎？什么吃的都没有？""哇，好好吃呀！"；也会用害怕的语气喊："不好！牙刷来了！""救命啊！"；点击小朋友豆豆红肿的脸，可以听到他痛苦地喊："好痛呀！"；点击小松鼠、海象、老鼠、鲨鱼等小动物，可以听到它们各有特色的咬东西的声音。和和不止一次地听，还很开心地模仿小动物们发出了"吱吱"或"咔嚓咔嚓"的声音。

"阅读大比拼"有五个题目，需要幼儿依次点击完成。第一题："给牙膏涂上对应的颜色吧？"画面中是一管粉色包装的牙膏正在往牙刷上抹牙膏，底部呈现了红、绿、粉三个颜色的颜料桶。和和点击第一个红色颜料桶，伴随着"嘟嘟"的声音，画面中出现了一个"×"；和和重新点击了第三粉色颜料桶，点击正确，伴随着叫叫的欢呼声，画面中出现了跳跃的叫叫和三颗亮晶晶的星星。

第二题："小朋友，请你把牙齿里的蛀牙菌找出来吧？"依次点击画面中的四个蛀牙菌，会出现图画书中的重点语句：你好，我是蛀牙菌—我最喜欢吃甜食哦—勤刷牙就可以消灭我哦—呀，被你找到了。完成之后，依旧是叫叫的欢呼和鼓励。和和也学着叫叫大声喊：

"你做得真棒！嘻嘻嘻……"

第三题："妈妈在超市里买了很多东西，小朋友，请你把这些东西分类放好吧。"画面中呈现的是两个篮子，第一个篮子上面摆了一个露出牙齿的口腔，第二个篮子上摆了一碗米饭，底部是牙刷、牙膏、筷子、勺子四样用具。和和点击第一份用具牙刷，画面没有反应；和和继续拖拉牙刷，成功地将牙刷放进了第一个画有口腔的篮子里了。他很兴奋，可能是因为自己有了一个新发现，也可能是因为自己完成了叫叫给自己出的小难题。

之后，和和很容易地将其他三样用具成功归类，然后跑到妈妈身边说："妈妈，我最爱吃米饭，因为吃米饭能让我长高高，变壮壮，我就是用勺子吃米饭的。"

"哇哦，和和这么棒啊，可以自己用勺子吃米饭了呀"

"嗯，吃完米饭我还要刷牙呢，妈妈。"说完，和和噔噔噔地跑回去继续阅读了。

第四题："小朋友，请你帮助下面三种动物找到它们的牙齿吧。"画面中呈现的是松鼠、海象、鲨鱼的头像及其牙齿，需要小朋友连线完成。这一次和和很容易就搞定了，获得了叫叫的夸奖"你真优秀"！和和也很开心地喊道："你真优秀！"

第五题："小朋友，你知道牙痛的时候该找谁帮忙吗？"画面中出现了两个角色：消防员和医生。和和点击率医生，画面跳出了欢呼的叫叫"恭喜你，挑战成功"！和和自言自语地说："有红色的火时才需要消防员叔叔帮忙呢。"

完成所有题目，画面跳转到了"小小演说家"环节。首先是一个小情境：小朋友豆豆突然牙疼，乘坐救护车来到医院后，医生拿放大镜观察豆豆小朋友的牙齿，发现有蛀牙菌在搞破坏。"该怎么办呢？对了，牙刷可以帮助我们，小朋友们点击话筒大声喊：'牙刷！'"和和跟随叫叫的指示，点击绿色话筒大声喊"牙刷！"随后，和和便再次听到了自己的声音"牙刷"！他很开心地点击小喇叭按钮重复播放给自己和爸爸妈妈听。

接着，画面中出现了一支蓝色牙刷。"嘿，小朋友，请点击牙刷帮豆豆刷牙吧"和和跟随提示操作，蛀牙菌全部被消灭了。

随后，叫叫跳出来带小朋友们唱刷牙歌："早上刷牙，刷刷刷；晚上刷牙，刷刷刷；蛀牙菌，快走开，我的牙齿没蛀牙；早，晚，刷，牙；早，晚，刷，牙；我要刷牙啦⋯⋯"

叫叫再次跳出来提醒小朋友要"坚持刷牙，早上和晚上都要刷牙，小朋友，请点击话筒一起大声说'我要刷牙'"。和和跟随叫叫的提示，点击话筒喊"我要刷牙了"并且开心地笑着。"小朋友我听到你的声音了，击掌约定，耶！"和和兴奋地去拍屏幕上叫叫的小手，还很激动地说："妈妈，我的手比叫叫大。"

最后，叫叫布置了今日小任务：一，一定要认真刷牙；二，和爸爸妈妈一起唱刷牙歌。对今天的图画书内容做了总结"今天我们一起了解了蛀牙菌产生的原因，知道了要早晚刷牙，还帮助豆豆赶走了蛀牙菌，唱了好听的刷牙歌，你表现的实在是太棒了，为你点赞！"阅读结束了，和和说："妈妈，我还要再听一遍刷牙歌。"妈妈又给和和播放了一遍"小小演说家"的内容。之后，和和眨巴眨巴大眼睛说："妈妈，我们一起唱刷牙歌吧，唱完我们去刷牙。"妈妈一脸惊讶。因为在这之前，和和是"抗拒"刷牙的。妈妈随着和和的指挥行动了起来⋯⋯

（资料来源：2023年2月5日，亲子阅读记录，第三部分）

## （三）不同媒介文本的融合阅读利于保障幼儿读者的阅读主体地位

媒介融合环境下幼儿图画书阅读因媒介丰富，使阅读的内容、形式、理解体验等都更加多样化；在拓展幼儿认知的同时，也给幼儿带来了互动、选择、参与的可能性。尽管阅读的客体为幼儿阅读发展做足了准备，但是只有和阅读主体发生互动作用，才能实现其价值。阅读主体和客体能够发生作用在于阅读的核心——理解。幼儿图画书阅读的重要价值在于幼儿本身是否与文本发生互动，是否理解文本。媒介融合环境下的图画书阅读理解的互动性特征主要表现在外在和内在两个方面，外在方面即是阅读的文本，内在方面即是阅读主体幼儿，具体体现在以下几个方面：

媒介融合环境下幼儿阅读的文本具有互动操作。这些互动操作体现着幼儿为本的设计理念，以及以寓教于乐的阅读方式将抽象的文化具象化，通过让幼儿亲眼看一看、用手摸一摸、用耳朵听一听、用语言交流等获得多种感性体验。例如，《神奇的树》，树的神奇通过幼儿轻触屏幕展现，感受树缓缓开花的姿态、观看风吹动树叶跳舞的姿态、聆听树和小鸟一起唱歌的声音、感受在雨水下沐浴的树等。这些互动让静态的图片生动起来，符合幼儿的认知思维特点、活泼好动的性格特征以及强烈的探索欲和求知欲，无形中也激发了幼儿阅读过程中的审美表达。

这种互动也体现幼儿图画书阅读的选择上。在媒介融合环境下幼儿图画书阅读无论是在媒介上还是内容形式上可选择性都在增多，而且在当下和未来很长一段时间内幼儿图画书阅读的形态将是纸质图画书与多种形态图画书、平面式阅读与立体式阅读、无声图画书与有声图画书、阅读性与娱乐性互动性并存。例如，《科学跑出来》，文本画面实现了由二维向三维的转变，幼儿读者借助电子移动设备在书中便可感受到一个在家里暴走的恐龙、手动观察太阳系的各大行星、感受房屋地震的样态、火山爆发的过程等。幼儿可发挥作为读者的能动性根据自己的兴趣爱好选择，而不再是一味地被动提供，或读单一性的文本。

媒介融合环境下幼儿图画书阅读的文本内容与幼儿产生经验互动。一些历史经典作品在时代背景下不是被膜拜或机械地复制，而是被这个时代赋予新的转载，表现为数字化图画书并不是将传统图画书书页上的内容数字化，以及在智能移动设备上显示和播放，而是通过互联网更新内容，承载着具有数字化特征的动画、语言、音频、互动操作等内容。同时，幼儿在阅读经典作品中也不是被动的接受者，而是一个内容的解读者。一方面，幼儿根据自己日常生活中的数字化操作经验阅读理解图画书；另一方面，会根据自己的认知经验移情于故事的主人公，伴随故事的发展而体验着喜怒哀乐的情绪波动，在获得快乐的过程中情感世界也在不断地丰富。一次又一次的快乐体验不仅促进幼儿的社会化情感发展，其社会主体性会得到利用，同样也为幼儿未来的人格发展播下自信、快乐、积极的种子。而且阅读即生活，图画书中的内容或主题来自社会生活并反映着社会生活。幼儿在与其互动过程中，在不知不觉、无形中不断地接触和扩展着自己的认知经验，理解着社会生活，进行着社会化的过程。因而这些承载着被幼儿重新解读的文本也实现了其新时代的内涵和价值。

互动性也是3—6岁幼儿阅读的一个特征。蒙台梭利认为3—6岁阶段是幼儿整个语言发展的敏感期。这时期幼儿对语言有迫切的互动和交流的欲望，对语音、语言、文字有着强烈的敏感性，同时有语言表达、交流的欲望。例如，在和幼儿共读中幼儿会自言自语，也会提出许多具有想象力的问题。那么阅读具有自带个性化语音朗读、语言互动的图画书文本则可以满足幼儿语言的获取、接受、更新和输出，为幼儿个性化语言发展奠定基础。

总而言之，幼儿以互动操作的形式参与故事，在阅读过程中的交流和反馈赋予幼儿有效的思考和较高的参与度，持续牵引着幼儿的注意力，或模仿，或情绪表达，或思考与整合已有经验，达到将故事内容转化为独特有意义的联结，获得自我思考和内化。这些都将有助于阅读理解和记忆。

# 第七章 媒介融合环境下提升幼儿绘本图画书阅读理解的路径

在数字产品盛行和网络技术发达的时代，被称为"数字土著"的幼儿每天面对着媒介环境要素，虽然对其具有天然的亲和力，但是成人和教育者也需要积极帮助他们适应并施以科学、适宜的启蒙教育，目的在于帮助其选择、理解和使用媒介信息，为日后培育良好的媒介阅读素养奠定基础。幼儿阅读行为的发生包括阅读的主体、客体和重要参与者教师等重要因素。在幼儿园发生的有目的、有计划的图画书阅读活动中，幼儿阅读行为的发生基于一定的教育理念，而且观念影响着实践。幼儿如何阅读、阅读什么、收获什么样的阅读体验与其重要参与者的认知和价值理念息息相关。那么，在媒介融合环境下幼儿教育者如何为幼儿创造适宜的图画书阅读条件？如何更好提高幼儿图画书阅读理解的质量？

## 一、创设有准备的图画书阅读理解环境

媒介融合环境下幼儿图画书阅读理解的理想化状态需要建立在丰富的阅读资源支持之上，因为图画书资源的整合水平直接影响幼儿阅读理解效果。因此从阅读的硬环境和软环境两方面入手，努力消除阅读"障碍"，通过创设一个充足的、有准备的媒介融合环境，来提升幼儿对媒介的接触率，进而实现个性化、多元化的阅读。

## （一）搭建图画书资源平台，丰富媒介呈现形式

### 1.构建数字化图画书资源库

本研究发现：图画书的媒介不会阻碍幼儿图画书阅读理解；相反，不同媒介的图画书阅读对幼儿理解能力提升都有积极的作用。在"全民阅读""终身学习"的号召下，幼儿阅读的普及性、高质量、时代性、开放性也需要紧跟步伐，为幼儿提供丰富、新颖的阅读内容十分必要。因此，以幼儿园为例，可以以图画书为中心挖掘契合的媒介资源，并且必须具备数字化读物和图画书阅读的多重属性，如有价值的电子图画书、有声图画书、AR/VR图画书等。幼儿园可以将数字化图画书资源构建为同纸质图画书一样的资源共享平台，搭建一个网络的数字化图画书资源库，具体可以利用幼儿园官方微信公众号、阅读小程序、公益阅读馆、智慧书屋等来储存和传播优质图画书资源。教师在日常教学中可以利用数字化图画书易储存、便携带的特点，借助互联网在实际阅读中发挥其优势。此外，对于一些成本昂贵的AR/VR图画书，幼儿园可以购买图画书以及相应的电子设备，然后以公益性的租赁方式转借给幼儿带回家里和家长共读，可以延长租赁的服务链条，将阅读和教育蕴含其中。这种以租代买的方式既可以使AR/VR图画书阅读更加普及，同时可以解决获取成本高、技术体验差的问题，促进亲子阅读。

以数字化图画书为例，可构建的数字图画书资源库的形式如下。

| 图画书名称 | 出版社 | 使用载体 |
| --- | --- | --- |
| 《恐龙生存大冒险》 | 湖南少年儿童出版社 | 手机、电脑、iPad |
| 《艾布克AR科学馆》 | 北京联合出版公司 | 手机、电脑、iPad |
| 《探索武器奥秘》 | 北京联合出版公司 | 手机、电脑、iPad |
| 哇！故宫的二十四节气 | 山东美术出版社 | 手机、电脑、iPad |
| 年年在一起 | 南京大学出版社 | 手机、电脑、iPad |
| 萌鸡小队AR故事图画书 | 山东美术出版社 | 手机、电脑、iPad |

通过构建数字化图画书资源库来营造一个数字化图画书阅读的网络空间环境，并开放阅读资源实现共享，让教师、幼儿、家长在网络上分享资源和使用资源；幼儿在潜移默化中提升数字化阅读素养，也让家长和教师的获得阅读好感度。

2.加入可移动的媒介设备

在媒介融合的环境下，幼儿阅读的图画书呈现为纸质和数字化两种形态，并且有物质媒介向信息化媒介转化的趋势。基于此，幼儿教育者为幼儿创设的阅读环境应该是完整的，软件和硬件应同时兼顾才能满足作为"数字土著"的幼儿图画书阅读需求，提升图画书阅读的体验以及阅读理解的整体效果。一方面，在原有基础上进行改善和提升。例如，改善 WiFi无线网络环境，保证网络的可利用和流畅；提升原有承载图画书阅读的电子设备水平，更换投影仪、电子白板的屏幕显示器，提供一个分辨率高的、清晰的画质。另一方面，丰富图画书承载的媒介形式，数字化图画书革新的特点之一就是储存方式的改变，可以借助电子设备进行云储存。因此，除了电子白板、电脑等固定的媒介设备，也可以加入可移动的媒介形式，如 kindle 阅读器、iPad 平板电脑、VR 眼镜等。这不仅可以实现去中心化的媒介传播特点，也可以满足幼儿自主翻阅、浏览图画书，最终建立起一个完整的、全面的、多维的图画书阅读环境。

其中，最重要的一点是移动设备的使用。不同的图画书使用移动设备达到的阅读效果不一样。为了获得最佳阅读效果，首先要找准图画书作品的定位，为其匹配合理、适当的数字化设备，使多样的数字化媒介设备既可以保留纸质图画书的阅读体验，也可以融入数字化元素，共同致力于幼儿图画书阅读。

目前根据图画书的内容可以将图画书分为启蒙益智类、文学故事类、情感教育、知识科普等类型。知识科普类的图画书内容比较抽象晦涩，可以借助 AR/VR 技术，通过虚拟与现实的结合为儿童展示一个立体的效果；

文学情感类的故事内容可以使用配套的视频、动画、音频来丰富的展示，让幼儿多感官接触文本内容，获得深刻体验；对一些文化主题类型的图画书，可以加入利用能够移动的电子设备，如iPad，让幼儿手持设备与图画书互动，通过闯关小游戏、在线分享等方式让幼儿切身体验不同的艺术主题、各地区文化历史和习俗等；对于一些艺术性比较强的图画书，可以通过kindle阅读器，虽然是对着电子屏幕阅读，但是图画书图画本身的独特艺术因没有进行数字化转化而能够保持原本的特色，如《石头汤》的水彩画风格、《魔奇树》《100只猫》的版画风格、《玛德琳》《让路给小鸭子》的速写风格、《风铃草姑娘》《打瞌睡的房子》的油画风格等。kindle阅读器使用了电子墨水的技术，模仿出了纸质图画书同样的阅读感，同时也降低了眼睛的疲劳感。

3.通过园企合作整合资源

幼儿园可以与知名出版社合作，可以确保图画书资源或货源的质量。另外，也可以与图书电商当当网合作，由于高质量的图画书往往定价昂贵，与电商合作可以大批、持续采购可以节约成本；也可以与数字化图画书开发商合作，如叫叫阅读、伴鱼图画书APP、小花生APP、有道乐读APP、喜马拉雅儿童APP等，这些APP不仅蕴含许多图画书资源，而且其完善的阅读链条以及功能设计实现了幼儿个性化的数字化阅读服务。例如，伴鱼图画书APP通过AI打分、提供阅读测评报告、用户互赞、UGC内容发布社区等功能对幼儿图画书阅读的成果进行展示和反馈。

总之，积极开展多方合作，借助多方力量获取资源以及享受高端服务以提升幼儿数字化图画书阅读的体验。

**（二）创设图画书阅读空间，重视精神环境建设**

1.营造舒适的空间与氛围

幼儿园活动室的图书区是以图书为主要资源，辅以其他文字、图片材料及桌椅等组成的可供幼儿自由阅读、促进幼儿语言发展的活动区域。

首先，在阅读的物质环境方面，摆放舒适的材料。根据研究者的调查，冰冷的纸质图画书、坚硬简陋的木制桌椅是大多数幼儿园图书区的一贯特征。试想这样的图画书阅读环境怎么能吸引幼儿的持续兴趣呢。因此，在幼儿园图书区的材料投放上，除了必备的图画书图书、书架、座椅之外，教师也要尽可能选择一个光线充足的安静角落，铺设松软的地毯、软枕、坐垫、泡棉、布套等柔软材料，或是适合身高的沙发。幼儿走进阅读区随意选择自己喜欢的图画书，或坐在松软地毯上，或坐在书桌前放松自由的阅读。此外，在阅读区的墙面上也可以作为幼儿图画书阅读的延伸，如可以是图画书内容的再创作、可以是模仿小读者的照片等。

其次，在阅读的心理环境方面，阅读心理环境的安全与否影响着幼儿阅读理解的积极性、创造性以及身心投入程度。教师要尽可能创设温馨舒适的氛围，让幼儿在阅读中感受到开放、宽松、自由的气氛，以便幼儿在图画书阅读中发挥积极主动性来进行阅读互动、平等交流、游戏延伸等。除此之外，教师始终尊重幼儿阅读的主体地位，教给幼儿正确的阅读理解方法，让幼儿在阅读中获得自信和快乐。例如，通过安排合理的图画书阅读时间来形成良好的阅读常规。一方面，保证每天活动室内阅读区是开放的，可以在每天的餐后、睡前、入园离园的任何一个阶段给幼儿自由选择阅读机会；另一方面，保证阅读的时间充足，根据不同年龄段孩子的注意力时间，科学安排阅读时间。此外，也可以在活动安静的区域安排固定的阅读空间，让幼儿形成良好的阅读习惯。

总之，如果有这样一个类似书吧的阅读空间，幼儿一定会有强烈的阅读愿望。

2.尊重幼儿的选择与表达

阅读理解中，主体意义的建构需要充分发挥幼儿的主动性和创造性。无论是集体阅读还是自主阅读，关于图画书阅读的媒介、阅读材料的选择，教师都可以相信幼儿的阅读理解能力，尊重幼儿选择和表达权，给予鼓励和肯定，使幼儿在全身心投入的过程中感受到快乐、体验到主体存在感、获得阅读成就感，为其终身享受阅读、喜爱阅读奠定基础。

3.进行融洽的互动与交流

建构主义学习理论下的图画书阅读强调幼儿之间协作互动，在互动中合作，在交流中分享，从而助推幼儿自主探索、思考图画书的内容、丰富图画书阅读的内涵，延伸对图画书的理解，促进图画书阅读理解意义的生成。可以说，互动、分享是图画书阅读理解过程的宗旨所在。

良好的师幼互动是幼儿园心理环境的一部分。教师应避免对幼儿进行行为限制或者严格要求，避免用不合时宜的话语、动作、表情伤害幼儿自尊心。可以允许幼儿自由讨论，围绕问题自由同教师交流问答，也可以通过头脑风暴的方式与同伴互动。允许幼儿在表达中进行发散性思考，也要允许幼儿阅读理解过程出现错误，同时鼓励幼儿把自己的理解表达完整，给予那些与教师互动交流的幼儿以肯定。

在媒介融合的图画书阅读环境中，要注意减少数字化阅读的"冷漠感觉"，增加对幼儿的人文关怀，避免出现在阅读数字化图画书时，教师只管播放，幼儿自己阅读的情况。具体方法是在阅读过程中加入语言互动和操作性互动，也可以利用图画书剧表演、手工活动、故事情节创编等多种开放式的互动方式。站在互动的角度，在一次完整的集体图画书阅读活动中，教师应多关注幼儿的参与度，可以通过多元的互动方式，如提出不同性质、不同层级的问题，吸引幼儿的注意力；教师也可以创设趣味性的语言环境和氛围；或者是通过肢体语言，如击掌、拉手、抚摸、拥抱等，和幼儿围绕文本内容进行交流。

## 二、提升教师图画书阅读理解指导水平

### （一）重塑指导理念，提升指导素养

1.更新媒介阅读指导理念

媒介融合的图画书阅读环境由信息技术和网络构成，具有信息显示多

媒体化、信息处理智能化等特征。相比于传统纸质图画书阅读理解模式，数字化图画书阅读理解既是在载体和内容上对图画书的重塑，也是教育思维上的颠覆性革新。因为在整个阅读理解过程中幼儿、教师、内容三者之间的交互方式都发生着变革。具体来说，传统的阅读理解模式束缚于工业化时代的接受主义模式①，教师和图画书是幼儿接受知识的来源，阅读的组织形式是集体讲读或讨论。在这种阅读理念指导下幼儿难以发展创造性思维，并且接收到的知识和社会的发展脱节。那么，以幼儿图画书阅读理解发展的结果为导向，在媒介融合时代教师的媒介阅读指导理念需全面革新。

首先，从教师的角色认知上来讲，未来的学习者需具备自主学习与合作学习的能力。因此教师应该完成教师权威到幼儿主体、知识传授者到潜能挖掘者的角色认知转变。例如，在阅读过程中改变教师灌输的言行，给幼儿更多的表达机会和时间，帮助幼儿从"要我阅读"到"我想阅读"。

其次，教师需完成身份认同，在幼儿面前不再是知识的拥有者，而是一个需紧跟时代做一个持续的学习者。例如，教师需要拥有一个持续学习的心态，需结合图画书内容与幼儿周围生活的时代背景去解读其故事意义。

最后，在师幼关系的认知上，数字化时代幼儿图画书阅读的时间和空间限制性慢慢缩小，对自主阅读的能力要求更高。图画书阅读要尊重幼儿的主体性，要将幼儿的年龄特点、生活经验、兴趣需要作为阅读的出发点，为幼儿终身学习奠定基础。②所以教师要改变教师传授、幼儿接受这种单一、被动的关系，不再是教会幼儿阅读，而是作为幼儿图画书阅读的组织者和幼儿共同阅读、幼儿自主阅读，支持个性化和差异化阅读。例如，

① 转自宋田博.当代视域下我国儿童绘本的五感体验研究[D].太原理工大,2021,6.
② 周兢.早期阅读发展与教育研究[M].北京：教育科学出版社，2007：6.

减少在阅读内容方面的控制权，提供个性化的阅读空间，支持自由化的阅读媒介选择，建立多元化的评价标准。

2.树立新媒介阅读指导观

在媒介融合环境下，教师要认识到幼儿图画书阅读的媒介只是阅读的手段，不是阅读的对象，媒介融合只是技术层面的丰富。在当下数字化快速发展的时代，幼儿越来越早地接触手机、iPad、电脑等电子设备，幼儿在花费大量时间关注电子设备的同时，也失去了在生活中获得直接经验带来的乐趣。事实上，幼儿通过五官获得的对世界的直观认识是阅读理解持续发展的基础，所以在目前数字化发展的背景下教师需有一个科学适宜的数字化图画书阅读指导观。

首先，教师需要挖掘优秀文本，以能够激发幼儿的视听嗅味触五个感官为宗旨，使幼儿的五个感知维度得到充分感知，从而使幼儿的多感知维度得到激发。中国著名学者钱钟书先生认为："视觉、触觉、听觉、味觉和嗅觉各感官之间是能够彼此相通的，而且人体器官感知之间是没有界限的。五种感官是人类与生俱来的感知能力，同时它又不仅仅只是感知，还包含了情感。每当我们的感觉器官与外部事物建立联系时，身体的各个不同的器官会产生不同感知，这些信息传递到大脑后，触发大脑组织和神经，从而引起情绪反应。①把阅读变成各个感官共同参与的综合体验。

其次，虽然强调媒介的重要性，但幼儿图画书阅读的内容并不能以媒介作为主要依据，而是着重于挖掘图画书文本的内容或者媒介元素传达出的有关图画书的内容，如图像、动画、音频等。若只注重媒介的感官刺激，而不注重感觉器官产生的感知觉，那么信息就不能传递到大脑中进而触发大脑组织和神经，便不能引起与文本一致的情绪情感的共鸣，那么图画书

---

① 转自宋田博.当代视域下我国儿童图画书的五感体验研究，太原理工大学[D].2021，6.

内涵和价值意义便不能被幼儿接受。

此外，在阅读引导的过程中，教师也可以做到教学环节的创新。例如，将数字化图画书应用于激趣导入、拓展想象、突破重难点等环节，使乏味的阅读变的妙趣横生，激发幼儿的多重感官体验图画书内容，建构图画书故事的主题意义，从而感受生活、认识世界。比如，很多幼儿园教师使用微信小程序"球球图画书"将教师、家长、幼儿三主体调动起来，共同参与到图画书阅读中。教师借助小程序发布班级阅读活动，带动幼儿和家长线上阅读、线下分享，既培养了幼儿的阅读兴趣，又为良好亲子关系的建立提供了契机。

3. 提升媒介阅读素养水平

幼儿教师对幼儿启蒙发展有着不可替代的作用，教师的阅读媒介素养同样也影响着幼儿。研究者通过观察发现，教师在引导幼儿阅读数字化图画书时，依旧沿用传统图画书的组织形式，或数字化图画书的阅读引导方式欠佳。根据教育改革理念，能够利用信息技术手段是一个现代化教师应该具备的素养。虽然利用数字化图画书进行阅读教学对教师的专业素养以及媒介阅读素养提出了很高的要求，但作为数字化时代的教师，这必须成为教师的一项基本教学能力。只有教师具备良好的新媒介阅读素养，才能恰当地利用不同媒介的图画书为幼儿提供一个认识世界的独特视角，也才可能在实践中支持幼儿图画书阅读理解，幼儿也能够顺应时代的进步。因此，幼儿园应该对教师做专题培训，创设学习核心多媒体技术和操作机会，通过讲座、比赛等挖掘和培育出优秀的教师；加大对优秀教师的支持力度，可以多提供物质支持，教师在学习的同时有余地去创造和研发。除此之外，有条件的幼儿园可以打造属于自己的教师团队，也可以和出版社、企业合作，让教师通过网络来进行各种形式的继续教育，完善自己的媒介阅读素养水平，提高教师搜集数字化图画书、使用数字化图画书以及根据教学情况对图画书做调整、修改的能力。例如，教师不要仅限于在多媒体白板上操作，也加入键盘和可以移动的翻页笔进行流畅的暂停和翻页，也可以利用多媒体的书写功能在图画书页面标注吸引幼儿注意力，或者利用网络和幼儿共同进行网络在线阅读，与不同的小读者进行实时在线互动。

总之，充分利用数字化媒介的价值，同时结合教师的熟练操作，开展生动有趣的阅读活动，有效提升幼儿的图画书阅读理解水平。

**（二）重视图画书选择，优化图画书使用**

1.高质量的数字化图画书代替纸质图画书的电子印刷版

电子印刷图画书有其存在的价值，如获取和携带方便、成本低等优势，但在转载过程中其画面的辨析度、页面的完整性都会降低，图画书的艺术性元素也会本削弱。而且通过PPT的形式用一张张图片播放，失去了作为书本身可以触摸、翻页的特质。数字化图画书所应用的多媒介元素不仅包括图画、音效、动画等基础的媒体形式，还包括基于数字移动终端多点触控技术支持下的交互功能。①数字化图画书看重的是图画书的多媒介元素的有机融合和互动，实现读者对视觉、听觉、触觉的多感官共同体验，以此有效地实现幼儿在阅读过程中与图画书元素之间的双向互动与反馈、沉浸其中以获得信息的接纳、吸收和转换。这是与纸质图画书的电子印刷版完全不一样的数字化阅读体验。因此，在现有条件下，教师为幼儿选择数字化图画书时，要对图画书进行筛选。

首先，需要考虑图画书的内容的难易程度是否符合幼儿当前的认知接受范围，贴近幼儿实际生活、天性基础，以及幼儿能接受愿意接受的方式来传达内容。

其次，选择适合数字化形式阅读的图画书，即专门设计的数字化图画

---

① 仇慧琴.基于IOS移动平台的互动图画书读物设计与实现[D].北京工业大学，2014.

书，而不是纸质图画书的电子印刷版本。因为一些纸质图画书的设计及内容只适用于幼儿翻页阅读、仔细阅读，如《母鸡萝丝去散步》《100层的房子》《蚯蚓的日记》《黄气球》等。以《黄气球》为例，这是一本培养幼儿观察力、想象力，并进行艺术启蒙的图画书。图画书无一个文字，以一个轻盈飘动的黄气球为线索，向读者呈现一个气势宏大、风格奇异的环球旅行，任何的细节都隐含着信息。若不仔细、反复观看，是注意不到一些线索的，就不可能厘清发展的脉络，更需要以幼儿自己的阅读进度来翻页并且允许反复翻页回味。

再次，建议以融合了文字、图画、声音、动画等多种介质元素的高质量数字化图画书为主，如有声图画书。有条件的选择 AR 图画书、VR 图画书，让幼儿充分且有效地进行图画书阅读。

最后，数字化图画书以何种移动终端设备进行阅读互动更佳，以及在幼儿园不同的阅读组织形式中以何种媒体形式辅助幼儿实现认知需求等。

### 2.图画书阅读媒介的多元形式代替单一形式

一个鲜活的图画书阅读活动是有感染力的、有生命力的。幼儿通过不同的阅读方式，能够在获取认知经验的同时收获不同的情感体验。数字化图画书的出现给幼儿图画书阅读带来了新的生机，而且数字化图画书既有利于打破幼儿园传统的图画书阅读组织形式，又有利于趣味性阅读、情景化阅读、非线性阅读等阅读。例如，针对高质量的图画书，无论其媒介形式如何，都可以将其纸质形式和数字化形式有机结合，可以通过集体阅读、自主阅读的形式来灵活组织，通过安排合适的阅读时间以及针对性的指导发挥各自优势。具体来说，儿童文学作品是儿童纸质媒介的重要内容构成，相比于数字化图画书，纸质图画书的文学性内涵具有优势。幼儿教育者深情讲读带来的阅读感受与数字化图画书全然不同，数字化图画书的互动无法取代师幼共读带来的愉悦。因此，教师可以拓宽选择的范围，了解国内外各类高质量的数字化图画书、适合用于图画书阅读活动的图画书题材。

数字化图画书可以在纸质图画书阅读过程中有机融合，缓解阅读过程中的兴趣低沉的氛围。可以在阅读过纸质图画书后再阅读相应的数字化图画书，帮助幼儿再次欣赏，深入理解和巩固已有故事经验。除此之外，将数字化图画书作为纸质图画书阅读的前奏，利用数字化图画书中的音频、歌曲、游戏、动画等元素激发阅读兴趣，传递多感官信息，获得全新的故事阅读理解体验。总之，应充分发挥多媒介图画书对幼儿阅读理解的提升作用。

3.图画书选择以幼儿兴趣为主代替教师权威

如今市面上琳琅满目的图画书让教师容易在选择上有所偏差，但是适宜的图画书可以帮助幼儿在最近发展区获得发展。与此相反，若脱离幼儿年龄特点、兴趣爱好、认知发展水平，选择出来的图画书不一定能够适合幼儿。面对幼儿园图画书选择和使用中存在的问题，如由于图画书的选择缺乏年龄适宜性而导致的幼儿阅读理解兴趣水平低，首先，从观念上应从幼儿为阅读的主体出发，以该阶段幼儿阅读理解的经验水平为标准，选择其理解范围内的、感兴趣的内容。脱离幼儿生活的故事内容对于幼儿来说也是苍白无力的。教师在选择时也要结合其生活实际，让抽象的故事带有现实生活的痕迹。其次，市面上的电子图画书种类繁多、鱼龙混杂，许多图画书故事与幼儿园的教育目标不匹配。鉴于此，对在级内投放的图画书，幼儿园、教研主任、班主任教师应层层把关，保证幼儿图画书阅读内容的质量和年龄适宜性，确保质量第一而不可一味追求数量多，因为高质量的绘本在角色设定、图文互动、故事内容、细节等方面往往更容易引起幼儿阅读理解的兴趣。最后，教师自身需要提升知识素养，经常去解读文本内容和对幼儿进行学情分析，做到图画书和学生现有水平链接起来。例如，在图画书种类的多样性上，可以以图画书的形态为维度，提供立体图画书、操作图画书等；以装帧设计为维度，提供横开本和竖开本、正向翻页和倒着翻页等多种多样类型的图画书；在图画书媒介的形式上，可以提供纸质图画书和数字化图画书，把选择使用哪种阅读媒介的部分权力交给幼儿。总之，幼儿园应考虑幼儿的年龄特点和当下阅读经验水平，以兴趣为主，选择与幼儿生活经验密切、图文一致、质量过关的多样化形态图画书。

4.图画书阅读内容的多样化形式代替单一性

图画书是图画和文字共同叙述故事的文学艺术。纸质形式也好，数字化形式也好，都不应以媒介作为幼儿园早期图画书阅读的对象，且媒介符号的丰富和重新组织未从根本上动摇图画书阅读的文化，应着重关注的是与它相关的内容。如今图画书的内容也是随着时代的变化而不断进行内容的扩充，教师需要使优质的图画书资源以发挥其应有的多样性价值。对于幼儿园存在的过多选择具有教育意味的图画书现象，应改变图画书选择的策略，在理论上重视阅读材料投放的重要性和适宜性。

第一，图画书内容的题材尽可能多样化。以主题内容为维度划分，图画书包括知识性和文学性两个大类。知识性也称科普图画书，题材十分广泛，有天文、地质、动物、植物、人体、机械等。简单亲切的语言、清新活泼的画面能够激起幼儿的求知欲和探索欲，各种题材的图画书既可以丰富幼儿对世界的认知，又可以建立起对未知世界的兴趣。文学性图画书多以富有内涵的寓言故事或朗朗上口的诗歌为主题元素。故事类图画书满足幼儿的想象力，富有旋律、朗朗上口、简介直白的诗歌契合幼儿的语言发展特点。

第二，要注意阅读材质的多样化。研究者在调查中发现幼儿对异形图画书的兴趣大于普通纸质图画书，如立体的、互动操作的、木制的、塑料的、布制的、电子的、有声的、VR/AR图画书等。幼儿通过感受、触摸、探索获得对文本深刻的印象和理解。

第三，可以选择不同类型的包装，如平装书、精装书、异型书等为幼儿呈现不同的阅读感受。

第四，选择不同类型的创作手法，如手绘图画书、摄影图画书等。在手绘图画书中，幼儿可接触水彩画、油画、国画等绘画种类，了解马克笔、油画棒、毛笔、针管笔、钢笔等不同的绘画工具。其精美的构图、细致的肌理效果能使幼儿在潜移默化获得艺术熏陶，在绘画与文字中体会图画书所要表达的精神意蕴。

第五，在表现风格上尽可能多样化，如提供写实类和非写实类。写实类图画书多取材于现实生活，通过写实的视觉表现效果。幼儿可较真切的接触一些日常难以接触到的各种自然元素，如不同形态的昆虫、不同特性的植物……这些自然元素的真实再现具有建构故事内容、升华故事内容的意义。非写实类图画书通过符号和象征的方式构建出想象的、非真实的世界，幼儿借助夸张的画面中和富有想象力的情节理解文本情感。对于幼儿来说，大胆奔放、天真奇幻、无拘无束的情节构建了一个梦境般的世界，容易产生阅读兴趣。

总之，要充分挖掘和利用图画书本身多样的艺术性特征，着眼于幼儿终身阅读的发展，使其发自内心喜欢上阅读。

### 三、发挥媒介优势，创新指导策略

#### （一）利用新媒介设备进行集体共读

图画书阅读正如其设计一样，从封面到封底有七个阅读步骤，以及图文关系和版面设计也都有阅读的先后顺序。[1]在媒介融合的图画书阅读背景下，多了阅读媒介的选择，因此最重要的是对图画书找准定位，为其匹配合理、适当的新媒介设备，从而去开展恰当的阅读组织形式，避免出现乱匹配、盲目追求技术、一味排斥技术等情况。

首先，集体阅读是教师面向全体幼儿并引导幼儿共同阅读一本图画书的活动。在这个过程中，图画书是什么、有哪些要素、怎么阅读等都可以

---

[1]　彭懿.图画书这样读[M].南宁：接力出版社，2012.

清晰地展示给全体幼儿。同时，教师在按照一定阅读顺序阅读时，也可以引导幼儿学习如何关注特定的要素获取图画书内容和主题，从而帮助幼儿掌握基本阅读能力。

其次，在集体共读中，实际上教师组织了一个无形的阅读讨论小组，同伴的思维和想法不仅能丰富其他幼儿的认知经验，也能因为一个思考引发更深层的探索，获得更深入的启发，从而加深对图画书的解读和多元理解，在阅读的深度参与中提升幼儿阅读理解能力。

### （二）以理解性的问题介入阅读过程

幼儿图画书阅读理解受阅读方式和阅读媒介的影响，帮助者的支持性行为也发挥着重要作用。陈子典提出，儿童文学的欣赏主体虽是幼儿，但不能否认还有成人。[①]幼儿对图画书的理解与建构受教师角色的影响，教师互动提问和讨论都能引导幼儿做出更多的细节化理解反应。尤其是对图画书的隐含信息理解，图画书故事中重要内容一般呈现在页面的关键区域。如果幼儿在阅读中对关键区域注视的时间多，那么对图画书理解也是大有裨益的；反之，则会削弱理解程度。但是，对图画书的理解不仅能掌握传递的基本信息，也要能够通过分析和概括得出内容中的深层隐含信息。阅读理解能力包含着提取、分析、概括等能力，离不开阅读过程中的深度参与。通过观察发现，教师在幼儿阅读过程与幼儿积极的语言沟通和深度交流能有效提高阅读理解的效果。因此在具体的实践中，教师可以从引导幼儿从图画书的画面入手，以面向集体的形式提出互动问题。

第一，问题要有针对性，是针对画面的细节理解故事人物角色、动作行为、情节变化等基本信息问题，也可以是理解故事主题等开放式、探索式等隐含信息问题。

---

① 陈子典.儿童文学欣赏：成人与儿童的比较[J].教育导刊.幼儿教育，2004（10）：57—61.

第二，问题要有理解性，一方面指的是要能让幼儿听懂问题的语词，不能抽象化；另一方面是紧紧围绕图画书有关的内容，难度要适中，出发点是有助于幼儿理解内容。

第三，问题要有科学性，除了一些了解幼儿理解程度的问题外，教师要提出一些超出幼儿理解能力范围外、能引发其思考的问题，让问题为幼儿的理解发展提供一个支架，在最近发展区获得理解能力的发展。

第四，问题要有灵活性。不要用封闭式提问，如"对不对""喜不喜欢"等。提问的句式也可以灵活多样，抓住幼儿兴趣点，激发其思考的积极性。

总之，在阅读过程中，通过围绕问题幼儿在有目的、有意识的引导下反复猜测、分析、推理，最终理解图画书故事的整体内涵并建构意义；同时，潜移默化地锻炼幼儿基本阅读理解能力，实现图画书阅读的工具价值和本体价值。

### （三）科学合理的融合使用两种媒介

研究者发现，不同媒介下幼儿对图画书信息理解存在着差异，主要体现在阅读理解的兴趣不同，对图画书内容存在遗漏和偏差。对目前我国幼儿图画书阅读教育来说，完全避免数字化阅读或以纸质图画书为主不适合幼儿。事实上，图画书作为幼儿阅读的材料，无论哪种媒介都应为阅读的宗旨服务，即帮助幼儿整体理解故事内容、建构主体意义。将数字化图画书和纸质图画书一起使用，是最好的选择。那么，作为幼儿阅读的引导者，幼儿教育者有责任和义务在幼儿前阅读阶段保护其身心健康发展，在满足其阅读需求的基础上，也要帮助其建立良好的阅读行为习惯，避免一些因商业利益而设计的图画书误导幼儿。

一是价值观念。从媒介融合的角度来看，媒介融合已成为大众传播的主流趋势，不同媒介的属性和传播机制各有优势，发挥着单一媒介阅读难以产生的优质阅读效果。同时，阅读主体幼儿对阅读体验的要求在不断提高。因此，建议教师在充分利用图画书的基础上，既看到传统纸质图画书阅读不可替代的价值，也要借助新兴数字化图画书的特殊优势，强化两种媒介之间的交流和融合，整合两种媒介之间的阅读优势，形成以融合为中心的阅读机制。例如，将数字化图画书阅读的多层互动与纸质图画书阅读的安静陪伴融合、立体多维与平面相融合、虚拟与现实融合、多重感官体验、静态阅读融合。通过科学合理的融合力图满足幼儿的个性化阅读需求，拓宽幼儿的阅读视野，提高幼儿对图画书的阅读理解效果。

二是指导思路。教师要清楚数字化图画书能引起幼儿阅读理解兴趣的一部分原因是互动游戏操作和电子设备，而非图画书内容本身。所以教师要做好阅读前的图画书筛选工作，筛选掉数字化文本内容浅显化严重的文本，避免幼儿的阅读理解兴趣流于表面，难以深入内容阅读。同时，教师可以挖掘优质的图画书资源。在形式方面，在集体阅读中师幼共读数字化图画书，在阅读区投放一致的纸质图画书供幼儿自主阅读。

三是家园共育。随着新媒体技术的发展，数字化图画书已经进入幼儿的生活世界，但对数字化图画书的使用和阅读并不成熟。在幼儿园有教师引导，但是家长的育儿素养参差不齐，孩子在家庭中不能完全像在幼儿园一样阅读数字化图画书。因此，在幼儿园中除了引导幼儿阅读纸质图画书，为了幼儿健康的成长以及阅读理解能力的发展，也尽可能传授给家长关于幼儿数字化图画书阅读的技能和方法，让幼儿能在家庭中阅读数字化图画书，在不同媒介的图画书中体验阅读的多样性和趣味性。

因此，在未能找到完美取代传统纸质图画书阅读的数字化图画书之前，最适合幼儿的图画书阅读应该是将两者优势互补。

**（四）保持故事参与性与趣味性平衡**

目前我国数字化图画书发展还未成熟，存在诸多问题。例如，为吸引幼儿的阅读兴趣，单纯借助大量的动画效果提供感官刺激，或在内容操作上没有延伸活动、在内容传递上没有下功夫，导致幼儿难以达到对图画书深层次信息的理解。此外，幼儿对不同形式的图画书表现出阅读理解效果不一样。幼儿普遍对数字化图画书有较高的兴趣及参与程度，对故事基本信息的理解方面更有优势。所以，教师在图画书阅读中，既要保证幼儿对故事的参与性，也要考虑调动幼儿的阅读兴趣，实现两者之间的平衡，以免顾此失彼。因此，这需要教师根据此阶段幼儿的兴趣、阅读理解能力、读写能力，选择的图画书必须符合当前幼儿的认知，并能和幼儿的生活密切相关。此时只是为幼儿提供了一个参与故事的前提，并不能立刻产生理解，但接下来幼儿产生了兴趣，才会有深入的可能。立足图画书阅读活动目标，一定要明确做到让幼儿对基本信息和隐含信息都获得理解。在阅读纸质图画书时，对于一些重要信息或难以理解的概念可以引入数字化图画书，将幼儿带入故事角色中接触一些行为和事物，提升幼儿对情节内容的有效参与。在数字化图画书阅读中，对一些需要反复阅读的部分，则可以使用纸质图画书的图片帮助幼儿厘清故事发生的起因、经过、结果、人物心理状态的变化等。此时，幼儿已产生一定的理解，但仅仅是站在文本角度。在阅读中将幼儿带入故事中，成为参与者；设定不同故事线条和多线的开放式结局，不再是一个故事一个结局，在发散过程中增加趣味性，建构文本之上更高层次的主体意义。

**四、多元解读文本，满足阅读期待**

成人的经验和视角与幼儿存在着差异。在对图画书进行理解和解读时，教师应尊重幼儿的理解和想法。只有站在幼儿的角度才能走进幼儿眼中的图画书世界。

**（一）关注精心设计的图文元素**

在幼儿图画书阅读理解的过程中，图画发挥着重要的作用。图画这种符号系统和幼儿的具体形象思维相符合，可以突破幼儿由于文字认读的限制而对故事内容阅读的限制，对单幅图画、连续图画的理解就是对故事角色、情节发展的理解。研究者发现，教师对图画书故事的解读和分析是一个重要的环节。教师首先要对图画书内容把握得足够深刻，捕捉图画书创作者图文设计中别具匠心之处。其次接着带领幼儿深入阅读理解，引导幼儿对图画书图画细节所表达的各维度的内容信息进行充分了解。

一是关注图文元素。与幼儿生活经验贴近的图文元素，容易被幼儿接受，产生共鸣，激发幼儿的阅读兴趣。关注充满节奏感的语言文字或文字图形化的元素，如《我爸爸》的语言文字设计简洁且充满节奏，可以满足幼儿阅读理解的兴趣。也可以关注生动有趣的图画，如《母鸡萝丝去散步》的图画颜色温暖、处处设有伏笔，图画中蕴含着幽默元素。这些都符合幼儿观察和探索的学习特点，也能引发幼儿深入阅读的兴趣和探索的欲望。

二是引导幼儿进行图画内容的描述。教师在展示图画书时不要先入为主讲解故事，可以让幼儿看图描述内容，或让幼儿给图画命名、说出图画的意义等，通过成人的有意识引导帮助提升通过图画获取信息的能力（即读图能力），从而促进其阅读理解。

三是关注图文的新型艺术形态。数字化图画书的图画是数字化和艺术完美结合的新型艺术形态。其展示的图像以及色彩是依据幼儿的色彩心理和接受度设定的。通过数字化移动终端设备或数码显示设备其图画书图画具有色彩和谐、画面精湛、风格多样、表现形式丰富等特点。这种结合了数字化的新型艺术形态有助于促进幼儿的认知，对幼儿的审美感知、审美表达、审美创造都有一定的积极意义。例如，数字化对图画书多种类型的绘画风格进行高清、保真显示，充分传达图文的情感氛围；色彩细腻的图画让幼儿无形中得到审美熏陶、色彩搭配等美学体验。

**（二）关注故事内涵的意义建构**

兴趣是幼儿发展最大的内驱力，同样也是幼儿持续阅读、喜爱阅读最好的老师。幼儿能够乐此不疲地游戏是因为可以体验游戏带来的娱乐感以及成就感。同样，阅读如果不能给幼儿带来娱乐感和阅读后的成就感，那么一次次的阅读会让幼儿感觉到枯燥无味。这需要教师在阅读前做好充足的准备，利用好数字化图画书，开展趣味阅读，同时深化阅读理解，引导幼儿与故事发生交互，体验获得感。

首先，若要深谙图画书的内涵，需要教师有比较扎实的文学功底和综合分析解读能力。教师在平时可以针对图画书内容去阅读一些有关的书籍，如王林的《图画书赏析与创意教学》、彭懿的《图画书阅读与经典》、陈晖的《图画书的讲读艺术》。这些指导用书包含有丰富的图画书故事以及关于故事的解读、讲读方法。通过专业的学习，教师对于图画书故事内涵的分析和解读能力不断提高。

其次，在每次图画书阅读活动前，教师要对即将阅读的图画书故事、内涵、巧妙之处烂熟于心，设计好在哪个环节通过哪些教学手段让幼儿产生注意的兴趣，哪个环节为理解的重难点或者哪个环节需要教师通过多种方法进行凸显人物角色特征等。教师只有对即将阅读的图画书完全理解并掌握才能在接下来的阅读活动中正确引导并能随机应变。

最后，利用好数字化多媒介元素的特征，如利用音频、动画渲染或紧张或温馨或平静的故事情节，让幼儿犹如身临其境，辅助幼儿对故事内容的理解，产生共鸣，以此深化内涵的理解及意义建构。在经典图画书《菲菲生气了》中，不同的故事情节有相应的音效、动画、色彩，在平静时、争吵时、破门而出时、眺望远处时、情绪安定回家时、感受爸爸妈妈的拥抱时……这些情节伴随着相应的多媒介元素，也让幼儿在感受中深刻体会情绪的无常和变化。

### （三）关注图画书独特的互动设计

数字化图画书的诞生使幼儿图画书阅读发生了巨大的变化，幼儿的外显阅读行为和内在阅读理解也发生了多方面的重要转变。教师不能再用传统的图画书解读方式带领幼儿阅读，而应提高对数字化图画书中独特互动性设计的关注度。互动性的操作步骤的融入增加了图画书的可读性，让幼儿被故事的内容吸引而真正融入进去、参与进去，在理解内容的同时享受快乐阅读。同时，不能沉迷于互动设计，应将其合理应用于强化重点、突破难点中。例如，《海底小纵队——AR情境互动》，每一册提取了3个重要知识点，设计了AR互动情境，引导幼儿和教师使用手机APP扫描带有"开启AR魔法"标识的内容页，获取三维动画……这些设计既调动了幼儿阅读的兴趣，也加深了幼儿对重要内容的理解。同时，幼儿与数字化有了更近距离的接触。因此，图画书中的这些独特互动设计需要教师重点把握，合理使用。

研究者在田野调查中发现，屏幕阅读的方式似乎更为现在的婴幼儿所接受和喜爱。尤其是那些动态媒体形式的电子童书深受幼儿青睐，如喜欢听电子媒体讲读故事、喜欢看电子屏幕呈现动画故事、喜欢玩电子设备具有的游戏故事情景等。的确，童书文本的载体形式随着电子媒体技术的迅速发展日益丰富多样。相较纸质童书的阅读，电子童书越来越多地渗透到学前儿童的生活之中，在内容呈现方式上实现着由静态向动态的转向和突破。

每个幼儿都是在已有心理发展水平和知识经验基础上走进图画书的世界，通过媒介融合的直观经验积累或重组已有经验，逐渐建构经验间的联结，形成新的意义理解。可以说，媒介融合环境下，幼儿走进图画书世界的过程就是幼儿与图文动态互动、深度对话、不断建构的过程。不同媒介的融合阅读，为幼儿的观察和发现提供了内容线索、为幼儿的想象和探究提供了素材背景、为幼儿的新旧经验联结提供了关系要素。幼儿在逐步发现、欣赏和品味着故事内容的过程，而不断形成和建构着自己对于生活世界的更丰富的理解。

# 结　语

　　媒介融合环境下幼儿图画书阅读理解是一个涉及信息技术学、儿童文学、儿童心理学、儿童美学和教育学等多个学科和多个领域的复杂过程，在媒介融合的阅读环境中，既需要对幼儿阅读理解的整体环境特点和空间影响进行分析、对阅读文本内容的文学意义和审美价值有所把握、对文本的传播媒介和数字化技术进行考量，也需要对幼儿阅读的心理过程有所认识，属于跨学科的融合研究。本研究立足于真实的教育背景，通过文献法梳理媒介融合环境下幼儿图画书阅读理解的相关研究，进入幼儿图画书阅读理解的真实教育场景，对当下幼儿园媒介融合环境下幼儿的图画书阅读理解情景进行现状调查，以现状表征为基础，深入剖析幼儿图画书阅读理解所存在的问题，透过问题找出其背后存在的原因，从关键性影响因素入手提出系统优化的路径和策略。

　　目前，数字化图画书虽然尚未成为幼儿阅读的主流，但其已经处于取得突破性进展的临界点。本研究立足于在媒介融合环境下探索幼儿图画书阅读理解，是研究者对当下幼儿图画书阅读理解调查之下的进一步尝试和探索，力图揭示当下幼儿阅读不同媒介图画书的理解情况，并努力建构一个创造未来的实践路径。虽百般努力，但由于研究方法的运用尚需改进，对问题的探索还处于浅尝辄止的层面，实践策略的提出也未能进行验证。这也让研究者认识到今后所着手的方向：一是对幼儿阅读理解现状的把握更加全面和深刻，在全面性上可以在全国范围内搜集数据，在深度上可以做阅读后的观察，让所提出的观点更加具有代表性；二是在实践中验证本研究提出的策略；三是将本研究的发现和观点向幼儿园和家庭做普及和推广。

人生百年，我辈有幸生活在一个阅读和学习都发生着巨大变革的时代。当下以及未来伴随着数字化图画书、阅读环境、成人指导策略等的成熟，幼儿将以较高的性价比感受到数字化图画书阅读的乐趣。

# 参考文献

## 一、中文文献

[1]《2018中国儿童数字阅读报告》[EB/OL].https：//cn.china daily.com.cn/a/201905/08/WS5cd2a0bea310e7f8b157b8bf.html.

[2][美]Jeanne M.Machado 著，王懿颖等译.幼儿语言教育[M].北京：北京师范大学出版社，2012：229.

[3]Sternberg，R.J.等著，赵海燕译.思维教学[M].北京：中国轻工业出版社.2001.71—77.

[4]安婧瑜.媒介融合背景下报纸数字化转型困难与对策研究[D].长安大学，2016.

[5]安靖.电子书还是纸质书：幼儿电子故事书阅读效果的影响因素[D].华中师范大学，2018.

[6][美]奥格布（J.U.Ogbu）.教育人类学的研究目的和研究方法[J].现代外国哲学社会科学文摘，1988（1）：44.

[7][美]保罗·莱文森（著），何道宽（译）.思想无羁技术时代的认识论[M].南京：南京大学出版社，2004.

[8]曹漪那，付玉杰.从尼葛洛庞帝"三圆交叠"说看媒介分化[J].西南民族大学学报（人文社科版），2009，30（12）：223—226.

[9]常露凡.大班幼儿图画书阅读理解与听读理解的比较研究[D].沈阳师范

大学，2020.

[10]陈红.影响3—6岁幼儿图书阅读理解的因素研究[J].学前教育研究，2000（04）：28—30.

[11]陈七妹.从媒介分析角度看网络对传统阅读方式地影响[J].新闻界，2004，（06）：58—59.

[12]陈晓艳.无字绘本提升中班幼儿阅读理解能力的研究[J].陕西学前师范学院学报，2020，（11）：51—55.

[13]陈晓艳.无字绘本提升中班幼儿阅读理解能力的研究[J].陕西学前师范学院学报，2020，36（11）：50—55.

[14]陈长松，蔡月亮.多中心与去中心：融合媒介使用主体存在特征及影响[J].中国出版，2015（04），40—43.

[15]陈长松，蔡月亮.多中心与去中心：融合媒介使用主体存在特征及影响[J].中国出版，2015（04）：40—43.

[16]陈子典.儿童文学欣赏：成人与儿童的比较[J].教育导刊，幼儿教育，2004（10）：57—61.

[17]程文婷，王军.亲子阅读视角下电子绘本与纸质绘本的阅读差异研究[J].图书情报工作，2015，59（22）：64—71.

[18]仇慧琴.基于IOS移动平台的互动绘本读物设计与实现[D].北京工业大学，2014.

[19]邓祎雪，高宏钰，曲方炳，蒋云霄.5—6岁幼儿阅读纸质绘本与电子绘本的差异研究[J].福建教育，2020（42）：17—19.

[20]杜威.民主主义与教育[M].陶志琼，译.北京：中国轻工业出版社，2015.

[21]方睿，张莎莎，魏雪琪.儿童阅读差异视角下电子绘本的交互设计[J].装饰，2020（09）：128—129.

[22]方睿，张莎莎，魏雪琪.基于儿童阅读差异的电子绘本与纸质绘本设计

研究[J].出版科学，2019，27（05）：71—77.

[23]顾明远.中国教育大系[M].湖北教育出版社，1994.

[24]顾明远主编.教育大辞典[M].上海：上海教育出版社，1998.

[25]郭书艺.幼儿阅读教学中电子绘本设计与运用的行动研究[D].上海师范大学，2021.

[26]韩映红，赵婧.电子绘本阅读对幼儿早期阅读发展的促进[J].教育导刊，2018（04）：51—53.

[27]韩映虹，王静.不同阅读方式下5—6岁幼儿无字图画书阅读的眼动研究[J].学前教育研究，2013（09）：21—27.

[28]何平华.从"纸媒"到"屏媒"：现代编辑的视觉素养论[J].编辑之友.2013（12）：42—45.

[29]何淑娟，谌小猛.思维导图教学对智力障碍儿童阅读理解能力的干预研究[J].中国特殊教育，2020（07）：44—50+56.

[30]贺红，蒋蕙.多元化早期阅读材料的研究[J].学前教育研究，2005（02）：33—35.

[31]姜边.数字阅读媒介人性化进化趋势之分析[J].出版广角，2021（14）：89—91.

[32]蒋红.数字阅读能取代纸质阅读吗？——基于36篇有关信息载体对阅读效果影响研究论文的元分析[J].上海教育科研，2017：9.

[33]教育部.3—6岁儿童学习与发展指南[OL].北京：首都师范大学出版社.2012.

[34]教育部.教育部关于印发《基础教育课程改革纲要（试行）》的通知[EB/OL].http：//old.moe.gov.cn//publicfiles/business/htmlfiles/moe/s8001/201404/xxgk—167343.html

[35]康长运，唐子煜.图画书本质特点研析[J].大学出版，2002.（02）：29—32.

[36]康长运.图画故事书与学前儿童的发展[J].北京师范大学学报，2002（04）：20—27.

[37]李林慧，周兢，刘宝根，高晓妹.学前儿童图画故事书阅读理解研究[J].中国特殊教育，2011，（02）：90—96.

[38]李林慧.早期阅读理解能力发展：多元模式的意义建构[J].学前教育研究，2015（07）：28—34+51.

[39]李麦浪.幼儿看图书特点的研究[J].学前教育研究，1999（01）：29—31.

[40]李维，王娟.阅读媒介对5—6岁儿童故事生成的影响——基于数字化绘本和绘本阅读的比较研究[J].电化教育研究，2017，38（06）：95—102.

[41]李维.电子阅读与绘本阅读对5—6岁儿童的叙事表现影响[D].江苏师范大学，2017.

[42]李星.学前儿童故事类绘本阅读理解水平发展及阅读教育实践研究[D].上海师范大学，2017.

[43]廖俐.具身认知策略下幼儿故事阅读理解能力提升及其影响因素[J].陕西学前师范学院学报，2020，36（07）：8—16.

[44]林崇德，杨志良，黄希亭.心理学大辞典[M].上海：上海教育出版社，2003.

[45]刘宝根，周兢，李林慧.4—6岁幼儿图画书自主阅读过程中文字注视的眼动研究[J].心理科学，2011，（01）：112—118.

[46]刘河.绘本形态对中班幼儿阅读理解能力影响的实验研究[D].贵州师范大学，2018.

[47]刘佩杏.不同材料介质绘本的使用对中班儿童故事理解的测查研究[D].广西师范大学，2015.

[48]刘友棚.重复阅读对4—5岁幼儿阅读理解影响因素的眼动研究[D].深圳大学，2019.

[49]罗珑月.集体教学活动后大班幼儿阅读理解情况的研究——以《朱家

故事》为例[D].四川师范大学，2018.

[50]罗荣，陈京军.数字化读写影响儿童传统读写能力的研究与启示[J].数字教育，2021，7（01）：26—31.

[51]罗媛心.基于电子绘本的幼儿阅读活动实践研究[D].吉林师范大学，2020.

[52]吕妮娜.早期阅读活动中幼儿阅读理解策略的研究[D].陕西师范大学，2011.

[53]毛颖梅，卢雪纯.不同阅读介质对幼儿阅读理解水平的影响[J].现代中小学教育，2016，32（01）：107—111.

[54]孟建、赵元珂.媒介融合：粘聚并造就新兴的媒介化社会[J].国际新闻界，2006：7.

[55]庞丽娟.文化传承与幼儿教育[M].杭州：浙江教育出版社，2005：256.

[56][加]佩里·诺德曼·梅维丝雷默著.陈中美译.儿童文学的乐趣[M].上海：少年儿童出版社，2008.

[57]彭懿.世界图画书阅读与经典[M].南宁：接力出版社，2011.

[58]彭懿.图画书这样读[M].南宁：接力出版社，2012.陈帼眉，刘焱.学前教育新论[M].北京：北京师范大学出版社，1996.

[59]齐永光.媒介融合视域下的文学数字化传播[D].吉林大学，2020.

[60]任萍.故事结构教学对大班幼儿阅读理解能力影响的实验研究[D].沈阳师范大学，2017.

[61][日]松居直著.季颖译.我的图画书论[M].长沙：湖南少年儿童出版社，1997.

[62]（转自）宋田博.当代视域下我国儿童绘本的五感体验研究[D].太原理工大学，2021.

[63]孙丽丽，齐丽丽，季拓.电子产品对学龄前及学前初期儿童近视的相关性分析[J].国际眼科杂志，2016，16（12）：382—385.

[64]王爱娣.美国语文教育[M].桂林：广西师范大学出版社，2007.

[65]王建华，苏日古嘎.场景式阅读与表达：媒体融合视域下的出版路径探索[J].现代出版，2021（03）：82—86.

[66]王娟，李维，张攀，沈秋苹.阅读媒介对5～6岁幼儿故事理解的影响——基于绘本阅读与数字阅读的比较研究[J].幼儿教育，2019（Z3）：41—43+70.

[67]王长潇，卢秋竹.听书抑或看书？——具身认知理论视角下媒介对阅读效果的影响[J].编辑之友，2021（04）：61—66.

[68]王长潇，卢秋竹.听书抑或看书？——具身认知理论视角下媒介对阅读效果的影响[J].编辑之友，2021（04）：61—66.

[69]吴刚.知识演化与社会控制——中国教育知识史的比较社会学分析[M].北京：教育科学出版社，2002.

[70]伍新春.儿童发展与心理学（第2版）[M].北京：高等教育出版社，2013.

[71]萧冰，王茜.增强现实技术在儿童科普读物中的应用研究[J].科技与出版，2014（12）：108—111.

[72]徐慧艳，陈巍，高奇扬.具身认知策略对幼儿阅读理解能力的影响：索引假说的检验[J].学前教育研究，2018（05）：28—36.

[73]叶惠玲.大班幼儿不同阅读方式对阅读理解效果的影响比较[J].广西民族师范学院学报，2018，35（05）：153—156.

[74] [英]英克尔斯著，陈观盛，李培茱译.社会学是什么[M].北京：中国社会科学出版社，1981：34.

[75]张明红.关于早期阅读的几点思索[J].学前教育研究，2000（04）：17—18.

[76]张明红.精加工策略在幼儿园早期阅读中的运用[D].上海：华东师范大学，2006.

[77]张新宇.5G时代数字阅读的媒介化进程与影响[J].编辑学刊，2021（04）：

33—38.

[78]张雪.亲子共读视角下不同阅读介质对5—6岁儿童阅读理解能力的影响[J].早期教育（教育科研），2019（12）：49—53.

[79]张义宾，周兢.纸媒还是屏媒？——数字时代儿童阅读的选择[J].现代教育技术，2016，26（12）：24—30.

[80]张翼.媒介融合背景下移动阅读APP营销策略分析——以微信读书为例[J].新闻研究导刊，2021，12（01），247—248.

[81]赵霞.电子图画书：图画书创作出版与研究的新趋向[J].中国出版，2018（07）：33—36.

[82]中国新闻出版社研究院.第十八次全国国民阅读调查数据[EB/OL].http：//www. Chuban. cc/ztjj/yddc/，2021.

[83]中华人民共和国教育部.3—6岁儿童学习与发展指南[M].北京：首都师范大学出版社，2012.

[84]周兢.早期阅读发展与教育研究[M].北京：教育科学出版社，2007.

[85]周灵.传媒类本科生融合式媒介素养教育研究[D].南京师范大学，2016.

[86]周蔚华.后现代阅读方式的兴起与出版转型[N].中国人民大学学报，2007（2）.

[87]周颖.对话式阅读活动促进中班幼儿故事理解的实践研究[D].成都大学，2021.

[88]周钰，王娟，陈憬等.信息载体影响文本阅读的实证研究：基于数字阅读与纸质阅读的比较[J].中国出版，2015（10）：21—26+79—80.

[89]朱继文，刘辛.运用数字化学习方式提高幼儿早期阅读能力[J].中国现代教育装备，2013（18）：5—8.

[90]朱咫渝，史雯.新媒体时代数字化阅读的审视[J].现代情报，2011，（02）：26—29.

## 二、外文文献

[1]Adriana G. The efficacy of electronic books in fostering kindergarten children's emergent story understanding[J]. Reading Research Quarterly, 2004, 39（4）：378—393.

[2]Andrew Nachison. Good business or good journalism Lessons from the bleeding edge, A presentation to the World Editors Forum, Hong Kong , june5, 2001.

[3]Aufdeheide P, Media Literary . Airport of the National leadership Conference on Media Literacy[J]. ERIC, 1993（03）：22.

[4] Aufdeheide P, Media Literary . Airport of the National leadership Conference on Media Literacy[J]. ERIC, 1993

[5]Doonan J. Looking at Pictures in Picture Books. Stroud：Thimble Press, 1993, 11—21.

[6]Doyle, G. Media Ownership：The economics and Politics of Convergence and Concentration in the UK and European Media[M].London；SAGE Publications, 2002.

[7]Glaser, B.Theoretical sensitivity[A].In Strauss, A & Corbin, J.Basics of qualitative research：Grounded theory procedures and techniques[C].Newbury Park, 1990：116.

[8]Holland, N. "Unity Identity Text Self" In J. P.

[9]Holland, N. "Unity Identity Text Self" In J. P. Tompkins. ed. Reader—response criticism： From formalism to post—structuralism. Baltimore（Johns Hopkins University Press, 1980）, P. 123.

[10]Journal of Early Childhood Literacy, 2011.

[11]Kopper M, Mayr S, Buchner A. Reading from computer screen versus reading from paper: Does it still make a difference？ [J]. Ergonomics, 2016,（5）：

615—632.

[12]Korat O，Shamir A. The educational electronic hook as a tool for supporting children's emergent literacy in low versus middle SES groups[J]. Computers&Education，2008，50（1）：110—124.

[13]Maria T. De Jong，Adriana G B. The efficacy of electronic books in fostering kindergarten children's emergent story understanding[J].Reading Research Quarterly，2004，39（4）：378—393.

[14]Neil Postman. Whst is media Ecology？[EB/OL]. [2015—03—24].http：//www.media—ecology. org/media—ecology.org/media—ecology/index.html.

[15]Paris，A H，Paris，S G. Assessing narrative comprehension in young children[J]. Reading Research Quarterly，2003，（38）：36—76.

[16]RideoutVJ，Vandewater E A Wartella E A. Zero to six：Electronic media in the lives of infants，toddlers and preschoolers [OL]. <http：//101.96.10.65/files . eric. ed. gov/fulltext/ED482302. pdf>

[17]Sefton—Green J，Marsh J，Erstad O，et al. Establishing a research a genda for the digital literacy practices of

[18]Sipe，L.R.The construction of literary understanding by first and second graders in response to picture storybook readalouds[D].The Ohio State University，1996：137.

[19]Verhallen M J A J，Bus A G.Young second language learners visual attention to illustrations in storybooks[J].

[20]young children[OL]. <http：//digilitey.eu/wp—content/uploads/2015/09/DigiLitEYWP.pdf>

## 附录一

# 媒介融合环境下幼儿图画书阅读现状调查

尊敬的老师：

您好！您参加的是由×××大学科研人员开展的关于媒介融合环境下幼儿图画书阅读现状的调查研究。您的真实回答有助于我们认识和了解当前幼儿园图画书阅读活动的现状。请根据真实情况独立填写，答案无对错之分。本次问卷采取匿名制，所有数据仅供学术研究之用。

本问卷共有个25个问题，分为单选、多选、排序、文字回答。请在您赞同的选项打"√"或标数字序号；若没有符合您看法的选项，请在其他项补充您的宝贵意见。

请在符合您情况的选项中打√或标序号

## 一、基本信息

1.您所在幼儿园是？（多选）

□ 公办园　　　　　□ 民办园

□ 城市地区　　　　□ 乡镇地区

□ 示范园或实验园　□ 普通园

2.您当前所在年龄班是？

□ 小托班　□ 小班　□ 中班　□ 大班　□ 混龄班

您当前的职务是？

□ 主班老师　　□ 配班老师

3.您的学历是？

□ 中专　□ 大专　□ 大学本科　□ 研究生　□ 其他（请注明）

4.您的职称是？

□ 未评职称　□ 幼教二级　□ 幼教一级　□ 幼教高级

□ 其他（请注明）

5.您的教龄是？

□ 0—5 年　　□ 6—10 年　□ 11—15 年

□ 16—20 年　□ 21 年以上

## 二、幼儿园图画书阅读媒介的使用现状

1.您在组织班级图画书阅读活动时，对媒介的选择使用情况是？（单选）

□ 以单一纸质图画书为主

□ 以单一数字化图画书为主

□ 根据教学情况两种图画书主次结合合理使用

□ 其他（请注明）

2.相较纸质图画书阅读，您为幼儿选择数字化图画书阅读的原因是什么？（多选）

□ 深度阅读　□ 吸引注意力和激发阅读兴趣　□ 成本划算　□ 内容多元且方便获取　□ 具有游戏式操作互动　□ 声音、动画、操作等提供多感官体验　□ 培养数字化阅读素养　□ 顺应时代步伐　□ 其他（请注明）

3.相较数字化图画书阅读，您为幼儿选择纸质图画书阅读的原因是什么？（多选）

□ 深度阅读　□ 阅读体验感好　□ 内容质量权威　□ 保护视力

□ 进行语言沟通互动　□ 满足情感需求　□ 培养阅读常规习惯

□ 拉近与图画书艺术之间的距离其他（请注明）

4.您认为幼儿的数字化图画书阅读是什么（多选）

□ 阅读数字化的读物，其文本形态有文字、图像、声音、视频等

□ 对经过数字化处理并在电子设备呈现出来的阅读对象进行阅读

□ 新媒介与传统媒介阅读的本质不变，变得只是形式

□ 其他（请注明）

5.相较纸质图画书阅读，您赞同幼儿通过数字化图画书进行阅读吗？

229

（单选）

&#9633; 完全赞同　&#9633; 比较赞同　&#9633; 一般赞同

&#9633; 不太赞同　&#9633; 完全反对

6.您利用数字化图画书阅读通常注重培养幼儿哪些方面的发展

&#9633; 丰富认知经验

&#9633; 提升语言能力

&#9633; 理解故事内容

&#9633; 获得阅读习惯

&#9633; 建立阅读兴趣

&#9633; 培养数字化阅读素养

7.您进行幼儿数字化图画书阅读活动时最常使用的组织形式是？（单选）

&#9633; 集体活动　&#9633; 区域活动　&#9633; 家园活动

&#9633; 公开课　　&#9633; 其他（请注明）

8.您所在班级一周内平均每天进行数字化图画书阅读的时间是？（单选）

&#9633; 15分钟以下　&#9633; 15—20分钟　&#9633; 20—25分钟

&#9633; 2—30分钟　&#9633; 30分钟以上

9.您所在班级一周内平均每天组织数字化图画书阅读活动的次数是？（单选）

&#9633; 1次　&#9633; 2次　&#9633; 3次　&#9633; 4次以上　&#9633; 无

10.您通常为幼儿选用的数字化图画书材料是什么？

&#9633; 纸质图画书的电子印刷版　&#9633; 有声图画书

&#9633; AR/VR/AI图画书　　　　　&#9633; 其他

11.您使用的这些数字化图画书来源是哪里？

&#9633; 幼儿园提供的专门教材

□ 专家推荐的优质读物

□ 本班幼儿感兴趣的读物

□ 按自己的意愿选择

□ 其他（请注明）

12.您进行数字化图画书阅读活动时最常选择内容是？（多选）

□ 故事、诗歌等叙事性文学类图画书

□ 互动操作类的游戏性图画书

□ 信息类图画书

□ 其他（请注明）

13.相较纸质阅读，您班级幼儿对数字化图画书阅读的喜欢程度是（单选）

□ 非常喜欢　　□ 比较喜欢　　□ 一般喜欢

□ 不喜欢　　　□ 没有明显变化

14.您班级幼儿对纸质图画书阅读和数字化图画书阅读哪一个参与的积极性更高？（单选）

□ 数字阅读　　□ 纸质阅读　　□ 两者差不多　　□ 两者都不高

15.您班级幼儿在纸质图画书阅读和数字化图画书阅读中哪一个对故事内容和细节方面的理解程度更高？（单选）

□ 数字阅读　　□ 纸质阅读　　□ 两者差不多　　□ 两者都不高

16.关于理解程度高低您是依据什么来判断的呢？（文字）

_____

_____

_____

17.您班级幼儿在数字化图画书阅读中，一般情况下对以下文本因素的关注点排序是（标数字序号）

□ 文字　　□ 图片　　□ 声音　　□ 互动操作环节　　□ 动画

18.相较纸质图画书阅读，您当前在指导幼儿数字化图画书阅读面临最多的困难是？（选择最符合的三项并排序）

☐ 难以引起幼儿兴趣

☐ 注意力免受其他信息干扰

☐ 培养良好的阅读习惯

☐ 师幼互动不佳

☐ 难以挖掘图画书主题的深度

☐ 选择高质量的图画书

☐ 完美的操作数字化阅读媒介

☐ 缺乏数字化图画书阅读的指导经验

☐ 家园工作（家长的不支持）

☐ 其他（请注明）

## 附录二

# 幼儿园教师访谈提纲（部分）

1.幼儿园/教师从哪些方面为幼儿创设图画书阅读的物质条件呢？

2.幼儿纸质图画书/数字化图画书的阅读材料种类以及来源都有哪些？

3.幼儿图画书阅读的媒介设备都有哪些？

4.幼儿园/教师为幼儿创设的物质环境坚持什么原则？

5.教师为幼儿创设图画书阅读环境的态度和立场是什么？

6.幼儿图画书阅读的精神环境是什么、有什么作用？

7.在幼儿图画书阅读理解过程中，教师为营造良好的师幼关系采取过哪些具体的措施？

8.教师在组织图画书阅读教育活动中对于数字化绘本和纸质绘本的融合使用情况是怎么样的？

9.根据教师所观察到的，幼儿在对图画书的阅读理解中会有哪些方面的审美表现？

10.教师在平时的幼儿园阅读教学中是否经常使用数字化图画书？

11.教师是通过什么媒介来组织呢？家长群吗？

12.教师认为数字化图画书阅读对幼儿阅读有何助力？

13.幼儿和家长对数字化图画书阅读活动的参与情况是怎样的呢？

14.与传统的纸质图画书相比，数字化图画书有哪些不足之处？

**附录三**

# 幼儿阅读反应观察记录表

| 日期： | 观察对象： | | 性别： | | 年龄： |
|---|---|---|---|---|---|

| | | 选择童书类型： | | 选择童书名称： | |
|---|---|---|---|---|---|
| | 基本情况 | 阅读持续时间： | 开始时间： | 结束时间： | |
| | | 在符合描述的空格内画"√" | | | |
| | | 自己主动进入阅读区 | 不感兴趣，基本不看一眼 | | |
| | | 在教师推荐后进入阅读区 | 有一点兴趣，会去翻一番 | | |
| | | 在同伴影响下进入阅读区 | 非常感兴趣，会坐下来专注看 | | |
| 观察记录 | 行为描述 | 1.阅读前：（图书选择过程）<br><br>2.阅读中：（阅读反应表现）<br><br>（1）语言表现<br><br>（2）动作（包括表情）表现<br><br>（3）同伴交流表现<br><br>3.阅读后：（阅读反应表现。注：包括即时反应与延时反应）<br><br>（1）语言反应<br><br>（2）动作（包括表情）反应<br><br>（3）审美反应（包括绘画涂鸦、表演讲述、同伴游戏等） | | | |
| 观察对象分析 | | 请根据自己的感受与想法自由分析。（例举：你选择此观察对象的原因是？你认为影响此幼儿阅读行为与反应的关键因素有哪些？） | | | |

## 附录四

# 本研究所引用的图画书

1. [日]岩佐佑子(文/图),袁谧(译).大块头萝卜[M].少年儿童出版社,2018.

2. 高盈(著/绘).萝卜! 变变变[M].机械工业出版社,2019.

3. [日]得田之久(文),[日]织茂恭子(图),李丹(译).圆形骨碌碌[M].江苏凤凰少年儿童出版社,2018.

4. [日]宫西达也(文/图),彭懿(译).好饿的小蛇[M].二十一世纪出版社,2007.

5. [法]埃尔维·杜莱(著),徐德荣(译).涂鸦大厨[M].重庆出版集团,2016.

6. 王早早(著),赵光宇(绘).大火球要爆炸[M].重庆出版社,2009.

7. 亚东(文),麦克小奎(图).跑跑镇[M].中信出版社,2019.

8. 贾尼思·梅·伍德里(文),马可·塞蒙(图),舒杭丽(译).树真好[M].二十一世纪出版社,2009.

9. 王晓明(著/绘).会响的小路[M].华东师范大学出版社,2018.

10. [日]中江嘉男(文),[日]上野纪子(图),赵静,文纪子(译).鼠小弟的小背心[M].南海出版公司,2017.

11. [美]莫莉·卞(文/图),李坤珊(译).菲菲生气了——非常、非常的生气[M].河北教育出版社,2009.

12. [美]香农(文/图),余治莹(译).大卫不可以[M].河北教育出版社,2007.

13. [英]昆汀·布雷克(文/图),李紫蓉(译).派克的小提琴[M].明天出版社,2012.

14. [日]田村茂(著),蒲蒲兰(译).蚂蚁和西瓜[M].二十一世纪出版社，2005.

15.[法]帕斯卡尔·艾德兰（文），罗伯特·巴尔博里尼（图），荣信文化（译）.我们的身体[M].未来出版社，2012.

16.叫叫学院（编著）.蛀牙菌，走开[M].四川美术出版社，2020.

17.[英]尼古拉·戴维斯（著）.科学跑出来[M].中信出版社，2017.

18.[荷]夏洛特·德迈顿斯（著/绘）.黄气球[M].明天出版社，2011.

19.[日]那须正干（文），长野英子（图），彭懿，周龙梅（译）.棉被山隧道[M].二十一世纪出版社，2014.

20.[英]安东尼·布朗（文/图），余治莹（译）.我爸爸[M].河北教育出版社，2007.

21.[英]佩特·哈群斯（文/图），信宜编辑部（译）.母鸡萝丝去散步[M].明天出版社，2017.

22.[韩]许恩美（著），陈爱丽（译）.我们身体里的"洞"[M].浙江教育出版中心，2011.

# 前　言

## 为未来而教

### ——"立体语文"教育理念的提出

在21世纪的教育领域，我们正经历着一场深刻的变革。随着社会的快速发展和科技的不断进步，未来的世界将需要具备更高语文素养的公民。他们不仅要有深厚的文化底蕴，还要有敏锐的思维能力和出色的表达技巧。在这样的背景下，"立体语文"教育理念应运而生，它旨在为学生的未来奠定坚实的基础。

"立体语文"教育是一种创新的教育理念，它突破了传统语文教学的局限，强调在多维度视域和实践性层面提升学生的语文素养。"立体语文"教育理念认为，语文教育不仅是传授知识，更重要的是培养学生的批判性思维、创造性表达和跨文化交流的能力。通过这样的立体语文教育，学生能够更好地理解世界，更有效地表达自己，更自信地参与社会实践活动，更自觉地传承中华优秀传统文化。

本书深入探讨了"立体语文"教育理念的理论基础和实践应用。书中从分析中学语文教育现状入手，探讨语文教育在培养学生核心素养方面的关键作用，详细介绍了"立体语文"教育的课程设计、教学策略和评价体系，展示如何在课堂教学中有效实施这一理念。

书中还包含了一系列实践案例，这些案例覆盖了初中至高中不同阶段的语文教学，体现了"立体语文"教育理念在实际教学中的可行性和有效性。希望这些案例能够为一线语文教师、广大学生家长和其他对语文教育有兴趣的同仁提供启发，为学校教育提供参考，为教育决策者提供思路。

本书在撰写过程中，收到了众多同行和专家的宝贵意见，得到了他们的无私帮助，我深感荣幸，深深感激。特别感谢与我并肩于教育教学一线不断探索和实践"立体语文"教育理念的教师们，他们的宝贵经验和深刻见解为本书内容的丰富和深化做出了重要贡献。同时，也感谢出版社的编辑团队，他们的专业指导和辛勤工作使得本书得以顺利付梓。我深深地知道，由于个人视野和能力的限制，书中难免存在疏漏之处。我诚挚地邀请读者对本书内容提出批评和建议，以便我能不断学习和提高。

我们期待"立体语文"教育理念能够在未来的教育实践中得到更广泛的应用，为培养具有国际视野和本土情怀的未来公民做出贡献。让我们一起努力，为未来的教育开启新的可能性，为学生的成长和发展提供更广阔的舞台。

张春红

2024年秋于广州